本书为深圳市哲学社会科学规划课题"深圳工业互联网创新生态系统知识转移及创新绩效提升策略研究"（项目编号：SZ2020B010）成果。

工业互联网

创新生态系统知识转移及创新绩效提升策略研究

崔世娟　汤迎丰　李朝宁　李玲玉　李雨晴◎著

暨南大学出版社
JINAN UNIVERSITY PRESS

中国·广州

图书在版编目（CIP）数据

工业互联网创新生态系统知识转移及创新绩效提升策略研究/崔世娟等著. —广州：暨南大学出版社，2023.11

ISBN 978 - 7 - 5668 - 3654 - 0

Ⅰ.①工… Ⅱ.①崔… Ⅲ.①互联网络—应用—工业发展—研究 Ⅳ.①F403 - 39

中国国家版本馆 CIP 数据核字（2023）第 102453 号

工业互联网创新生态系统知识转移及创新绩效提升策略研究
GONGYE HULIANWANG CHUANGXIN SHENGTAI XITONG ZHISHI ZHUANYI JI CHUANGXIN JIXIAO TISHENG CELÜE YANJIU
著　者：崔世娟　等

出　版　人：阳　翼
统　　　筹：黄文科
责任编辑：曾鑫华　冯月盈
责任校对：孙劭贤　黄子聪
责任印制：周一丹　郑玉婷

出版发行：暨南大学出版社（511443）
电　　话：总编室（8620）37332601
　　　　　营销部（8620）37332680　37332681　37332682　37332683
传　　真：（8620）37332660（办公室）　37332684（营销部）
网　　址：http://www.jnupress.com
排　　版：广州尚文数码科技有限公司
印　　刷：广州市友盛彩印有限公司
开　　本：787mm×1092mm　1/16
印　　张：12.5
字　　数：230 千
版　　次：2023 年 11 月第 1 版
印　　次：2023 年 11 月第 1 次
定　　价：49.80 元

工业互联网是通过新一代信息通信技术建设连接工业全要素、全产业链，以实现海量工业数据的实时采集、自由流转、精准分析，从而支撑业务的科学决策和制造资源的高效配置的网络。作为技术之集大成者，工业互联网融合了5G、云计算、大数据、物联网、工业AI、数字孪生等新兴技术，成为推动新一轮科技革命、产业变革和工业制造企业数字化、智能化转型的重要驱动力量，为我国制造业向"高品质、数字化、绿色化、服务化"转型，提升工业自主创新能力、增强产业链供应链韧性、促进企业提质增效等方面注入了新动能。

工业互联网作为信息化和工业化深度融合而成的全新产业和应用生态，涉及设备、网络、平台、软件、数据、信息等多个资源、要素的连接交互，是多个产业及不同支持体系和合作组织之间相互依赖与共生演进的创新生态系统。为了进一步实现工业互联网资源最优化配置和规模化效益，提升产业协同创新和价值供给的质量与效率，实现技术和市场的共同驱动，建设协同有序的工业互联网创新生态系统是必要举措。

当前，各国政府均围绕着工业互联网创新生态系统开展战略布局和实践探索。美国率先发布《先进制造业美国领导力战略》，通用电气等跨国公司积极布局工业互联网，带动中小企业加速创新；德国在"工业4.0"战略的指导下建立了智能工厂联盟；日本"工业4.1J"计划串联起全球的日本工厂，打造一体化智能工厂环境等。为抢占全球产业竞争战略高地，我国也将工业互联网列入国家级发展战略，并积极推进工业互联网创新生态系统建设，目前已形成了诸如海尔COSMOPlat、华为鸿蒙、金蝶云·星空等具有多样共生性、组织自演化和开放式创新的工业互联网创新生态系统。在国家及地方政府颁布的相关政策支持下，我国工业互联网发展已初见成效，基于生态化资源汇聚的新模式、新业态不断涌现，有力地促进了工业企业数字化、智能化转型。

然而，目前工业互联网创新生态系统的相关研究仍有待加强，具体表现在：一方面，现有研究大多是从组织内部要素出发，从观测组织特征、划分生命周期等角度阐释创新生态系统，忽视了创新生态系统外部环境要素的作用及影响；另一方面，现有研究更多关注单个影响因素对生态系统内部企业创新水平的影响，未能从系统的、整体的视角来研究工业互联网企业如何配置资源以提升生态系统的创新效率和质量。此外，创新生态系统要素间流动优化、主体间协同共生的路径与机制还不清晰，亟须在理论层面探索、挖掘、总结和提炼。

企业在创新生态系统中的位置和运行状况决定了该企业所能获取的知识资源，进而将影响企业竞争优势的构建。本书将基于创新生态系统理论、生态位理论以及知识转移理论，通过定量和定性相结合的研究方法，从不同主体维度切入，探讨企业的生态位特征、知识转移和创新绩效的关系及提升策略，拟补充和丰富相关研究，从而推动我国工业互联网创新生态系统建设，促进制造业产业转型升级。

具体来说，本书以沪深 A 股 115 家工业互联网企业为研究对象，采用模糊集定性比较分析方法（fsQCA）研究企业的生态位（生态位宽度、生态位密度、生态规模）和企业的知识转移（显性知识转移、隐性知识转移）对企业创新绩效的影响机理，得出了技术主导式和关系主导式两条促进企业实现高创新绩效的组合路径。在此基础上，本书进一步结合国内工业互联网创新生态系统中 4 家典型企业的情况进行案例分析，深化实证研究结论。研究结果表明，在一定的生态规模范围内，企业生态位越高，越有利于企业融入创新生态系统，并能通过显性知识转移和隐性知识转移与其他生态系统参与者进行联结交互，共同促进创新水平的提升。其中，创新生态系统内企业生态位与知识转移共同作用于企业创新绩效。生态位条件是企业获得高创新绩效的核心要素，且显性知识转移和隐性知识转移互为替代作用。

最后，本书依据实证研究和案例研究结论，结合工业互联网产业当前的实际发展情况，为促进工业互联网产业高质量发展、提升生态系统创新绩效提供了对策建议：从政府层面出发，应当建立健全保障机制，汇聚知识资源池；从产业层面出发，应当不断完善服务体系，疏通知识转移渠道；从企业层面出发，应当积极参与生态建设，强化知识转移互动。只有政府、产业、企业三个层面协同共进，才能助力我国工业互联网在更广范围、更深程度、更高水平融合共生。

著　者

2023 年 8 月

CONTENTS　　　　　　　　　　　目　录

第一章 | 绪论 |

进入 21 世纪，新一轮科技革命和产业革命的浪潮席卷而来，数字化革命正在全球范围内蔓延，数字经济成为推动国民经济稳定增长的新引擎。近年，在复杂多变、高不确定性环境下，我国传统制造业发展面临人口红利和资源红利等优势逐步减弱、发达国家高端制造业回归本国和发展中国家低端制造业的分流等内外双重压力，数字化转型为我国制造业发展提供了新动力。加快新一代信息技术与制造业的深度融合，推进智能制造，强化工业基础能力，促进产业转型升级（《中国制造 2025》，2015）是我国制造业摆脱以往消耗资源红利，转而进行精益发展的重要转型方向。

人工智能、物联网、大数据、云计算等新一代信息技术的快速发展改变了以往制造业的生产方式和运作逻辑，新技术与传统制造业的融合促使企业向智能化、数字化、平台化的方向快速转型。其中，工业互联网作为数字化转型的核心生产要素，能够充分为传统制造业提质增效，在产品服务融合创新和生产组织方式重构方面发挥重要作用，已成为全球各国制造业发展的重点。目前我国正处于转变发展方式、优化经济结构、转换增长动力的关键阶段，国家应抓住工业互联网所带来的机遇，立足我国制造业发展特点，规划中国工业互联网发展之路，带动产业规模快速增长。

工业互联网生态体系建设是保证工业互联网持续健康发展的重要支撑，打造与我国经济发展相适应的工业互联网生态体系（《关于深化"互联网＋先进制造业"发展工业互联网的指导意见》，2017）是我国工业互联网建设发展的重要支柱。如今我国工业互联网生态已经进入产业深耕的新发展阶段，然而在实际建设中仍存在一些亟须进行系统梳理与分析的不足之处。本章内容拟立足于我国制造业数字化转型的新态势，基于梳理我国工业互联网创新生态系统发展存在的问题及不足，提出本研究力图解决的研究问题，提炼本研究的研究目的、意义、方法和创新点。

一、研究背景

（一）发展工业互联网的必要性

进入 21 世纪，信息技术、新能源、新材料、生物科技等重要领域和前沿方向技术的快速发展，以及它们突破行业限制进行的交叉融合，对全球制造业产生颠覆性的影响，新一轮产业变革也随之到来。新一代信息技术与制造业的深度融合，改变了制造业的产业形态、制造模式和生产组织方式，促进了制造业智能化、服务化新趋势的发展。我国在经历了四十年改革开放和连续高速增长阶段后，面对新一轮科技革命和产业变革为制造业发展带来的重大机遇及挑战，跟进这一轮科技革命和产业变革，实现新形势下制造业的转型升级和创新发展是近年发展战略中的重中之重。

目前全球产业格局正发生重大调整：一方面，高端制造领域出现向发达国家"逆转移"的新态势（盛朝迅，2022）。新一代信息技术与制造业的深度融合使得制造业再一次成为全球经济竞争的制高点，各国为抢占这一制高点纷纷制定再工业化战略以重振制造业。另一方面，中低收入国家也在布局及争夺中低端制造业转移目的地，部分东南亚国家如越南、印度等，依靠劳动力、资源等优势，以更低成本承接全球产业链中劳动密集型制造业的转移，在中低端制造业上发力。我国制造业正在从全球价值链的中低端向中高端迈进，但从产业链整体水平看，在全球中仍处于中低端位置，在产业链的关键领域和环节仍存在诸多短板，部分领域产业链掌控力偏弱，面临着发达国家"高端回流"和发展中国家"中低端分流"的双向挤压（刘志彪、吴福象，2018）。加之国际贸易保护主义强化和全球贸易规则重构的双重压力，我国制造业同时面临着全球产业结构调整与贸易环境急剧变化的巨大挑战，并将继续深刻影响我国制造业的发展态势和发展格局。

要想克服纷繁复杂的内外部环境给我国制造业发展带来的艰巨挑战，不仅需要顺应变革快速进入发展队列，更需要对整个产业的发展形态与组织范式做出适应性调整。近年来，在新一轮科技革命和产业变革加速背景下，以互联网、大数据和人工智能为代表的新型信息技术的快速发展与广泛应用，使数据成为生产要素的新核心，数字资源成为重要的新型生产要素，制造业数字化、网络化、智能化成为重要发展趋势（周维富，2022）。在科学技术迅猛发展的情况下，人与人、人与物、物与物的互联互通带来了海量数据的增长，利用好数字资源、释放数据价值、实现效率变革，是传统产业突破发展困境、成功转型的关键。工业互联网作为新一代信息技术和制造业深度融合的新模式，是实现数字化转型的关键基础设施，是迎接我国制造业发展面临的国际挑战和抓住新一轮产业变革机遇的重要力量。当下，工业互联网为我国工业乃至产业数字化、网络化、智能化发展提供了实现途径，通过"数字化"生成数据，"网络化"加速流动，"智能化"有效转换，将海量数据及时有效地传递给人与机器，使其汇聚并沉淀为知识价值，以解决制造业转型升级过程面临的复杂性与不确定性问题，从而推动多方权益主体参与的价值链路广泛形成（IDC，2020），最终构筑起全新的数实融合、数智赋能的产业形态。落实到个体层面而言，企业需深度剖析数字化转型的需求和突破口，借助工业互联网的交互运行体系积极调整组织运行范式，将组织内部、合作伙伴、利益相关方等内外部要素结构化，将组织内外相互割裂的数据、技术、资源等有效对接融合，重塑具有适应性的生产流程设计与运作模式，从而通过工业互联网的助力实现管理科学化、供应链标准化、渠道多样化和经营数字化，推动我国制造业转型升级。

自 2018 年以来，"工业互联网"已经连续五年被写入政府工作报告（见表 1 - 1），目的是通过政策推动工业互联网加速发展，指导国内工业互联网发展方向，引领工业互联网发展走深向实。这体现出了国家对于工业互联网的重视与发展的决心，同时也表明在数字经济与实体经济深度融合的时代背景下，工业互联网的发展建设势在必行。

表 1 - 1　2018—2022 年政府工作报告中关于发展工业互联网部分内容梳理

年份	内容
2018	大力发展工业互联网平台
2019	打造工业互联网平台，拓展"智能 +"，为制造业的转型升级赋能
2020	促进工业互联网发展，推进智能制造
2021	发展工业互联网，搭建更多共性技术研发平台，提升中小微企业创新能力
2022	加快工业互联网发展，促进集成电路、人工智能等数字产业的培育壮大，提升关键软硬技术创新和供给能力

资料来源：项目组依据公开资料整理。

（二）构建工业互联网创新生态系统的重要性

工业互联网是大数据、物联网、人工智能等新一代信息技术与传统制造业深度融合的新型业态，是未来制造业发展的大势所趋。而工业互联网创新生态系统则融合了工业互联网所拥有的网络平台和技术优势与创新生态系统动态发展、相互影响、协同共生的特征，为促进工业互联网的进一步发展提供新的思路与方式。工业互联网创新生态系统不仅对工业互联网的发展至关重要，更对国家、产业及企业的发展，对个体组织乃至国家经济都起到至关重要的作用，具体表现在以下三个方面。

1. 工业互联网创新生态系统于国家发展的作用

2010 年，我国制造业增加值首次超过美国，成为全球制造业第一大国。之后多年我国制造业增加值稳居全球第一，是驱动全球工业增长的重要引擎（许照成、侯经川，2020）。然而尽管如此，我国的制造业却一直存在大而不强的缺陷，面临成本增长、自主创新能力亟须加强，产品附加值需要进一步提升等一系列问题。制造业是立国之本、强国之基，是国家经济命脉所系，在驱动国家经济发展和应对国际竞争中发挥着不可替代的作用。为提升我国制造业的核心竞争力，近年来我国在促进传统产业升级，大力推进智能制造，加快发展先进制造业集群，实施国家战略性新兴产业集群工程方面采取了一系列措施，推进了质量强国建设，推动了产业向中高端水平迈进。图 1－1 展现了工业互联网在国内国际双循环中的重要引擎作用。

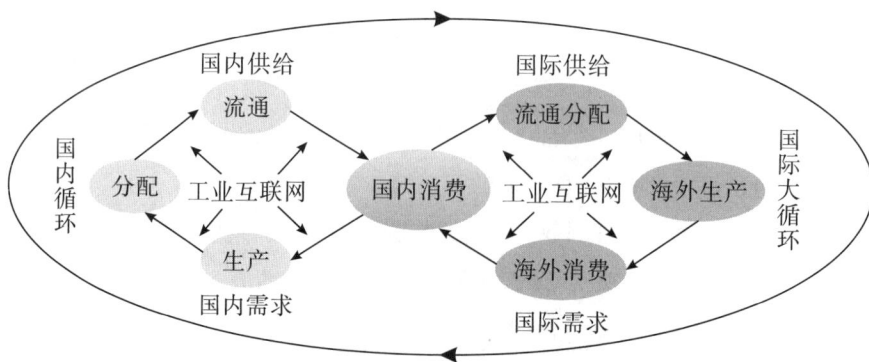

图 1－1　工业互联网是打造国内国际双循环的重要引擎

资料来源：《中国工业互联网产业经济发展白皮书（2021 年)》。

但我国传统制造业仍存在着三大痛点：第一，随着我国人民消费水平的提高，当前消费模式逐渐由产品功能需求向个性化需求转变，制造业面临着产能过剩、销量降低、成本增加等挑战。第二，我国在高端装备、工业控制系统、工业网络和软件领域的技术产业实力难以满足我国安全防护需求，工业控制系统及工业软硬件目前依旧依赖国外技术产品。第三，我国工业经济正处于由数量和规模扩张向质量和效益提升转变的关键期，支撑发展的要素条件发生深刻变化，面临发达国家制造业高端回流和发展中国家中低端分流的双重挤压。因此，我国制造业迫切需要加快创新发展步伐，利用大数据、协同制造等新的手段和生产组织方式改造传统的生产加工网络，推动工业经济从规模、成本优势转向质量、效益优势，促进新旧动能接续转换，快速构建我国制造业竞争新优势，提高制造效率，抢占未来发展主动权。

面对我国传统制造业存在的痛点和不足，构建制造业生态、培育制造新模式成为产业发展的关键点，而工业互联网创新生态系统为这些问题提供了新的解决路径。工业互联网是工业云平台的延伸发展（工业互联网产业联盟，2017），它的本质在于将物联网、大数据、人工智能等新兴技术与传统云平台叠加，从而对数据进行更加精准、实时、高效的采集。这些工业大数据能够对工业生产管理整个生命周期的各个环节产生积极影响，如提升研发设计中的需求分析能力、改善过程服务中的质量检测和运营维护能力、优化经营管理中的协同与响应能力（曹磊，2020）。数据存储、集成、访问、分析、管理等功能性平台的集合，会促进工业技术、经验、知识模型化、复用化的实现，最终形成资源富集、协同参与的制造业生态。同时，工业互联网中工业机器人的应用优化了劳动力分配，使工作人员从重复、技术含量低的工作中解放出来，走上更加需要工作人员的岗位。另外，工业互联网借助大数据、物联网、云计算等新一代信息技术的优势，增强了企业之间的信息交流和数据互通，提高了企业自主创新的能力，解决高端制造领域关键技术被发达国家卡脖子的问题。因此，发展工业互联网创新生态系统能够解决当前我国传统制造业面临的产能过剩、销量降低、成本增加等问题，正成为我国促进工业发展提质增效的关键抓手。

为加快工业互联网创新生态系统的建设，我国政府从多个方面采取相应措施。首先，近年来政府颁布了许多政策强调制造与新技术融合发展的重要性，并对工业互联网创新生态系统的建设予以支持。《中国制造2025》《国家信息化发展战略纲要》《2018年政府工作报告》等政策文件都强调了加快新一代信息技术与制造业的深度融合，能够促进制造业在新环境下的转型升级，从而加快经济发展、提高国家竞争力。其次，我国政府牵头建立了工业互联网平台，实现降低制造业成本的应用价值，聚焦工业生产管控和运维服务领域，为企业提供工业互联网服务方案；搭建了工业互联网大数据中心，通过大数据中心助力资源统一调配，深挖工业互联网价值。同时，政府定期公布工业互联网试点示范项目名单，树立龙头标杆企业，通过"以大带小"，实现工业互联网创新生态系统的良好发展。最后，政府还通过财政补贴、税收减免、加快工业互联网人才培养等措施为工业互联网创新生态系统建设提供基础支撑。

国家其他部门也在积极配合政府工作。自 2013 年起，工信部等有关部门针对工业互联网的网络、平台、数据、安全四个主要方面发布了数十项政策（见表 1-2），以促进新型信息技术与现代制造业的深度融合，实现借助新型信息技术激发企业创新能力，提高生产效益的目的，助力我国从工业大国向工业强国迈进。同时，各部委也在强化工业互联网平台基础建设，加强国家工业互联网安全技术手段，强化工业互联网数据安全保护能力和数据安全防护能力，建立工业互联网全产业链数据安全管理体系，推动工业互联网安全科技创新与产业发展等任务作为国家重点工作推进。

表 1-2 2013—2021 年国家工业互联网支持政策

时间	部门	政策	主要内容
2013 年 8 月	工信部	《信息化与工业化深度融合专项行动计划（2013—2018年）》	到 2018 年，两化深度融合取得显著成效，信息化条件下的企业竞争能力普遍增强，信息技术应用和商业模式创新有力促进产业结构调整升级，工业发展质量和效益全面提升，全国两化融合发展水平指数达到82
2015 年 5 月	国务院	《中国制造 2025》	加快新一代信息技术与制造业深度融合，推进智能制造，强化工业基础能力，促进产业转型升级
2015 年 7 月	国务院	《关于积极推进"互联网+"行动的指导意见》	推动互联网与制造业融合，大力发展智能制造，发展大规模个性化定制，提升网络化协同制造水平，加速制造业服务化转型

（续上表）

时间	部门	政策	主要内容
2016 年 5 月	国务院	《关于深化制造业与互联网融合发展的指导意见》	制造业是实施"互联网＋"行动的主战场，以建设制造业与互联网融合"双创"平台为抓手，围绕制造业与互联网融合关键环节，实现从工业大国向工业强国迈进
2017 年 11 月	国务院	《关于深化"互联网＋先进制造业"发展工业互联网的指导意见》	指出工业互联网是推进制造强国和网络强国建设的重要基础，并为打造与我国经济发展相适应的工业互联网生态体系提出了 2025 年、2035 年和 21 世纪中叶的三阶段发展目标
2018 年 5 月	工信部	《工业互联网 App 培育工程实施方案（2018—2020 年）》	2020 年，培育 30 万个面向特定行业、特定场景的工业 App，构建工业 App 标准体系，形成一批具有国际竞争力的工业 App 企业
2018 年 6 月	工信部	《工业互联网发展行动计划（2018—2020 年)》	围绕工业互联网基础设施、标识解析体系、平台体系和安全保障体系等做了三年规划
2018 年 7 月	工信部	《工业互联网平台建设及推广指南》	到 2020 年，培育 10 家左右跨行业跨领域工业互联网平台和一批面向特定行业、特定区域的企业级工业互联网平台
2019 年 1 月	工信部	《工业互联网网络建成及推广指南》	到 2020 年，形成相对完善的工业互联网网络顶层设计，初步建成工业互联网基础设施和技术产业体系
2020 年 3 月	工信部	《关于推动工业互联网加快发展的通知》	加快工业互联网等新型基础设施建设，推动工业互联网在更广范围、更深程度、更高水平上融合创新，培植壮大经济发展新功能，支撑实现高质量发展

（续上表）

时间	部门	政策	主要内容
2020 年 7 月	工信部	《工业互联网专项工作组 2020 年工作计划》	明确了十大类别的重点工作，包括提升基础设施能力、建设工业互联网平台、突破核心技术标准、培育新模式新业态，促进产业生态融通发展，增强安全保障水平等
2020 年 11 月	中共第十九届中央委员会	《中共中央关于制定国民经济和社会发展第十四个五年规划和二〇三五年远景目标的建议》	要构建系统完备、高效实用、智能绿色、安全可靠的现代化基础设施体系，系统布局新型基础设施，加快第五代移动通信、工业互联网、大数据中心等建设
2021 年 1 月	中共第十九届中央委员会	《工业互联网创新发展行动计划（2021—2023 年）》	到 2023 年，在 10 个重点行业打造 30 个 5G 全连接工厂，打造 3 ~ 5 个具有国际影响力的综合型工业互联网平台，基本建成国家工业互联网大数据中心体系，建设 20 个区域级分中心和 10 个行业级分中心
2021 年 3 月	全国人大	《中华人民共和国国民经济和社会发展第十四个五年规划和 2035 年远景目标纲要》	实施"上云用数赋智"行动，推动数据赋能全产业链协同转型。在重点行业和区域建设若干国际水准的工业互联网平台和数字化转型促进中心，深化研发设计、生产制造、经营管理、市场服务等环节的数字化应用
2021 年 4 月	工信部	《"十四五"智能制造发展规划（征求意见稿)》	到 2025 年建成 120 个以上具有行业和区域影响力的工业互联网平台。加快工业互联网、物联网、5G、千兆光网等新型网络基础设施规模化部署，鼓励企业开展内外网升级改造，提升现场感知和数据传输能力

资料来源：依据公开资料整理。

在中央及各地区政府部门的共同努力下，我国工业互联网创新生态系统建设取得了初步成效。2022 年 2 月，工信部公布了 2021 年工业互联网试点示范项目名单，名单包括网络集成创新应用、平台集成创新应用、安全集成创新应用和园区集成创新应用共 4 大类、17 个具体方向，遴选出了 123 个工业互联网试点示范项目，主要关注软件行业和制造业。本次工业互联网试点示范项目的公布，将加大"互联网＋先进制造业"发展工业互联网新模式的贯彻力度，推动工业互联网提档升级。

我国政府及有关部门发布的政策围绕着工业互联网平台建设、网络建设等多个方面对工业互联网创新生态系统发展进行布局，多项指导意见、行动计划、试点示范项目的发布有力地推动了我国工业互联网发展战略的贯彻落实。中国工业互联网研究院发布的《中国工业互联网产业经济发展白皮书（2021 年）》显示，2017 年后，我国工业互联网产业增加值规模不断提升，占 GDP 的比重逐年提高（见图 1－2）。政策利好推动了我国工业互联网行业的高速发展，持续推进工业互联网平台、网络、安全三大体系的完善和创新应用的发展，加快了工业互联网生态的形成，促进了工业互联网创新生态系统体系建设。

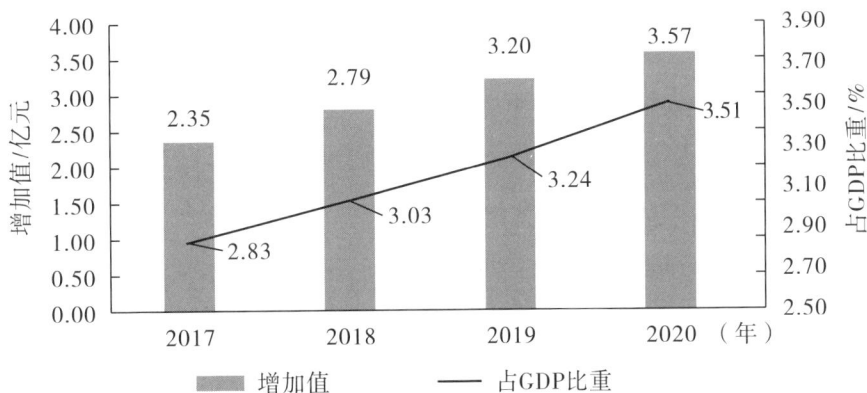

图 1－2　我国工业互联网产业增加值规模及占 GDP 比重变化

数据来源：中国工业互联网研究院。

综上，工业互联网创新生态系统将有力推动我国工业生产方式由粗放低效走向绿色精益、生产组织由分散无序走向协同互通、产业生态由低端初级走向高端完善，进而逐步破解工业发展难题，推动全产业链整体跃升。加快研制工业互联网前沿关键技术，从而促使我国传统制造业摆脱当前所处的发展困境，助力我国在全球新一轮产业变革的竞争中走在前列。

2. 工业互联网创新生态系统于产业发展的作用

当前新一代科技革命和产业变革蓬勃兴起，工业经济的数字化、网络化和智能化发展是第四次工业革命的核心内容，而工业互联网是其中的重要基石和关键支撑，能够提供具体实现方式和推进抓手。新型信息技术在全球范围内的快速发展提升了世界各国对制造业转型升级、加快工业互联网发展的重视程度。全球范围内多个国家在各自促进工业互联网发展的政策影响下，逐渐形成了跨国家、跨领域、跨行业的，以龙头企业为引领、以产业协同为依托的工业互联网生态发展态势（IDC，2022）。在我国，工业互联网应用场景广泛，已延伸至40个国民经济大类（截至2021年9月），涉及原材料、装备、消费品、电子等制造业各大领域，以及采矿、电力、建筑等实体经济重点产业。在制造业产业内布局创新生态系统，可实现制造行业的转型升级、促进经济发展，提升制造业产业内部全业务流程数字化水平，推动制造模式和企业形态变革。

从产业转型与合作的角度来看，形成工业互联网创新生态发展态势主要由以下因素驱动：

一是产业转型升级需要。目前我国人口红利和资源红利逐渐消失，传统产业生产成本不断提高，日益增长的绿色生产需求加快了传统产业转型升级的紧迫性，然而我国大多数产业仍未能完全摆脱高投入、高消耗、高排放的生产模式（孙海波、刘忠璐，2021）。第一产业是我国立国之基，农业数字化转型是建设现代化国家不可或缺的部分，而工业互联网在农业场景中的创新融合最为丰富，成为驱动农业生态体系数字化、网络化、智能化转型的重要抓手与动力；对第二产业而言，工业互联网的发展具有明显带动作用，其中制造业作为工业互联网应用赋能的主要渗透产业之一，工业互联网可高效深度推动制造业创新发展；工业互联网还能够拓宽第三产业的服务领域，助力经营方式和管理方式的变革，提高企业管理的现代化水平，为社会生产和生活消费衍生出更加优质、便捷的服务方式。工业互联网对我国三大产业增加值规模带动情况详见图1-3。此外，工业互联网具有较强的渗透性，可以与交通、物流、能源、医疗、农业等实体经济各领域深度融合，实现产业上下游、跨领域的广泛互联互通。通过优化供应链管理、定制化制造服务、常态化信息共享等模式，工业互联网正推动传统产业提质、降本、增效，赋能传统产业高质量发展。例如在装备制造行业，通过提高生产线的网络化、数字化及智能化水平，提升产品可靠性和延长产品寿命；在原材料装备制造业，通过加大工业互联网相关先进技术的融合应用，实现大集团内部统一管理运行、多基地之间协同制造；在消费品制造业，通过新技术建立用户交互平台、供应链管理与协同平台，满足不同人群多样化需求，提升企业核心竞争力；在电子信息制造业，通过广泛融入工业互联网，使产品生产、网络架构、装备研发等领域优化生产经营决策系统，实现对需求的快速反应。通过跨设备、跨系统、跨厂区、跨地区的全面互联互通，实现各种生产和服务资源在更大范围、更高效率、更加精准的优化配置，实现相应产业提质、降本、增效、安全发展。

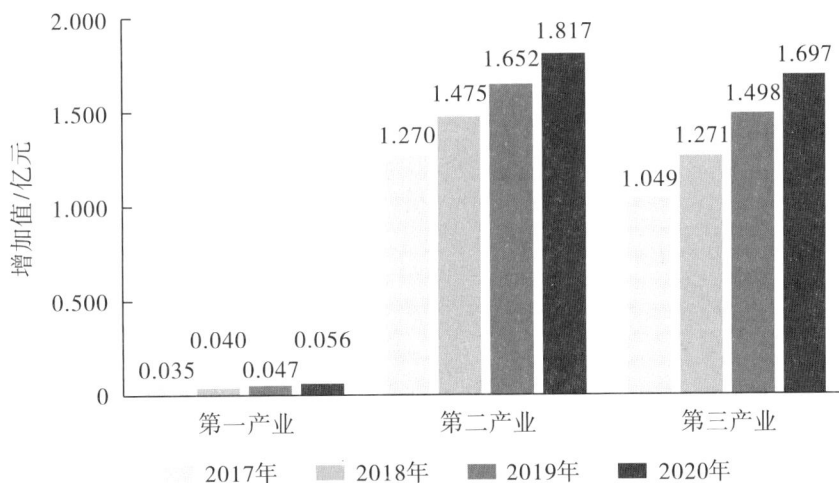

图 1-3 我国工业互联网对三大产业增加值规模带动情况

数据来源：中国工业互联网研究院。

二是新兴产业培育壮大需要。工业互联网应用创新持续活跃，直接关联的产业涵盖网络、平台、数据、安全四大领域，包括智能装备、工业传感、工业软件与大数据分析、工业自动化与边缘计算等细分领域。这必将重塑企业、供应链和产业链形态，并将涌现出一大批新兴业态及商业模式，如"5G+工业互联网"融合应用、"工业互联网+信贷/保险/租赁"等特色模式（工业可联网大会，2020）。各产业将通过产业联盟和标准化组织，汇聚"政产学研用"的力量，去边界化，进行不同领域跨界融合，将加速新兴产业的应用，促进设计、生产、管理、服务等环节由单点的数字化向全面集成演进，发挥好工业互联网创新生态系统优势作用，加速创新方式、生产模式、组织形式和商业模式的深刻变革，催生平台化设计、智能化制造、网络化协同、个性化定制、服务化延伸、数字化管理等诸多新模式、新业态、新产业，积极推动新兴产业发展。

三是中小企业平台搭建需要。基于工业互联网网络、平台、数据、安全四个层面建立共性服务平台，为航空航天、电子信息、汽车装备、船舶海工等垂直行业的工业企业提供定制化服务，深化并普及大规模个性定制、开放式协同制造、服务型制造等新模式、新业态，以带动相关产业升级。我国以中小企业作为数字化转型主战场，通过工业互联网赋能中小企业，将使其拥有更为广阔的市场需求、商业模式和应用场景。在赋能过程中，标准化、模块化和知识经验软件化将极大降低中小企业获取成熟方案、路径和知识经验的门槛与成本，有利于形成覆盖全要素、各行业环节的互联网生态。

随着"两化融合"的深入，更多的产业要素和资源被连接、激活，并加速流动。工业互联网的发展将加快行业内部的技术普惠，推动工业知识在不同行业、不同领域复用，使传统大企业、中小企业可以聚焦自身场景应用，以更低的成本和风险快速获取技术、部署应用，整体性地降低行业成本。工业互联网生态聚合了产、学、研、用多种资源，既为行业发展带来了大量的新技术、新应用，也为新技术、新应用提供了丰富的场景，加速了商业化落地应用。未来不同产业合作对工业互联网的需求将只增不减，搭建工业互联网创新生态系统能够促进产业高质量发展，推动我国制造业实现再一次跃升。

3. 工业互联网创新生态系统于企业发展的作用

数字经济时代需要通过数字化知识和技术重塑社会生产力，其核心是各行业内的企业通过数字化成为"数字化原生企业"，从而获取并强化竞争优势。但对于企业而言，尤其是制造型企业，组织、业务、产品和价值链的复杂性为企业的数字化转型带来诸多障碍。我国企业通过发展工业互联网，实现优化生产模式、强化供应链掌控、提升融资能力、共享智力资源等，将龙头企业数字化转型能力向中小企业迁移，对破解中小企业发展困境、发挥工业互联网优势作用具有重要意义。具体而言，工业互联网对企业的主要优势体现在以下几点：

一是减少企业资源浪费，降本增益。工业互联网促进了企业对先进生产方式的了解与应用，不仅能够优化现有产品生产制造方式，降低各环节信息化成本和资源消耗，便于各主体低成本获取知识，提升共性知识的复用能力，同时还能够根据不同的生产形式为工业企业提供最优的资源和成本投入，从而实现降低企业成本投入和资源浪费的目标，提高企业效益。

二是降低人力劳动依赖度，缓解劳动力需求压力。我国人口结构逐渐呈现出老龄化发展趋势，适龄劳动力占总人口比重逐渐降低，以往我国拥有的人口红利逐渐消失，基础劳动力供不应求。人力资源成本的不断攀升，使得生产设备自动化水平亟须提升。而工业互联网能够为制造业企业提供智能分析决策、工业机器人等劳动力替代，在一定程度上可以降低制造业企业对劳动力的依赖，缓解人工成本压力。

三是发挥数字优势，提高企业的经营效率。伴随我国经济发展水平的不断提高，消费者的需求由原来对产品和服务功能的满足逐渐转向对个性化定制的追求，客户需求趋向个性化发展，供给侧的生产模式也由"管道式"转变为"生态型"，逐渐突显出工业大数据的重要作用。但传统工业数据存在结构多源、存储分散等特征，导致企业数据互通困难，出现信息孤岛等问题，迫切需要工业互联网打通设备、生产线、运营系统、工厂等环节，加速系统之间的连接，使得大数据在工业互联网中流动运转。通过海量数据汇聚、建模分析、知识复用与应用开发支撑工业生产方式，能够促进企业的制造资源配置，提升生产线的信息化和智能化水平。同时，帮助企业实现高精度的用户需求捕捉、高效率的柔性化生产，实现从大规模生产到大规模定制的转变，从根本上提高企业生产经营效率。

四是重构商业模式，推动企业服务化延伸。我国制造业以往借助成本优势实现了快速发展。然而，近年来我国制造业的成本优势在逐渐减弱，探索企业产品服务新优势，实现产品服务的转型升级问题亟待解决。基于工业互联网大数据的洞察，企业有了更多价值供给变现的方式，利用大数据分析帮助企业更为便利地专注客户服务体验的打磨、业务场景应用的开发以及商业模式的创新，为客户提供大规模个性化定制，创造差异化的产品并创新和重构商业模式，塑造企业的竞争优势。

五是推动组织重构，强化关系连接。工业互联网生态聚焦于主体价值最大化，使用户、合作伙伴、员工以及更广泛的社会大众通过自组织参与价值的创造、传递、分享，在角色分工、组织结构、管理模式、激励机制等方面，从根本上推动组织的重塑。工业互联网生态中的产销关系由单向交易转变为多边交互，通过业务合作的持续迭代，实现各方与生态的深度绑定，形成拥有高体验度、高共创度与高效度的协同往来。

伴随着百年变局和后疫情时代的复杂形势，企业面临的市场环境愈发多变，未来发展面临极高的不确定性。在机遇出现、挑战并存的转折点下，企业提质增效和创新变革能力也显得愈发重要，企业如何选择与应对，将关乎其命运走向。由于创新过程的复杂性和对知识积累的需求日益增多，单个企业的自身知识与资源无法满足其要求，需要寻找外界企业或组织进行多方协作。通过创新主体间知识传递和吸收，重组生产要素，最终实现创新发展（Mele & Polese，2011；王莉、游竹君，2019）。工业互联网通过人、机、物的全面互联，能够实现全要素、全产业链、全价值链的连接。依托工业互联网创新生态系统，创新资源能够实现跨行业、跨领域、跨时空的快速汇聚，进而促进工业经济多种要素资源的高效共享，为产业和企业发展注入新的活力；同时，工业互联网能够促进各类资源要素的优化配置和产业链的紧密协同，帮助众多实体行业创新产品和服务研发模式、优化生产制造流程，不断催生出网络化协同、规模化定制、服务型制造等新模式、新业态，大幅度提升企业的创新能力与创新绩效。而在工业互联网创新生态系统中，知识是组织协同发展的核心资源之一，知识转移是组织成员构建竞争优势的关键环节（赵健宇、王铁男，2019）。在信息经济新时代和新常态下，为了推动国家、产业及企业层面更好获得长期、可持续的竞争优势，深入研究工业互联网创新生态系统知识转移及创新绩效提升策略是极为必要的。

二、研究问题

近年来，我国在围绕传统产业进行供给侧改革方面采取了多种措施，并在推动产业平台化、服务化、绿色化发展等方面初见成效，助推了产业新旧动能转换。然而，一些传统产业还存在着核心技术积累薄弱、对工业互联网认识不足、发展观念滞后、区域间发展不平衡等制约发展等问题，制造设备之间、生产系统之间、不同企业和区域之间的"数据孤岛"依旧存在，阻碍着产业生态中信息交流和联系，不利于工业互联网与传统工业的融合发展。尤其是关于我国工业互联网创新生态系统的发展，目前依旧存在着以下不足：

一是我国工业互联网生态链依旧薄弱，还未形成完整的体系化的生态发展。目前我国工业互联网生态发展在产业功能布局、基础设施配套等方面存在着不足，相关标准体系在有关行业的上下游之间还没有形成统一，上下游之间资源对接困难，由各方自行建设工业互联网标准体系的成本较高且具有重复建设、资源浪费等弊端。另外，我国工业互联网服务平台建设虽取得了一定成果，但平台专业化、针对性服务能力还相对较弱，需要提升工业互联网平台企业的工业流程理解能力和数字化建模能力，以进一步提升专业化服务水平。此外，我国工业互联网生态还存在政策法律体系不完善、体制机制不完备（王秋华等，2021）、相关复合型人才缺少（王兴伟等，2022）等问题。加强工业互联网新生态链的打造，能够促进产业全价值链上下游相关利益要素资源的集聚。利用新生态链聚合效应和对资源的优化配置，将改变工业互联网标准碎片化及分割壁垒现状。新生态链的打造能够打通企业"研、产、供、销、服"全链条，借助为工业互联网服务平台的转型升级和智能制造对产业的赋能，推动我国工业互联网生态发展完善。

二是工业互联网发展各要素过度分散，行业知识碎片化严重。发展工业互联网所依赖的物质、信息、资金、能量四种要素的高效调控和集成是我国推进"工业互联网＋智能制造"建设的关键点，需要解决、突破相关理论基础和关键技术的制约，重点依托工业互联网平台和智能制造技术的融合（中国工业互联网研究院，2021）。如通过工业大数据资源的整合与数据标准的规范，为同行业信息化专项需求提供服务；利用数据储存与挖掘技术使生产、采购、销售紧密连接，产品生产与市场需求相关联；进一步推动工业互联网全价值链管控平台的建设，促进各类要素的联动，以实现信息共享、协同优化和全流程的动态优化。

三是我国对工业互联网发展模式的创新探索不足，未充分释放工业互联网产业内生驱动力。信息资源作为工业互联网内在变革的驱动力，虽然以促进技术变革为主要特征，但创新模式的新探索和新实践也是工业互联网未来进一步发展的需要。未来，工业互联网技术创新产出环境需要进行颠覆性变革，而这种变革需要推进生产要素、技术要素和社会要素的深度融合。只有生态系统全要素的融合，才能很好地促进我国工业从生产职能向服务职能的升级，推动工业互联网商业发展模式的创新，提高工业互联网新业态的激发能力，改进对工业互联网知识创新的应用模式，进而释放出工业互联网的内驱力，推动工业互联网迅速健康地发展。

除以上方面存在不足之外，结合国内外工业互联网生态系统的实践现状与前沿文献，研究发现目前国内外有关工业互联网及其生态系统的发展现状暴露出以下关键问题：

第一，在实践发展层面，美、日、德等制造业大国持续领跑于工业互联网发展的主赛道，而对于工业互联网创新生态系统的发展，我国仍旧处于探索阶段。加之国内部分企业还缺乏生态搭建意识，造成目前国内有关工业互联网创新生态系统的实践应用极为缺乏，企业资源配置效率低下，技术、人才、生产设备等要素流动存在多种阻碍，不利于产业创新发展。

第二，在理论研究层面，目前关于工业互联网的研究仍处在内涵辨析、应用探究、商业模式分析等阶段，学界针对工业互联网产业集群及其生态体系的研究较为欠缺。总体主要基于技术视角，集中于技术理论层面，对工业互联网的平台架构、数据安全、服务体验等方面进行技术设计与优化研究；此外关于政策制定对工业互联网发展的影响、工业互联网对传统制造业转型升级的作用机制研究，研究视角与研究内容较为单一。从生态视角出发，对工业互联网创新生态系统的探讨更为匮乏，目前从生态系统视角出发的研究多是从演化、组织特征、生命周期划分等层面阐释，忽视了企业所处环境的动态变化，缺少对工业互联网创新生态系统内部要素流动及创新水平提升路径的探索。

综上所述，工业互联网创新生态系统应该如何建设？怎么才能实现多主体存在的生态系统良好运转？系统各要素间应如何流动配合，才能实现效益最大化？这些问题都是工业互联网生态健康发展所要面临的重要问题，也是构建运作有效率、有效果的工业互联网生态亟待厘清和解决的问题，需要我们认真、深入地进行研究。

纵观现有工业互联网的研究成果，大多数成果以定性研究为主，如案例研究、研究综述、理论构建等，停留在针对数字经济与数字化转型研究中的对策建议层面，未有进一步的数据分析加以检验其理论机制或发展路径的准确性和有效性。当前工业互联网正处于高速的发展窗口期，必须加快构建深度关联、跨界融合、开放创新、合作共赢的工业互联网产业生态体系，促进工业互联网产业生态融通发展。在抓紧机遇加快发展的同时，也需要着力解决顶层设计与生态建设的问题，其中涉及的内部要素复杂因果关系与情境的交互作用，需要结合恰当的工具和方法深入探究。

基于以上分析，本研究发现，虽然工业互联网创新生态系统作为我国制造业未来进行转型升级的主要方向，近年来已取得了长足的进步，但在生态建设、实践发展、理论研究等方面也存在着一定问题。这些问题如果不解决将不利于我国工业互联网创新生态系统保持创新能力，难以获得持续的竞争优势。从理论研究方面来看，目前学界针对我国工业互联网创新生态系统的研究还不够聚焦，关注其创新能力提升的研究更是缺乏。尤其创新生态系统内的知识转移能够促进创新生态系统中的资源要素有序流动，进一步激发各主体的创新能力。因此，本研究拟基于创新生态系统创新能力提升的重要路径——知识转移，对我国工业互联网创新生态系统知识转移和创新绩效路径及提升策略进行研究（见图1-4），拟通过深入剖析及解答以下问题，促进工业互联网创新生态系统创新绩效的提升。

一是创新生态系统内各要素协同关系。拟通过文献梳理、理论剖析来界定工业互联网创新生态系统的动态结构与构成要素，进而揭示在文化环境、制度环境和市场环境的推动下，创新生态系统中各要素之间的供给、迭代进化的协同机制。

二是创新生态系统内企业间知识转移的影响机理与作用关系。拟通过文献梳理、理论剖析，对知识转移的概念进行界定，并对企业间显性知识转移与隐性知识转移的影响因素及过程特征进行分析与建模，进一步总结出创新生态系统中企业间知识转移与创新绩效的关系。

三是基于生态位理论的创新生态系统的知识转移对创新绩效的影响。将基于生态位理论，通过定性比较分析（Qualitative Comparative Analysis，简称QCA）和案例研究方法，分析工业互联网行业企业所面对的复杂生态环境、企业自身的生态位情况与知识转移之间如何互相组合，进而促使企业产生高的创新绩效。

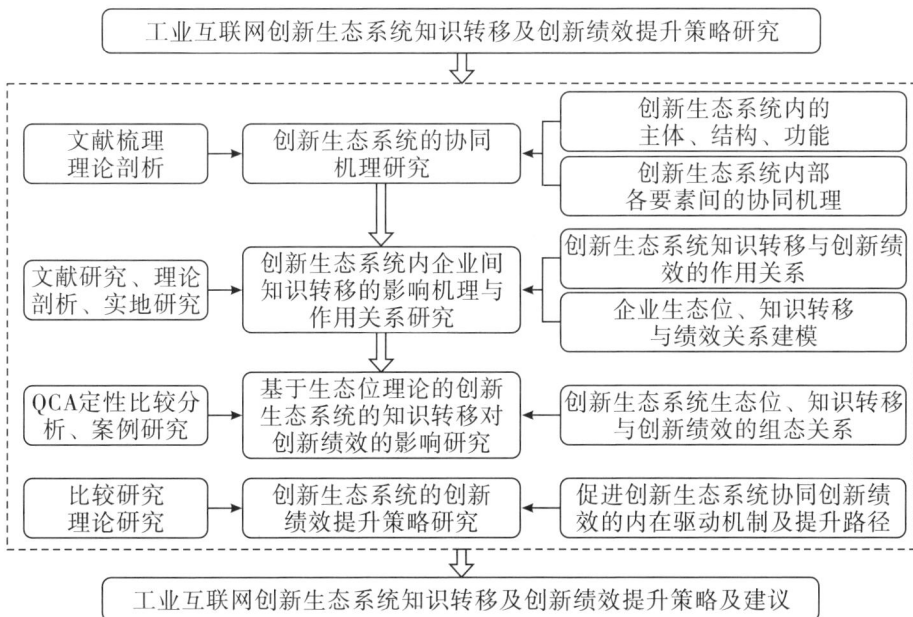

图1-4　研究技术路线

资料来源：作者依据公开资料整理。

四是创新生态系统的创新绩效提升策略。该部分内容通过借鉴国内外有益经验，深入分析我国工业互联网创新生态系统场域内各主体基于制度环境、产业规范等聚集各方优势资源，深入研究提升创新生态系统的知识转移效率和促进创新绩效的策略。

以上研究的重点及难点在于两方面：一是如何突破干扰创新知识转移的不良制度约束与产业边界障碍，在复杂环境下构建创新生态系统知识转移与吸收应用的良性循环体系；二是基于创新生态系统的良性循环体系与创新生态系统内的组态关系提出提升工业互联网创新生态系统创新绩效的策略。本研究通过对这些问题进行梳理与解答，进一步丰富和提升相关领域的研究成果，可以为国家及地方推动工业互联网创新生态系统建设提供借鉴和参考。

三、研究目的及意义

（一）研究目的

本研究以创新生态系统理论、生态位理论和知识转移理论为基础理论，拟对工业互联网创新生态系统进行深入研究，确定创新生态系统内部构成要素，分析其运行过程，并将企业生态位特征（生态位宽度、生态位密度）与知识转移（显性知识转移、隐性知识转移）作为解释企业绩效的条件变量，进而构建本研究的研究模型。拟选取沪深 A 股 115 家工业互联网企业作为样本，运用模糊集定性比较方法（fsQCA）进行实证分析，深入揭示企业生态位特征和知识转移对企业创新绩效的作用机理与路径实现机制，完善工业互联网产业创新理论体系，为促进工业互联网产业创新生态系统升级与创新能力的持续提升提供坚实的理论基础，并对企业实现高绩效的路径进行探索。具体而言，本研究的目的主要包括以下三个方面：

（1）通过对现有创新生态系统、企业生态位和知识转移的相关文献进行全面、系统的回顾，对相关领域的研究现状形成综合认知，为本研究提供扎实的理论支撑。而后针对现有研究存在的不足之处进行分析、归纳和总结，从而提出本研究的研究问题与重心。

（2）运用 fsQCA 方法对拥有更高创新绩效的企业进行分析，对这些企业在创新生态系统中所具有的生态位特征、知识转移方式做出总结，以指导工业互联网创新生态系统的核心企业如何获得生态位特征以及如何进行知识转移，进而推动自身创新绩效的提升。

（3）对上述研究进行归纳和总结，为创新生态系统内企业建立具有优势的知识转移合作网络与提升自身创新能力和创新绩效，提出可行性的建议与意见。

（二）研究意义

1. 理论意义

本研究基于创新生态系统理论、生态位理论和知识转移理论，拟探究以企业为主体的工业互联网创新生态系统的运行机制，生态系统中企业的生态位及知识转移方式对企业绩效的影响，以更加全面、细致的新视角找寻企业实现高创新绩效的不同路径，研究结论拟丰富和完善现有领域内的研究成果。具体体现在以下三个方面：

第一，企业生态位是一个多维的概念，包括企业所在的环境、所拥有的资源、所涉及的时空等多个维度，每个维度都有许多企业以及其自身所拥有的不同资源共同形成占用地位。生态位宽度、重叠度都是用来细致描绘其占用情况的不同概念（郭妍、徐向艺，2009），生态位密度描绘的是生态系统企业间的竞争状况。本研究以生态位理论为基础，对企业生态位的结果效应进行验证，以进一步填补创新生态系统中生态位范畴内的空缺。

第二，知识转移是生态系统有序发展中不可或缺的能量源泉。企业生态位和知识转移两者之间的多种互动组合构成了差异化的企业创新生态系统。本研究通过深入研究各创新主体所处生态位及知识转移的交叉互动效果，能够深入挖掘并丰富创新生态系统的理论诠释。

第三，探讨企业生态位宽度、密度与知识转移方式和企业高绩效出现的过程及路径，深入挖掘工业互联网产业创新生态系统内部要素的因果复杂性，进而得出前因的交互作用如何促使企业产生高绩效创新的研究结论。

2. 现实意义

在工业互联网创新生态系统中，企业之间的知识转移与竞合是系统主体间协同发展、构建竞争优势的关键环节。工业互联网创新生态系统协同共演机理、企业间知识转移机制将打破以往工业互联网产业资源池补给机制的孤立性。本研究通过对企业的生态位特征和知识转移方式对工业互联网创新生态系统中企业创新绩效的影响作用机制进行探究，从而对企业营造创新生态系统或融入创新生态系统，推动与各个创新主体间的合作与交流，集聚丰富的创新与发展资源，获取与学习吸收新的知识、信息，推动自身创新绩效的提升，支持企业的长远发展提供重要的指导作用：

第一，帮助核心企业明晰营造具备怎样结构特征的创新生态系统才能使企业获得更好的创新绩效。本研究通过建立具有更高效能的创新生态系统，推动创新生态系统参与主体多方共赢目标的实现。

第二，引导创新生态系统的参与主体明确自身在创新生态系统当中的生态位特征，使其明白自己占据怎样的位置，以及如何进行知识转移才能获得更高的创新绩效，推动创新主体朝着更有利于自身发展的方向前进。

第三，我国作为世界制造业大国，在发展工业互联网、抢占第四次科技革命机遇方面比全球多数国家拥有更突出的能力。研究我国工业互联网产业创新生态系统内企业的生态位特征、知识转移方式对于提高创新生态系统内企业的创新绩效具有积极影响，对全国各产业培养出更多优质的、具有更大竞争优势的企业，建立更加高效的、更加完善的工业互联网产业创新生态系统，提高产业内企业创新绩效，推动我国产业整体实力的提升具有重要的现实指导意义。

四、研究方法

本研究以国家层面重点战略布局的工业互联网及其创新生态系统为研究切入点，运用文献研究，选取沪深 A 股 115 家工业互联网企业作为样本进行实证研究。选取我国知名工业互联网技术主导式典型企业——重庆梅安森科技股份有限公司和深圳天源迪科信息技术股份有限公司、关系主导式典型企业——上海宝信软件股份有限公司和天津长荣科技集团股份有限公司，对它们的创新生态系统参与情况、绩效情况与作用机制进行案例研究，探索典型企业的创新绩效提升策略。在对国内外工业互联网创新生态系统发展历史做出梳理后，吸取国内外有关工业互联网创新生态系统的经验，提出我国工业互联网创新生态系统知识转移及创新绩效提升策略建议。具体研究方法包括：

（一）文献研究法

该方法主要是梳理和总结国内外创新生态系统主体、结构和构成要素，归纳企业生态位、企业间知识转移路径和创新绩效提升的机制等相关文献，并提炼理论，进而形成对国内外有关创新生态系统的综合认知。

（二）模糊集定性比较分析（fsQCA）方法

模糊集定性比较分析（fsQCA）方法是将每个案例视为一系列条件变量的"组态"，旨在寻找导致预期结果出现/不出现的条件变量的组合关系，即充分条件和必要条件的一种定性定量分析方法。本研究将所选择企业的统计数据进一步进行 fsQCA 分析，分析影响创新生态系统知识转移与创新绩效的制度环境、资源要素与产业条件，并根据得出的结论提出相应发展对策建议。

（三）案例研究法

本研究通过选取工业互联网典型案例企业并挖掘其在创新生态系统中的生态位、资源要素、知识转移路径以及绩效问题，进而上升到理论层面，提炼成典型案例，进一步确定生态系统构成框架及知识转移和创新绩效的总体理论。

五、研究的创新点

本研究采用文献研究法、fsQCA 方法以及案例研究法对创新生态系统内企业间知识转移的影响机理与作用机制进行深入探讨，从而提出提升工业互联网创新生态系统创新绩效的策略，研究的创新之处在于：

（一）研究视角的前瞻性

研究基于生态位视角对创新生态系统协同机理、企业间知识转移的关系机制以及企业创新绩效提升策略进行研究，相比之前相关领域的研究文献，本研究的研究视角关注了创新生态系统所处环境的动态变化及生态系统内部复杂要素的流动转移，更好地贴合了工业互联网发展的现实情境，对当前有关研究现状中所欠缺的、待弥补的理论需要进行了补充，采用的研究视角具有理论前瞻性。

（二）研究内容的现实性

本研究对工业互联网企业的创新生态系统及知识转移发展状况进行了深层次探索，了解了企业在网络化、信息化、数字化、智能化过程中实现交流合作、协同共演的生态系统机理，以及在竞合过程中的知识转移与绩效关系机理，并针对性地提出应对创新生态系统各主体知识溢出效应和提升创新绩效的建议，研究内容具有比较强的现实性，为促进我国工业互联网产业加速向数字化、系统化、智能化发展提供有力支持。

（三）研究方法的创新性

本研究运用文献研究法、fsQCA 方法和案例研究法，以上研究方法具有可行性。尤其 fsQCA 方法是近几年来新兴的研究方法，在分析小样本组态组合关系、找到充分条件和必要条件方面，相较于以往的分析方法更加准确、更加接近创新理论和管理实践，对本研究的研究对象及研究内容所处的实际情境，形成具有指导性的意见。另外，本研究采用多种研究方法相结合的方式，有利于研究客观性与效度的提升，能够更好地为研究结论提供检验与支撑，增进本研究的丰富度与真实性。

第二章 工业互联网创新生态系统发展概况

工业互联网作为新型技术与制造业深度融合的新兴业态和应用模式，已然成为推动全球制造业发展的重中之重，各国为推进工业互联网在国内的发展制订了从宏观到微观的"一揽子"发展计划和支持政策。受益于各国政策支持，工业互联网目前在全球的发展欣欣向荣，不同国家立足于自身国情发展出具有本国特色的工业互联网发展模式，提高了工业互联网在全球范围内的影响。基于此，本章首先界定工业互联网和工业互联网创新生态系统的概念，通过梳理国外主要制造业国家和我国工业互联网创新生态系统发展概况，总结国内外工业互联网创新生态系统发展模式，以了解目前工业互联网创新生态系统在全球的发展模式特点。

一、概念界定

（一）工业互联网

随着物联网、大数据、云计算和 5G 技术的逐渐成熟，新型信息技术与制造技术的融合也在悄然推进。2012 年，老牌工业企业"通用电气"提出"工业互联网"这一概念，近年来，许多专家和学者也对工业互联网做出了多种定义。在《工业互联网：打破智慧与机器的边界》一书中，工业互联网被界定为依托成熟的工业系统与云服务平台，通过连接共享协同等机制，整合各个区域、各个领域的资源和技术，为用户提供及时、高品质与低成本的服务，精确快捷地满足用户的需求（美国通用电气公司，2015）。清华大学的刘云浩教授（2016）将工业互联网定义为通过互联网与新兴技术在工业中的深度融合与创新应用，强调了网络的重要性。余晓晖（2019）认为工业互联网是连接工业全系统、全产业链、全价值链，支撑工业智能化发展的关键基础设施，是新一代信息技术与制造业深度融合所形成的新兴业态和应用模式，是互联网从消费领域向生产领域、从虚拟领域向实体经济拓展的核心载体。2021 年，我国工业互联网产业联盟印发了《工业互联网标准体系 3.0》，指出工业互联网是新一代信息通信技术与工业经济深度融合的新型基础设施，通过对人、机、物、系统等全面连接，构建起覆盖全产业链、全价值链的全新制造和服务体系，强调工业互联网中网络、数据和安全的重要性。《2021 5G+工业互联网发展评估白皮书》强调工业互联网是信息新基建的关键组成部分，也是工业制造业与新一代信息技术融合的成果（见表 2-1）。结合之前不同学者的研究和不同报告中对工业互联网的定义，本研究将工业互联网定义为：工业互联网是新一代信息技术与制造业深度融合的全新制造业生态、新型应用模式和关键基础设施。工业互联网通过对网络、平台和安全三大功能体系的系统构建，进而打造"人—机—物"全面互联的新型网络基础设施，是推进制造强国和网络强国建设的重要基础。

表 2-1 工业互联网概念的不同侧重点

来源及年份	工业互联网不同概念重点
美国通用电气公司，2015	强调依托成熟的工业系统与云服务平台，通过连接共享协同等机制，整合不同区域的资源和技术，为用户提供服务，满足用户的需求
刘云浩，2016	强调网络在互联网与新兴技术在工业中的深度融合与创新的重要性
余晓辉，2019	强调工业互联网是支撑工业智能化发展的关键基础设施，是新一代信息技术与制造业深度融合所形成的新兴业态和应用模式，是互联网从消费领域向生产领域、从虚拟领域向实体经济拓展的核心载体
《工业互联网标准体系 3.0》，2021	强调通过对人、机、物、系统等全面连接，构建起覆盖全产业链、全价值链的全新制造和服务体系，强调工业互联网中网络、数据和安全的重要性
《2021 5G+工业互联网发展评估白皮书》，2021	强调工业互联网是信息新基建的关键组成部分，也是工业制造业与新一代信息技术融合的成果

资料来源：依据相关文献及公开资料整理。

（二）工业互联网创新生态系统

目前国内针对工业互联网所作相关研究的文献数量众多，学科跨度广，为梳理总结国内有关工业互联网创新生态系统的研究现状提供了有力支撑。郭朝晖（2020）从经济性的角度，结合国内外众多实践案例的经验与教训，分析了工业互联网对企业业务的影响、价值创造的途径和难点，并对技术的发展趋势进行了总结分析，提出要促进工业互联网的发展不能仅仅着眼于具体技术，还需要从战略和管理的角度入手。吕铁（2020）从平台系统架构视角出发，将工业互联网的平台系统架构划分成核心层、应用层和接口层，提出通过做强核心层、做精应用层和规范接口层等相应保障措施来推动我国工业互联网产业高质量发展的变革路径。潘威（2021）基于文献回顾、查阅和总结得出我国工业互联网发展现状和发展瓶颈，从生态位角度，将工业互联网平台综合竞争力影响因素与生态位态势理论相融合，构建了工业互联网平台综合竞争力生态位评价指标体系和评价数理模型，并对部分实际案例进行评价、提出切实可行的建议以提升其综合竞争力。

根据 IDC 发布的《工业互联网生态白皮书（2022）》的定义，工业互联网生态系统是以用户深度参与为中心，基于工业化与数字化融合的工业互联网的技术架构，优化数据、人力、资产、资本等资源禀赋配置，生态各方通过自组织相互赋能、协同共创、共同进化，实现价值供求持续迭代闭环以及生态持续进化的创新生态系统。陈武等（2022）从生态系统视角出发，提出工业互联网是依托平台形成的集生产、设计、研发等于一体的生态系统。类似的观点还有工业互联网是依托于平台的网络虚拟集聚形成的生态（王如玉等，2018），是一种新兴的制造业生态系统（王玮等，2019）。李小妹（2022）指出，工业互联网是将智能机器、产品和生产资源纵向整合到柔性制造系统中，并将其横向整合到跨行业价值网络中的重要模式，能够成为制造业转型升级和产业生态重塑的新引擎。产业服务提供商、工厂运营商、机械制造商和基础平台运营商由于工业互联网的发展而共同形成生态系统，引发多元主体间合作形式的不断涌现。陈楠和谢翊馨（2022）认为，基于工业互联网构建的再制造产业生态系统，实现再制造业与现代服务业深度融合，能够破解制造产业发展困局，加快再制造产业数字化转型步伐，为产业高质量发展提供有力支撑。司凡等（2022）从工业互联网推动企业融合创新层面分析了企业创新生态系统演化机制。左文明和丘心心（2022）从生态系统视角探讨了工业互联网产业集群系统构成与运作机制，工业互联网平台生态发展演化形成四类种群，包括由平台企业构成的主导种群，由客户企业、关联企业和竞争企业构成的关键种群，由政府部门、高校与科研机构、金融机构构成的支持种群，以及目前尚未形成明显规模的寄生种群；政策和技术构成现阶段工业互联网产业集群生态系统的主要外部环境要素。张可云等（2022）提出，应尽快健全工业互联网的创新生态系统，大力鼓励并支持实体经济的龙头企业、领军企业成为工业互联网创新生态系统的主导者和构建者；创新生态合作模式，使生态系统的各参与主体形成更为紧密的合作伙伴关系，共同推进工业互联网创新生态系统的协同发展，夯实工业互联网创新生态系统建设的微观基础。国内有关工业互联网创新生态系统不同视角的研究总结详见表 2-2。

表 2-2　国内有关工业互联网创新生态系统不同视角的研究总结

研究视角	工业互联网创新生态系统研究内容	作者及年份
经济性角度	工业互联网的发展不能仅仅着眼于具体技术，还需要从战略和管理的角度入手	郭朝晖，2020
平台系统架构视角	通过做强核心层、做精应用层和规范接口层等措施来推动我国工业互联网产业的高质量发展	吕铁，2020
生态位视角	为工业互联网平台综合竞争力构建了生态位评价指标体系和评价数理模型	潘威，2021
生态系统视角	工业互联网创新生态系统是依托平台形成的虚拟的、新兴的制造业生态系统	王如玉等，2018；王玮等，2019；陈武等，2022
	探讨了工业互联网产业集群系统构成与运作机制，工业互联网平台生态发展演化形成了四类种群	左文明和丘心心，2022

资料来源：依据相关文献整理。

国外部分学者针对国内外对工业互联网的不同模式进行了比较分析。Ling（2017）对德国"工业4.0"和中国的"中国制造2025"进行了比较，发现中国更加强调工业互联网对制造业的推动，依托互联网来提升工业的发展水平；而德国作为拥有着高制造水平的制造大国，将其深厚且先进的工业技术深植于互联网信息技术之中，二者虽然对工业互联网应用模式有差异但目标相似。Kang等（2016）则对美国工业互联网和德国"工业4.0"进行了比较分析，他认为美国是依靠自身先进的信息技术来驱动国内工业互联网的发展，而德国则凭借自身更加发达的工业技术基础，开辟了更适合自身技术应用的发展道路。互联产品使得公司在价值创造和价值获取、生成数据的利用和管理、业务合作伙伴关系规范以及公司在生态系统中的角色方面做出新的战略选择（Porter & Heppelmann，2014）。

除了对不同国家工业互联网的应用模式进行比较分析以外，还有许多学者对新兴工业互联网生态系统理论层次进行了研究。工业互联网通过消除行业之间的障碍，将不同的垂直业务推向生态系统（Brody & Pureswaran，2015；Leminen et al.，2018）。Lechowski和Krzywdzinski（2022）通过案例研究从德国工业的角度探讨了工业互联网生态系统中的跨国竞争与协作动态，揭示了进入者如何利用不同的技术或组织能力在生态系统中找到定位以及面临的挑战。Leminen等（2020）探索了工业互联网的商业模式和产业生态系统，总结出四种不同类型的工业互联网商业模式，从而更好地适应企业的生态系统和创新。Kiel等（2017）认为，"协作和网络"成为工业互联网引发商业模式变化的核心组成部分。考虑到工业4.0环境的复杂性和多学科特性，企业将不得不构建由不同主体组成的创新生态系统，并使其拥有互补的技能。Matthyssens（2019）指出，在工业4.0和工业互联网背景下，需要五种先进的综合能力来构建稳健的、面向未来的价值创新方法，其中包括设计和调动生态系统，并整合到工业互联网平台的能力。

然而国外学界对工业互联网创新生态系统缺乏系统性的专题探讨，相关的论述散见于工业4.0、工业物联网、智能制造等方面的国家战略规划、研究，以及美国通用电气公司、工业互联网联盟、世界经济论坛等组织的工作报告；其中对于工业互联网技术方面的研究较为集中，缺乏管理方面的研究。国外有关工业互联网创新生态系统的研究总结详见表2-3。

表 2 - 3　国外有关工业互联网创新生态系统的研究总结

研究层次	研究内容	作者及年份
实践层次	中国更加强调工业互联网对制造业的推动，德国则更加强调将其深厚且先进的工业技术深植于互联网信息技术之中	Ling，2017
	美国依靠自身先进的信息技术来驱动工业互联网的发展，而德国则凭借自身更加发达的工业技术基础，开辟更适合自身技术应用的发展道路	Kang 等，2016
理论层次	工业互联网消除了行业之间的阻碍，将不同的垂直业务推向生态系统	Brody 和 Pureswaran，2015；Leminen 等，2018
	利用案例研究方法从德国工业视角探讨了工业互联网生态系统中的跨国竞争与协作动态	Lechowski 和 Krzywdzinski，2022
	对工业互联网的商业模式和产业生态系统进行了探索，并总结出了四种不同类型的工业互联网商业模式	Leminen 等，2020
	"协作和网络"是工业互联网引发商业模式变化的核心组成部分	Kiel 等，2017
	在工业 4.0 和工业互联网背景下，需要五种先进的综合能力来构建稳健的、面向未来的价值创新方法	Matthyssens，2019

资料来源：依据相关文献整理。

　　基于以上工业互联网创新生态系统研究成果，本研究对工业互联网创新生态系统的理解为：工业互联网创新生态系统是以新型信息技术与工业化融合的工业互联网为技术基础，优化工业生产过程中资本、人力、数据等资源的投入，借助参与系统各方的优势能力，形成价值创造能力不断提升和生态不断进化的创新生态系统。作为一种面向未来、可持续的产业组织新形态，工业互联网创新生态系统将广泛连接各类组织和个人，包括制造商、供应商、分销商、政府、服务提供商、社会组织、用户等，以及数据贯穿价值创造的整个过程，包括生产、流通、分配、消费等各个环节，成为技术、经济的联合体，实现共生、再生、互生，最终超越产业组织的范畴，为更大范围的社会系统创造出新的价值循环。

二、全球工业互联网创新生态系统发展概况

人工智能、大数据、物联网、云计算等新型信息技术的快速发展为工业带来了新的发展际遇，而工业互联网作为新一代信息通信技术与传统制造业深度融合的新兴业态和应用模式，近年来受到全球多个国家的重视。近十年来，美国、德国、日本等制造业大国发布了多项关于推进工业互联网发展的政策，重点关注工业互联网的自动化、互操作性和可持续性等面向未来全球开放式数字生态链的发展，并着力围绕工业互联网开展战略布局和实践探索，以形成多层次、全方位的政策推进机制，抢占全球产业战略高地（邬贺铨，2019）。工业互联网创新生态系统借助工业互联网的技术优势，为创新生态系统内各方营造了良好的创新生态氛围，鼓励各参与者发挥自身优势能力，从而不断提高创新生态系统的价值创造能力，促进创新生态系统的生态进化。作为传统制造业未来发展方向，工业互联网创新生态系统在全球多个国家火热发展。图 2-1 中展示的是在 2016—2019 年，北美、欧洲和亚太地区工业互联网行业市场规模的变化情况。从图中可以看出，在 2016—2019 年这四年之间，上述三个地区的工业互联网市场规模快速增长。另外，为了推动工业互联网的发展，全球多个国家和地区也纷纷推出多种支撑政策和工业互联网参考架构模型用以指导和推进工业互联网的建设及产业发展，下面将介绍全球具有代表性的部分制造业国家的工业互联网创新生态系统的发展概况。

单位：亿美元

3 100.0

3 000.0 ⎡ 2 996.4

2 900.0 2 852.9

2 800.0 2 704.2

2 700.0

2 600.0 2 563.3

2 500.0

2 400.0

2 300.0

2016 2017 2018 2019（年）

（1）2016—2019 年
北美地区工业互联网
行业市场规模统计情况

单位：亿美元

2 700.0

2 600.0 2 607.1

2 500.0 2 482.2

2 400.0

2 352.8
2 300.0

2 230.2
2 200.0

2 100.0

2 000.0

2016 2017 2018 2019（年）

（2）2016—2019 年
欧洲地区工业互联网
行业市场规模统计情况

单位：亿美元

2500.0

2 413.3
2 400.0

2 296.8
2 300.0

2 177.1
2 200.0

2 100.0 2 063.6

2 000.0

1 900.0

1 800.0

2016 2017 2018 2019（年）

（3）2016—2019 年
亚太地区工业互联网
行业市场规模统计情况

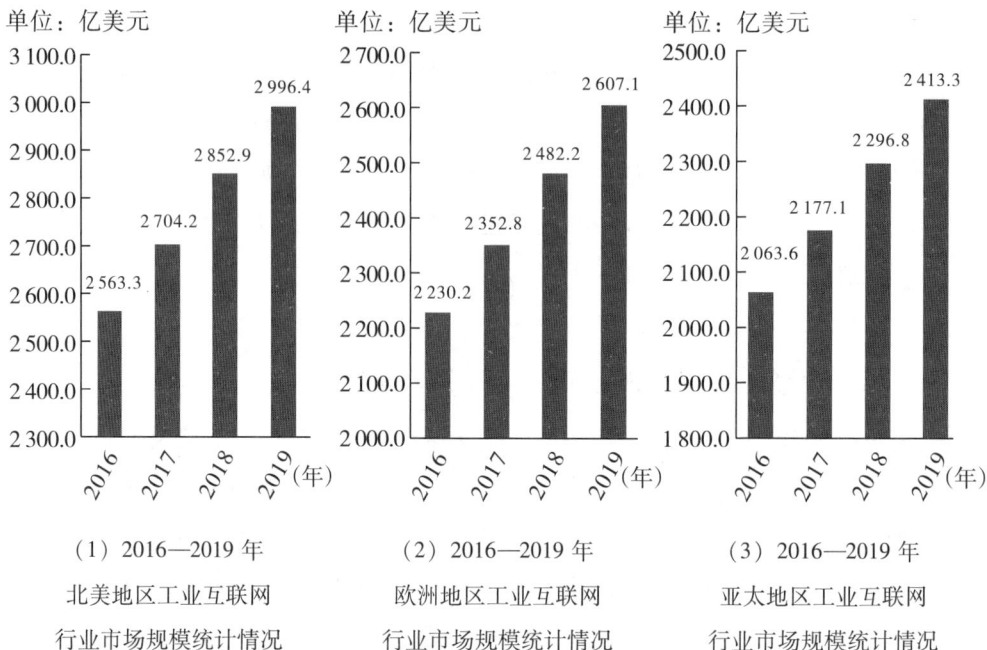

图 2-1　2016—2019 年全球主要地区工业互联网行业市场规模统计情况

数据来源：《2021 工业互联网白皮书》。

（一）美国

1. 美国 "工业互联网" 的提出背景

2008 年国际金融危机爆发，美国通用电气公司（以下简称"GE"）遭受了巨大损失，陷入了濒临破产的境地。在此情况下，GE 提出回归原点、增加制造部门比重的恢复战略。此外，GE 还计划从依靠产品销售和售后维护赚取利润的"合同"模式转变为通过工业互联网对数据进行分析来帮助客户企业提高效率的"按需销售"模式。GE 已经实现了 IT 技术与设备的深度融合，以此为基础，GE 的业务逐渐由单一的设备销售向智能设备、智能分析、智能决策三位一体的智能化系统供应转变。GE 由设备制造商向智能服务商的转型为"工业互联网"概念的提出奠定了基础。2012 年，GE 提出了"工业互联网"的概念。

2. 美国工业互联网创新生态系统发展概况

2008 年金融危机之后，美国政府意识到实体经济在国家经济中的重要性和之前的"去工业化"导致的"产业空心化"问题，出台《重振美国制造业框架》，以期实现"再工业化"的国家战略。2011 年 6 月，美国正式启动"先进制造伙伴计划"，构建"国家制造业创新网络"，旨在加快抢占 21 世纪先进制造业制高点，重点突破信息物理系统、大数据分析、高性能计算、信息安全等工业互联网关键技术，为工业互联网的发展与应用提供有力支撑，并希望通过生产关系、生产方式及技术革新，使工业焕发强大生命力和竞争力；通过新一轮技术革命的成果引领和改造其他产业，推动产业优化升级，加速第四次工业革命进程。2012 年 2 月进一步推出"先进制造业国家战略计划"，通过积极政策，鼓励制造业企业回归美国本土。

作为提出"工业互联网"概念的企业，GE 在 2013 年宣布在未来三年内将投入 15 亿美元用来开发工业互联网。2014 年 3 月，GE 跨界联合 IBM、思科、英特尔等 IT 龙头公司成立了美国工业互联网联盟（以下简称"IIC"），共同推动工业互联网发展，强化平台服务能力。IIC 采用开放成员制，致力于实现各个厂商之间的数据共享，目的在于通过制定通用标准打破技术壁垒，利用互联网激活传统工业过程，更好地促进物理世界和数字世界的融合。同年 10 月，GE 宣布其工业互联网 Predix 平台向全球所有公司开放，将互联网领域的平台与应用开发者之间的合作模式引入了工业，便于用户大规模快速开发自定义行业应用。这种产业生态系统，加快了工业互联网在制造业各细分行业的生根落地。2018 年，该平台上的开发者便已达 3 万余人，开发出数百种 App。2015 年，IIC 发布工业互联网 IIRA 参考架构，系统性界定工业互联网架构体系。IIRA 注重跨行业的通用性和互操作性，提供一套方法论和模型，以业务价值推动系统设计，把数据分析作为核心，驱动工业互联网系统从设备到业务信息系统的端到端的全面优化。截至 2018 年底，IIC 成员有 246 家，包括北美洲、欧洲和亚洲在内的 30 余国家和地区的产业和企业代表。

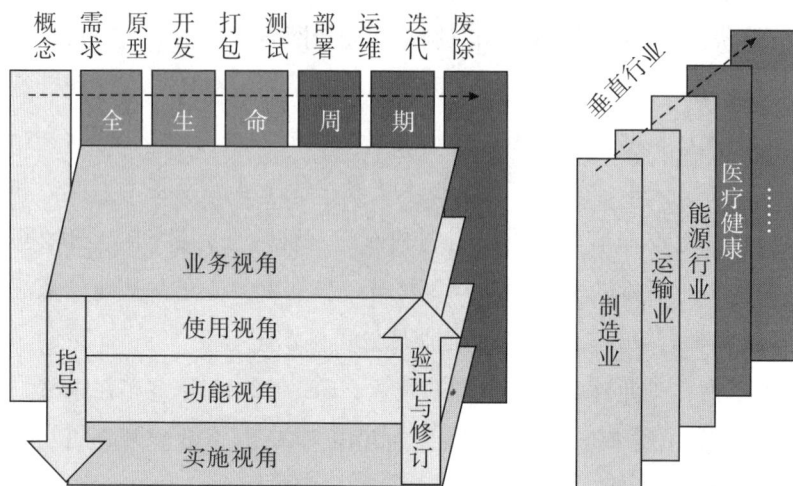

图 2-2　美国工业互联网参考架构

资料来源：《2021 工业互联网白皮书》。

3. 美国工业互联网创新生态系统发展模式特点

美国工业互联网更加强调工业系统与数据获取、分析、人工智能方面的结合，强调工业设备通过数据获取及优化带来的传统方式达不到的优化程度，从美国工业互联网发展历程中可以总结出其发展特点：

一是美国工业互联网发展由跨国巨头主导，坚持市场化原则。美国工业互联网的发展由企业引领，官方并未将其作为国家发展战略，GE 积极打造"国际品牌＋高端产品＋先进平台"立体新优势，引领美国工业互联网发展，并主导成立 IIC，而 IIC 在全球的扩张吸纳了众多新成员，加速了工业互联网发展的进程与节奏。

二是美国智能化、数字化战略协调促进发展。从美国工业互联网发展历程中可以看出，美国虽没有成立专门的工业互联网推进机构，但许多拥有政府背景或财政资助的机构也在推动着美国工业互联网的发展；美国联邦政府资助建立了"数字化制造与创新设计研究中心"，启动了"数字化制造平台"作为数字化制造的开源软件平台，鼓励中小创新机构、创业者和创客等开发面向不同制造业领域的软件解决方案。美国政府为实现"先进制造业国家战略计划"，支持本国企业掌握工业互联网发展的主导权和领先权。

三是工业互联网相关标准体系制定推动智能制造进程。2015 年，美国 IIC 发布了工业互联网参考架构体系第一版（IIRA），之后又更新为"工业物联网参考架构体系"。美国通过定义和开发互通性的工业互联网参考架构与标准，不仅仅对工业互联网在全球的发展起到了推动作用，还促进了全球性工业系统标准的形成，推进了美国智能制造进程，极大地推动了美国先进制造业发展战略。

四是安全监测与态势感知能力成为工业互联网发展的关键核心技术。企业加入云平台之后，云安全、边缘安全、内部协议安全等安全问题凸显，且统一的安全体系尚未建立，而智能制造过程对协议的实时性、容错率有着很高的要求，因此安全监测与态势感知能力成为工业互联网关键技术，可以从全局视角对安全威胁进行发现识别、理解分析与响应处置。

五是数据管理成为工业互联网发展的关键内容。工业互联网产生的数据相较于以往传统工业生产过程中的数据爆炸式增长，数据存储与高效查询成为巨大挑战。由于机器设备、技术发展的局限性，提高数据质量和数据集成能力成为一大挑战。然而，不同制造业数据存在很大程度的异质性导致传统数据管理无法解决这些问题，因此数据管理成为工业互联网未来发展的关键内容。

（二）德国

1. 德国"工业4.0"的提出背景

2008年的金融危机不仅仅重创了美国，也导致德国出现了经济危机。在国际金融危机爆发之后的几年内，德国制造业面临内部和外部一系列挑战：外部面临短期出口下滑、中期产业升级压力、长期竞争压力等问题；内部则面临着劳动力成本上升、创新能力减弱和制造业比重下滑等困境。面对内外双重压力，德国提出，工业和制造业等核心行业必须要做出改变，变得更有效率，才能够渡过这场金融危机。如何对工业和制造业进行改变使其更有效率？德国对此进行了长达数年的讨论。2012年10月，由德国信息技术、通讯、新媒体协会（BITKOM），德国机械设备制造业联合会（VDMA），德国电气和电子工业联合会（ZVEI）组成的工作组完成并交付了报告《保障德国制造业的未来：关于实施"工业4.0"战略的建议》，并于2013年的汉诺威工业博览会上正式发布了这份报告，首次提出了"工业4.0"的概念。

德国"工业4.0"战略是对"工业1.0"（机械制造设备引入）、"工业2.0"（电气化应用）和"工业3.0"（信息化发展）的延伸，是主要以物联网（Internet of Things，IoT）和务联网（Internet of Service，IoS）为基础，以迅速发展的新一代互联网技术为载体，加速向制造业等工业领域全面渗透的技术革命，充分融合"互联网＋制造业"，构建智能工厂，实现智能制造。

2. 德国工业互联网创新生态系统发展概况

"工业4.0"提出以后，德国鼓励以创新为核心，为其发展予以政策支持。在2013年4月，《保障德国制造业的未来：关于实施"工业4.0"战略的建议》报告正式发布，将"工业4.0"上升为国家战略，德国试图通过信息网络与工业生产系统的充分融合，打造数字工厂，实现价值链上企业间的横向集成、网络化制造系统的纵向集成以及端对端的工程数字化集成，强调机器与互联网的相互连接以改变当前的工业生产与服务模式。此后，德国政府陆续出台了一系列指导性政策，如2014年8月通过《数字化行动议程（2014—2017）》，2016年发布"数字战略2025"，2017年又发布了"数字平台"白皮书，制定了数字化的秩序政策，2019年进一步提出"国家工业战略2030"发展战略，并将"中美两国在平台经济互联网公司全球独揽"作为德国工业发展的挑战之一，旨在通过增强政府政策的附加力量，巩固新形成的相对优势。为鼓励技术创新，德国政府加大了税收优惠力度，并设置了高科技创业基金，对实施"工业4.0"过程中的创新型企业的研发给予风险投资支持。

除政策支持以外，德国领先企业也积极推动工业互联网布局。从2011年起，德国软件工业开始搭建物联网平台。2019年，德国思爱普（以下简称"SAP"）联合6家欧洲机械工程、工业自动化和软件行业的企业自发建立起"工业4.0开放联盟"，并在2020年底拥有70余家会员企业。联盟通过建立通用框架，保证联盟成员的解决方案能够互联互通，推广具有互操作的工业4.0解决方案和服务，以便用户能够低成本、高质量、快速地交付工业互联网项目，为客户创造价值。西门子作为德国制造业行业的领先企业，2019年其数字化业务年收入便高达140亿欧元，同年发布的"愿景2020＋"战略更是将"数字化工业"作为未来三大运营方向之一。此外，西门子还启动了"火箭俱乐部"全球初创企业计划，推出MindSphere平台3.0版本，联合库卡、Festo、艾森曼集团等18家合作伙伴公司共同创建"MindSphere World"，打造围绕MindSphere平台的生态系统，并扩展全球影响力。西门子还通过收购低代码公司 Mendix，大幅度降低了应用开发门槛，使得基于平台的工业 App 开发效率大幅提升。SAP 也在 HANA 平台基础上构建涵盖边缘计算、大数据处理与应用开发功能的 Leonardo 平台。

作为领先全球的装备制造业国家的德国，在面对新一轮科技和产业革命带来的挑战时提出了"工业 4.0"战略，通过连接打通由生产机器构成的"真实"世界和由互联网构成的"虚拟"世界，基于工业互联网重塑新型生产制造服务体系，提高资源配置效率。德国工业互联网发展模式有别于美国，主要以创新产品的质量为核心进行熊彼特式竞争而非价格竞争，依托制造业优势，在政策层面激励工业互联网平台的技术创新，强调从装备的智能化升级出发，利用数据技术，提升生产制造的服务能力。

3. 德国工业互联网创新生态系统发展模式特点

德国作为传统的制造业国家，与美国主要依靠强大的科技实力不同，它在工业互联网的发展中更多植根于本国坚实的工业基础，重点关注高端产业和高端环节，聚焦于技术的市场化以及产品的标准化和国际化，从德国工业互联网发展历程中可以总结出以下发展特点：

一是德国以"工业 4.0"战略为主导，多战略协同推进工业互联网进程。制造业作为推动德国经济发展的重要支柱，近年来也必须面对劳动力不断减少、劳动力成本上升、产业转移和新兴国家的竞争等压力。从"工业 4.0"战略提出，到后来的"数字战略 2025""国家工业战略 2030"，德国政府关注到新一轮产业变革和经济发展的机遇，并以政策形式对工业互联网的发展形成战略指导，从加强工业互联网技术创新到为企业提供资金支持、工业互联网人才培养等多个方面形成完备的战略布局，促使德国成为工业 4.0 的引领者。

二是积极推进德国工业互联网平台建设和参考架构标准的制定。早在 2011 年，德国软件工业便已搭建了物联网平台；2015 年 3 月，德国最早发布了"工业 4.0 参考架构体系"（RAMI 4.0，见图 2 - 3）。工业互联网平台的建设和参考架构标准的制定使得不同层面的企业能够在平台上共享产品全生命周期和价值链、企业生产与经营的各个层面和企业内部老旧生产体系的信息，打破了企业的信息孤岛现状，提高了信息互通性，具有改善产品生产质量、降低生产成本、满足多样化用户需求、促进企业生产体系智能化升级、提高企业创新能力等优势，帮助制造业更好地与新一代信息技术融合。

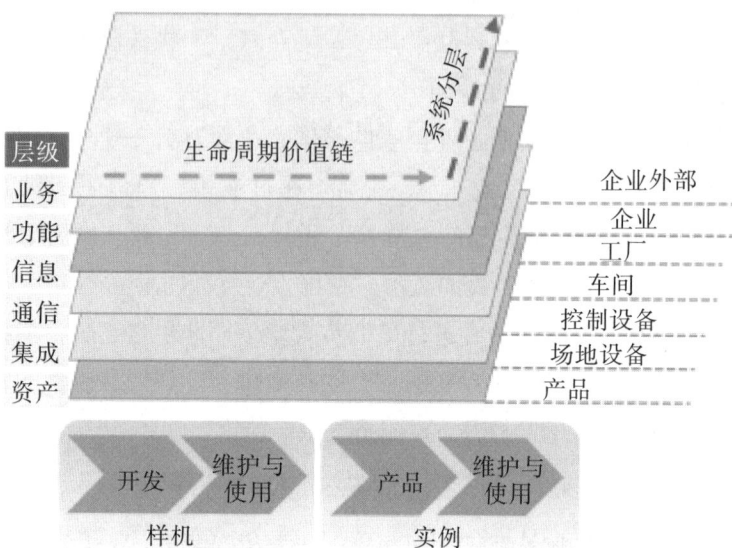

图 2 - 3　德国工业 4.0 参考架构

资料来源：《2021 工业互联网白皮书》。

三是依托企业、研究机构、大学的协同创新能力，推进德国制造向高技术转型。相较于美国强劲的科技发展能力，德国的制造业在技术上并不具备较高优势，因此德国工业互联网的发展更强调依赖数据技术、智能化生产提升生产制造的服务能力。而企业、研究机构、大学作为一般创新生态系统中的创新主体，其协同创新能力远高于单一主体，因而德国在推动工业互联网发展时更加强调通过上述三者的协同创新，提升制造业的技术水平，推动德国由精工生产向智能化生产的转型。

（三）日本

1. 日本 "社会 5.0" 的提出背景

伴随新一轮科技革命与产业变革在全球范围内的兴起，世界主要的工业发达国家为重构制造业全球竞争新优势，纷纷提出了各自的发展战略，如美国 "先进制造业国家战略计划"、德国 "工业 4.0"，并不约而同地将智能制造作为未来制造业的主要发展方向。而日本社会面临三个挑战：一是日本国内老龄化、少子化问题严重，导致日本社会劳动力严重不足；二是中国等新兴经济体快速崛起，日本制造业面临着巨大竞争压力；三是虽然日本国内上到政府，下至企业对 5G、云计算、大数据、人工智能等新一代信息技术发展高度关注，但这些新技术在日本的应用慢一拍，且日本缺乏如美国的 GE、德国的 SAP 这样的国际引领性企业。

在上述背景压力之下，日本试图将解决这一系列社会问题作为突破口，重新构想了工业与整个社会的关系，从更高层面构建了全新的远景图：一个面向富裕、有活力的社会。2016 年 1 月，日本政府发布的《第五期科学技术基本计划》提出"社会 5.0"（Society 5.0），即超级智能社会概念，这一概念将人类社会划分为狩猎社会、农业社会、工业社会、信息社会和智能社会五个相继出现的阶段。超级智能社会的主要目标是最大限度应用信息通信技术，通过网络空间与物理空间（现实空间）的融合、共享给人人带来富裕的"超智慧社会"。而"社会 5.0"是实现"超智慧社会"的一系列对策，超智慧社会是一种虚拟空间与现实空间高度融合的社会形态，就是将必要的物品，向必要的人，在必要的时候进行必要的提供。"社会 5.0"立足整个经济社会，不仅仅要提升产业的生产性，还要提升生活的便捷性，运用物联网、机器人、人工智能 AI、大数据等技术来解决由少子高龄、资源匮乏导致的能源基础设施脆弱、环境与资源等社会难题。

2. 日本工业互联网创新生态系统发展概况

2015 年日本提出"工业 4.1 J"计划，将工业智能化从单一的工厂扩展到整个产业价值链之上。该计划的主要工作是将分散在全球各地的日本工厂串联起来，实现一个集安全管理、资产管理、零件订购管理、远程服务、控制技术支持等功能于一体的智能工厂环境，再利用云端技术监控系统实时观察正常生产情况，以一个实现安全的资产管理、采购管理、远程服务、高级控制的技术支持环境，掌握现场控制系统的异常运行情况。而云端技术监控系统有两大优势，一是日本国内企业可以通过"云端"监控系统实时了解海外工厂的生产制造情况并进行分析，可以将本土与海外现场的生产情况进行对比，以便快速掌握海外现场控制系统的异常运行状态，促进本土企业迅速为海外工厂提供解决办法；二是传感器的应用方便了对分散在全球各地工厂使用的部件或临近更换期的部件进行数据的收集与分析，进而对部件的更新预购时间进行更精准的预测，接受订购的部件厂商也可以实时了解订单变化趋势的信息。同年 6 月，在日本经产省的支持下，日本工业价值链促进会成立并于 2016 年 6 月成为一般社团法人，其目标是使不同企业实现互联互通，解决企业间的"互联制造"问题。截至 2020 年，日本工业价值链促进会共有包括三菱电机、富士通、东芝、日立、丰田等日本制造企业、设备厂商、系统集成企业等在内的 738 名成员。

2016 年 12 月，日本工业价值链促进会提出"工业价值链参考架构"（IVRA，见图 2－4）；2018 年 3 月发布《日本互联工业价值链战略实施框架》，提出新一代工业价值链参考架构 IVRA-NEXT。与 IVRA 相比，IVRA-NEXT 具有以下优势：一是提出了 SMU 的自我进化模型，包括发现问题、共享问题、确立课题和解决问题四个环节；二是将平台定义为"不同工作和系统之间互用数据的机制"，是工业价值链参考架构的网络部分；三是提出互联工业的运行框架，包括保护数据主权、基于区块链的数据交换证明、基于宽松标准的数据词典管理等。

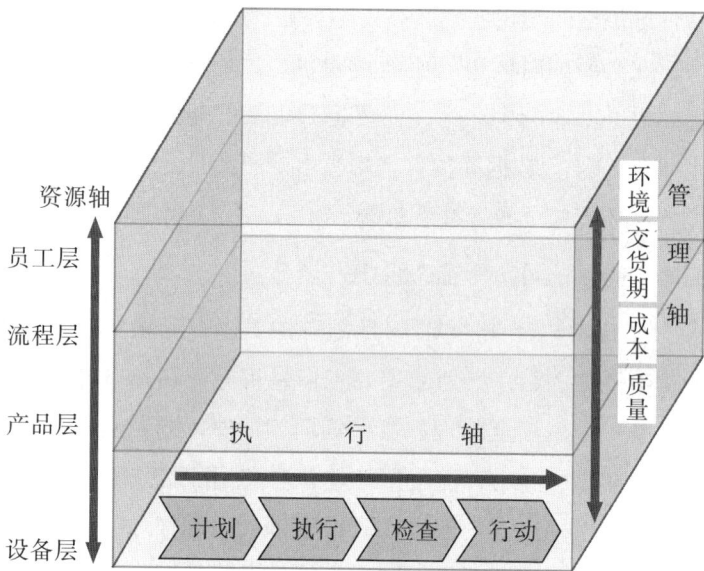

图 2－4 日本"工业价值链参考架构"模型（IVRA）

资料来源：《2021 工业互联网白皮书》。

在 2017 年 3 月的德国汉诺威工业博览会上，时任日本首相安倍晋三发表了关于"互联工业"政策概念的演讲，2018 年 6 月，日本经产省发布《日本制造业白皮书（2018）》，将互联工业作为制造业发展的战略方向。互联工业是"社会 5.0"在工业领域的具体表现，通过人、机器、技术跨越边界和代际的连接，从而持续创造新的价值。它具有三大理念：一是人与设备、系统之间并不是对立关系，而是合力实现新型数字社会；二是通过企业之间、产业之间以及国与国之间的紧密协作解决复杂问题；三是贯彻以人为本的理念，积极推进与数字化技术相结合的人才培养。互联工业聚焦于四个关键领域：智能生产领域、智能交通领域、智能医疗领域和智能家居领域。智能生产领域主要应对日本社会劳动力短缺现状，满足日本多样化的市场需求。一方面，通过数字化技术将生产工艺、技术等知识和经验固化为软件，作为集体的知识灵活应用，解决劳动力尤其是技术人才短缺的问题；另一方面通过广泛应用数字化技术，将设备、人、部门、工厂、企业等连接起来，以增强各个环节之间的数据联系和企业内外部之间的协作水平，迅速应对高标准、多样化的市场需求。智能交通领域主要通过自动驾驶技术实现从"自我驾驶"到"享受车内环境"的转变，由"拥有汽车"向"共享汽车"的转变，提升大众服务体验，降低交通成本。智能医疗领域通过物联网、大数据等技术的应用，采集患者发病前、治疗后的相关数据并进行分析，提供个性化、高效的医疗服务；通过在医疗领域引入人工智能辅助诊断，为患者提供更加高效的医疗保健服务。智能家居领域通过从用户的各种设备中采集日常数据，并以此为基础为客户提供新的服务，进而提高人们的生活质量，增进人们之间的联系。

日本在推进"社会5.0"时，提出了"互联工业"的战略，互联工业在实施的过程中，有着基于宽松标准构建的互联工业体系，促进了制造企业与客户、消费者、供应商等价值链上利益相关者之间的互联互通。首先突出了平台在数字世界的核心作用，并为其集成了相关的软硬件设施，通过软件为制造业企业提供服务；其次利用数字技术将生产现场的各种活动转换到网络和数字世界中，通过对数据的加工处理形成新的知识和技术；最后不同的平台基于宽松的标准连接起来，形成了分布式的平台生态系统。另外，强调了通过持续的生产现场、组织架构、工作流程等方面改进的实现，通过一系列的循环往复、迭代升级最终实现智能制造。互联工业也高度重视人员和知识的价值，与美国、德国不同，日本互联工业提出了"数字化三胞胎"概念，即信息世界、物理世界和人的世界，将人作为制造系统的重要组成部分，生产制造过程中的生产工艺、方法、专有技术等知识也都是十分宝贵的资产。

3. 日本工业互联网创新生态系统发展模式特点

与美国、德国对工业互联网命名不同，日本的新一代信息技术不仅仅与其制造业转型进行了深度融合，还与本国社会面临的人口结构变化、环境和资源等社会课题相联系，提出"社会5.0"不仅仅是提高产业的制造服务能力的策略，也是提升日本民众生活水平的手段。在日本工业互联网发展历程中可以总结出以下特点：

一是日本立足自身国情，重视工业互联网平台在促进数字经济发展中的重要性，积极打造符合自身发展优势的"工业价值链参考架构体系"。工业互联网平台能够为制造业企业提供相关服务，同时借助数字技术优势对数据进行挖掘产生新的知识和技术，从而形成良好的创新平台生态系统。同时，日本依据自身国情制定的"工业价值链参考架构体系"相较于美国、德国的工业互联网体系能够更好地利用本国的制造优势，增强制造业各单位之间的沟通和联系，提高日本制造业的生产效率。

二是以科学技术为抓手，借助超社会发展战略，实现智能制造。日本不同于美国拥有过硬的信息科技实力，其制造业基础也远不及德国，但其制造业依赖其精密的机械制造在全球制造业中占有优势。日本在发展工业互联网时充分利用了自身优势，着重发展科学技术，依靠"社会 5.0"战略、"互联工业"战略等政策支持，促进日本制造业从精益生产向智能制造靠近。

三是日本互联工业高度关注人员和知识在工业互联网发展中的重要性。相较于更加关注制造业和信息技术深度融合的美国与德国，日本在互联工业中将人的重要性与信息、现实的重要性放在一起，强调人员及其所拥有的知识在工业互联网发展过程中的推动作用和管理作用，并将其作为推进工业互联网发展的重要资源。

（四）美国、德国、日本工业互联网创新生态系统发展概况总结

以上对美国、德国、日本工业互联网创新生态系统发展历史的梳理和发展模式特点的总结整理如表 2 - 4 所示。

表 2 - 4　美国、德国、日本工业互联网创新生态系统发展和特点梳理

发展策略类别	国家	具体措施
政府战略指导	美国	《重振美国制造业框架》、"再工业化"、"先进制造伙伴计划"、"国家制造业创新网络"、"先进制造业国家战略计划"
	德国	"工业 4.0""数字战略 2025""国家工业战略 2030""愿景 2020 +"
	日本	"工业 4.1 J"计划、"社会 5.0"、"互联工业"

（续上表）

发展策略类别	国家	具体措施
工业互联网相关组织和联盟建设	美国	工业互联网联盟（IIC）
	德国	工业4.0开放联盟
	日本	日本工业价值链促进会
工业互联网相关平台、标准等制定	美国	GE公司的工业互联网Predix平台、工业互联网IRRA参考架构；工业物联网IIoTRA参考架构体系
	德国	西门子MindSphere平台、SAP工业互联网Leonardo平台；工业4.0参考架构体系（RAMI 4.0）
	日本	工业价值链参考架构（IVRA、IVRA-NEXT）
工业互联网技术创新主导力量	美国	研究型大学、创新能力强的大型企业、专业化高技术的中小企业
	德国	各层次研究机构、大学和拥有特定领域持续创新能力的中小企业
	日本	具有强大技术创新能力的企业
工业互联网发展差异	美国	更加重视网络、大数据、软件等对硬件设备及服务的改善，关注信息系统集成和服务行业，强调生产设备的智能化，在智能制造价值链体系中偏重设计和服务环节
	德国	强大制造能力使其更重视生产制造环节，强调生产过程智能化
	日本	优势在于以人为本的生产现场管理能力，关注智能制造单元，通过不同自治制造单元之间的沟通和联系，满足工业需求的多样性与多样化，提高生产效率

资料来源：依据相关资料整理，本表仅列出不同国家采取的部分措施。

三、我国工业互联网创新生态系统发展概况

（一）我国工业互联网创新生态系统发展趋势

中国作为世界最大的制造国，以云计算、人工智能为代表的新一代信息技术对于加快中国制造业的转型升级具有重要作用。我国早在2002年就提出以信息化带动工业化，以工业化促进信息化。2007年党的十七大召开，提出

信息化与工业化融合发展。此后，我国政府高度重视利用新一代信息技术改造制造业的际遇，先后出台了一系列政策，如在"十三五"规划中提到未来国家科技创新的规划布局；2016年工信部和财政部联合编制的《智能制造发展规划（2016—2020年)》旨在推动"十三五"规划和《中国制造2025》的贯彻落实，统筹国内智能制造发展，加快形成全面推进制造业智能转型的工作格局；2019年，工信部印发《"5G＋工业互联网"512工程推进方案》；2020年，国家发改委、中央网信办联合制订了《关于推进"上云用数赋智"行动培育新经济发展实施方案》，其目标均在于推进工业互联网、企业上云在我国的发展，加快产业的数字化转型，培育新经济，助力现代化产业体系的构建，推动经济高质量发展。除我国政府出台相关制造业数字化转型政策外，国家智能制造标准体系建设指南、工业互联网体系架构等相应标准的制定皆为试图打通制造业全价值链环节，促进制造业实现智能分析与决策。政策利好不仅使得我国工业互联网近年来获得了快速发展，也推动了我国制造业的转型升级，且工业互联网的应用范围也不再局限于制造业，而是逐渐延伸到医疗服务、能源、交通等多个领域，并且不断向三个产业的其他领域扩展。

除我国有关部门积极出台工业互联网相关发展政策和标准体系外，我国制造业行业的企业也在对新一代信息技术与产业变革的深度融合进行了积极的探索。在2010年以前，我国工业互联网的发展尚处于萌芽状态。2009年，阿里巴巴集团率先开展云平台研究，并与制造、交通、能源等众多领域的领军企业进行合作，为部分工业企业搭建云平台奠定了良好的基础。2010—2014年，腾讯、华为等企业逐步搭建并开放平台，对外提供云服务，我国工业互联网发展处于初期阶段。2015年至今是我国工业互联网的快速发展阶段，航天云网、三一重工、海尔、富士康等制造业企业依托自身制造能力与规模优势，推出工业平台服务，并逐步实现由企业内应用向企业外服务的拓展。而用友网络、沈阳机床等企业则基于自身在自动化系统、工业软件与制造装备领域的积累，进一步向平台延伸，尝试构建新时期的工业智能化解决方案。当前，工业互联网发展共识不断深化、合力不断增强，形成了以网络为基础、平台为中枢、数据为要素、安全为保障的功能体系。作为新型基础设施、新型应用模式和新型工业生态，工业互联网逐渐成为新一轮科技革命和产业变革的关键驱动，日益成为制造业数字化转型、高质量发展的强劲动能。我国工业互联网创新生态系统目前发展趋势表现为以下五点：

1. 央地协同新格局加速形成

在党中央、国务院决策部署下，我国工业互联网顶层设计已经明确，各领域支持政策不断完善，地方的支持力度不断加大，央地协同的新格局正在加速形成。

顶层设计明确方向。2017 年国务院印发《关于深化"互联网＋先进制造业"发展工业互联网的指导意见》，明确至 2025 年、2035 年、21 世纪中叶的发展目标。在专项工作组的推动下，《工业互联网发展行动计划（2018—2020 年）》《工业互联网创新发展行动计划（2021—2023 年）》陆续出台，提出到 2023 年，新型基础设施、融合应用成效等的发展状态目标。

政策体系逐步形成。2018 年 5 月工业和信息化部发布了《工业互联网 App 培育工程实施方案（2018—2020 年）》，提出培育 30 万个面向特定行业、特定场景的工业 App；2018 年 12 月发布的《工业互联网网络建设及推广指南》明确了工业互联网网络建设和推广的目标方向；2019 年 11 月，工业和信息化部发布《关于印发"5G＋工业互联网"512 工程推进方案的通知》，明确 2022 年将突破一批面向工业互联网特定需求的 5G 关键技术，推进 5G 和工业互联网深度融合。同时也针对新型数据中心规划与工业数据管理办法推动数据汇集赋能，工业互联网安全保障体系不断完善，"工业互联网＋安全生产"等方面发布相关政策。

地方支持政策不断深化。工业互联网已成为各地推动实体经济转型升级，打造新发展动能的重要抓手。截至 2021 年 1 月，全国 30 余个省、自治区、直辖市通过发布地方工业互联网发展政策文件，明确对"工业互联网"方向的政策表示支持，并通过设立专项、建立专班等方式加大投入力度，因地制宜推动工业互联网发展，初步形成系统推进、梯次发展、优势互补的产业发展格局。

2. 基础功能体系同步推进

网络体系基础建设不断推进。我国基础电信企业加快建设低时延、高可靠、大宽带的高质量企业外网，已覆盖全国 300 多个城市，连接 18 万家工业企业。截至 2021 年 10 月 20 日，五大国家顶级节点建设完成且稳定运行，日均解析量突破 4 000 万次，二级节点达到 156 个，覆盖 25 个省、自治区、直辖市。

平台体系纵深范围不断扩大。目前我国"综合型 + 特色型 + 专业型"的工业互联网平台体系不断完善，截至 2021 年 12 月底，具备一定行业、区域影响力的平台超过 100 个，连接工业设备数达 7 686 万台套，工业机理模型数量达到 58.8 万个，服务企业 160 万家，我国已经成为全球平台发展最活跃的国家。

数据体系汇聚赋能初见成效。目前国家工业互联网大数据中心已经形成覆盖京津冀、长三角、粤港澳大湾区、成渝双城经济圈的体系化布局，截至 2021 年 12 月底，汇聚约 29 亿条工业互联网数据，覆盖约 703 万家企业，基本建成全国一盘棋的工业互联网大数据中心体系。

安全体系保障力度不断强化。通过政策牵引、机制保障、专项带动、供给创新等多种方式，我国工业互联网安全体系初步建成，威胁检测和信息通报处置不断强化，企业安全主体责任意识显著增强，安全能力持续提升。

3. 新模式新业态加速转型进程

工业互联网应用创新日益活跃，已渗透到包括钢铁、机械、电力、交通、能源等在内的 40 个国民经济重点行业，形成平台化设计、智能化制造、网络化协同、个性化定制、服务化延伸、数字化管理等新模式新业态，有力推动制造业高端化、智能化、绿色化发展。

4. "5G + 工业互联网" 开辟新赛道

依托我国全球最大规模的 5G 网络，充分发挥基础电信企业、工业企业、设备企业协同创新优势，基于 5G 技术推动人、机、物、系统等的全面连接。截至 2021 年 8 月底，"5G + 工业互联网"在建项目超过 1 800 个，并率先在电子设备制造、装备制造、钢铁、采矿、电力五大重点行业开展应用。

5. 产业发展新生态日益壮大

工业互联网产业规模和参与主体快速壮大，工业数字化装备，工业自动化，工业互联网网络、安全、平台与工业软件等核心产业规模年均增速超过 20%，产业体系蓬勃发展。工业互联网相关领域的技术研究、标准研制和产业化进程基本与国际同步，截至 2021 年 12 月，已发布国家标准 60 项，到 2025 年将达到 100 项以上，标准体系加速构建。

（二）工业互联网创新生态系统案例企业

如上所述，我国工业互联网发展正呈现出央地协同新格局加速形成、基础功能体系同步推进等多个特征，为帮助读者更直观了解我国工业互联网在企业方面的实践情况，下面将选取我国应用工业互联网的不同企业作为案例进行阐述。

1. 案例选择标准

2017 年以来，工业互联网应用范围和深度不断拓展，场景已覆盖产品、资产、生产线、商业、企业等全要素、全价值链和全产业链。我国已有多家企业对工业互联网发展进行了深入探索，国内多家制造业、互联网企业自主投入并研发出适合自身企业发展的工业互联网平台，如海尔的卡奥斯 COSMOPlat 工业互联网平台、腾讯的 WeMake 工业互联网平台、华为的 FusionPlant 工业互联网平台、阿里巴巴的阿里云 supET 工业互联网平台。"5G + 工业互联网"重点行业典型应用场景如图 2－5 所示。

· 十大重点行业

电子设备制造业、装备制造行业、钢铁行业、采矿行业、电力行业、石化化工行业、建材行业、港口行业、纺织行业、家电行业

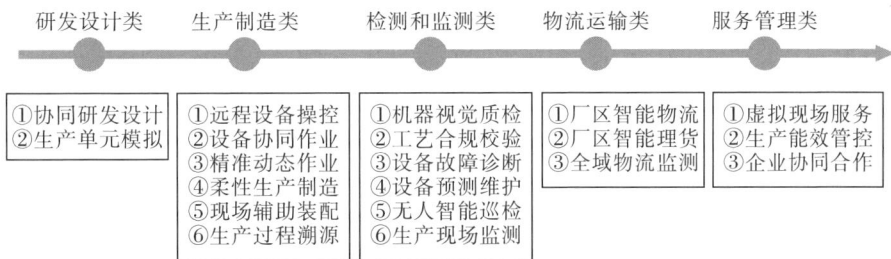

研发设计类	生产制造类	检测和监测类	物流运输类	服务管理类
①协同研发设计 ②生产单元模拟	①远程设备操控 ②设备协同作业 ③精准动态作业 ④柔性生产制造 ⑤现场辅助装配 ⑥生产过程溯源	①机器视觉质检 ②工艺合规校验 ③设备故障诊断 ④设备预测维护 ⑤无人智能巡检 ⑥生产现场监测	①厂区智能物流 ②厂区智能理货 ③全域物流监测	①虚拟现场服务 ②生产能效管控 ③企业协同合作

图 2－5　"5G＋工业互联网"重点行业典型应用场景

资料来源：《中国"5G＋工业互联网"发展报告（2020 年)》。

我国工业互联网创新生态系统发展过程主要受益及参与建设的企业有四大类：装备自动化类企业、信息通信技术类企业（ICT 企业）、制造业企业和软件类企业。本研究选取这四类企业中工业互联网创新生态系统建设处在领先地位的企业作为工业互联网创新生态系统案例企业，具体为：装备自动化类的航天云网科技发展有限责任公司（以下简称"航天云网"）；信息通信技

术类的华为技术有限公司（以下简称"华为"）；制造业的海尔卡奥斯物联生态科技有限公司（以下简称"卡奥斯"）；软件类的用友网络科技股份有限公司（以下简称"用友网络"）。下面将对以上四家企业的工业互联网创新生态系统建设情况进行详细介绍。

2. 我国工业互联网创新生态系统建设关键企业介绍

（1）航天云网。

航天云网成立于2015年6月15日，是中国航天科工集团有限公司（以下简称"航天科工"）联合所属单位共同出资成立的高科技互联网企业。航天云网公司的核心理念是"信息互通、资源共享、能力协同、开放合作、互利共赢"，并以"互联网＋智能制造"为发展方向，以提供覆盖产业链全过程和全要素的生产性服务为主线，将技术创新、商业模式创新和管理创新作为重要战略举措，依托航天科工雄厚的科技创新和制造资源优势，开放聚合社会资源，目标是构建以"制造与服务相结合、线上与线下相结合、创新与创业相结合"为特征，适应互联网经济业态与新型工业体系的航天云网生态系统。目前，航天云网拥有复杂产品智能制造系统技术国家重点实验室、工业大数据应用技术国家工程实验室；具备企业智能化改造、信息系统安全等级保护三级、信息系统集成、产品质量认证等53项专业资质能力。另外，航天云网还牵头制定了《智能制造服务平台制造资源/能力接入集成要求》，这一要求也成为全球首个面向智能制造服务平台的国际标准。下面将从航天云网的发展历史对航天云网的工业互联网创新生态系统发展进行阐述。

2015年，互联网、大数据、云计算等新一代信息技术不断向工业领域渗透之时，我国为推动这场新型产业变革，发布了《中国制造2025》，目标是加快新一代信息技术与制造业深度融合，推进智能制造，强化工业基础能力，促进产业转型升级。而彼时，全球制造业同质化产能已然过剩，一方面，面对这一压力，定制化设计、单件小批量生产、个性化消费是未来的发展潮流，这一潮流推动着智能化、协同化和云化的制造业技术的快速发展；另一方面，在满足标准化设计、大批量生产、同质化消费需求的同时出现的所谓的现代企业制度，越来越难以适应智能化、协同化、云化制造技术对于生产方式变革的要求。在上述政策背景和制造业发展压力之下，航天科工对我国制造业发展进行了新的探索（见图2-6）。

- 2015年 中国航天科工打造的世界首批、中国首个工业互联网平台——航天云网成立
- 2017年 航天云网发布面向全球的INDICS工业互联网公共服务平台
- 2018年 航天云网发布CMSS云制造支持系统等航天云网核心架构及多款产品
- 2019年 航天云网正式启动中央企业工业互联网融通平台，航天云网系统级工业应用发布
- 2020年 航天云网发布"新基建"平台战略，着力构建基于INDICS+CMSS工业互联网公共服务平台的新型基础设施

图 2－6 航天云网工业互联网创新生态系统发展时间轴

资料来源：根据公开资料整理。

历经数年的发展，航天云网基于 INDICS＋CMSS 工业互联网公共服务平台，建设规划了以"平台总体架构、平台产品与服务、智能制造、工业大数据、网络与信息安全"五大板块为核心的"1＋4"发展体系，并以"互联网＋智能制造"为支撑，为社会提供"一脑一舱两室两站一淘金"服务，同步打造自主可控的工业互联网安全生态环境，建设云制造产业集群生态，构建适应互联网经济的制造业新业态，有力推动我国建设成为引领世界制造业发展的制造强国，航天云网也逐渐成为国家工业互联网行业的领航者。

航天云网围绕企业设备和产品服务、研发设计优化、智能生产管控、采购供应协同、企业运营管理和社会化协同制造六大业务场景，构建了分层架构、云架构、微内核融合的分层云—微核心平台架构，重点发展了基于数据驱动的 App 快速开发技术、虚实结合的数字化建模与优化技术、App 云化迁移和改造技术、大数据/人工智能与工业知识相结合的模型构建技术、基于边缘计算的异构资源接入技术、多云架构的统一运行环境技术、面向第三方的平台开放生态技术和基于区块链的自主可控安全技术八大核心技术，支持平台实现六大功能（海量多源设备接入和管理、异构制造服务接入和协同管理、灵活快速的工业 App 构建与部署运行、自主可控的网信安全、虚实结合的数字化建模与优化、工业大数据和人工智能服务），通过建设五大平台能力（平台应用能力、平台服务能力、云基础设施能力、资源接入能力、安全保障能力），提供数据全生命周期服务（数据采集、存储管理、分析挖掘、应用开发支撑工具）的数据架构，服务工业应用开发者和工业企业两类用户。

　　航天云网坚持以智能制造系统集成商作为产业发展定位，以服务工业互联网平台为核心，围绕智能化改造业务，充分发挥平台整合资源的优势能力，帮助企业实现智能制造模式的转变；以用户需求为牵引，打造核心产品，通过整合系统提供商资源，快速形成系统集成方案；通过线下智能制造成果，积累更多的设备数据和业务数据，为工业互联网平台提供数据支撑和应用场景，完善线上线下相结合的解决方案能力，推动智能制造产业发展。以企业管理及生产管控的信息化为关注点，航天云网为企业提供核心软件 MES、SCADA 等产品，并提供轻量化、快速部署的 ERP 产品——SAP B1，利用高效、简便的信息化管理工具，提供集产品设计、经营管理、智能生产以及智能集成应用于一体的信息化解决方案。以企业生产及物流自动化为关注点，航天云网为企业提供数控机床、液压气动装置、实验台、物联网网关等智能设备，利用精益理念开展规划设计，并提供产线集成、仓储物流等建设实施服务，从而为企业提供生产自动化和物流自动化的解决方案。

　　工业大数据贯穿工业互联网的始终，是工业互联网的核心支撑，是发展迅速且极具前景的战略性产业。航天科工和航天云网均高度重视工业大数据产业发展，将其列为未来重点发展产业之一。航天云网工业大数据产业的主要任务是通过制造资源的集聚共享，形成新的云制造产业生态，依靠大数据技术衍生新的商业模式。从大型企业聚集度、信息化融合度、智能化运营水平等维度分析，石油和电力两个领域属于资金密集与关联性强的垄断性行业，聚集了众多国家基础性设施，其智能化运营、智慧化管理投入巨大，信息化水平非常高，具备开展工业大数据业务的基础条件。航天云网优先在石油和电力行业形成工业大数据的典型应用，待应用成熟后，将推广至汽车制造、电子制造、食品加工等领域。航天云网以产品体系建设为重点，紧紧围绕通用和自主可控产品与基础服务能力建设，推出了"航天天域"系列产品，初步形成了航天超级服务器、超级数据库、虚拟化、云操作系统、云计算等自主可控产品体系。航天云网依托航天科工下属公司的广泛地域优势，建立以华北（含东北、西北）、华东、华南（含西南）三大区域为板块，以商业用户、行业大客户为分类的"三横两纵"营销渠道体系，以合作双方价值最大化为核心，实现渠道的黏性与发展。

　　航天云网与金陵智能制造研究院、西安航天自动化股份有限公司、深圳航天工业技术研究院、航天晨光股份有限公司、厦门航天思尔特机器人系统股份公司等多家企业共同形成了航天云网能力服务体系。2020 年 12 月，航天云网入选国家"双跨"工业互联网平台，进一步夯实了其在中国特色工业互联网建设方面的领军地位。多年来，航天云网背靠国家政策支持，依托航天科工在制造领域和互联网领域的成熟技术，从十余人小团队发展成为拥有一千多名员工的公司，从一家子公司发展到十余家子公司，从专有云平台发展到拥有全国二十多个区域性平台、十余个行业性平台。航天云网迅速发展壮大，赋能产业转型升级，支撑治理能力提升，取得了一系列技术成果，打造了一批行业标准，为国家新型基础设施建设贡献了航天智慧和航天力量。

（2）华为。

华为创立于 1987 年，是全球领先的 ICT 基础设施和智能终端提供商。华为致力于把数字世界带给每个组织、每个家庭、每个人，构建万物互联的智能世界：让无处不在的连接，成为人人平等的权利，成为智能世界的前提和基础；为世界提供多样性算力，让云无处不在，让智能无所不及；所有的行业和组织，因强大的数字平台而变得敏捷、高效、生机勃勃；通过 AI 重新定义体验，让消费者在家居、出行、办公、影音娱乐、运动健康等全场景获得极致的个性化智慧体验。在工业互联网实践方面，华为作为一家 ICT 企业，采用合作、开放、共赢的策略汇聚了全国多地各类合作伙伴，共同打造了满足工业企业需求的工业互联网解决方案，提出了 FusionPlant 工业互联网服务平台。

FusionPlant 工业互联网平台的提出是为了应对工业企业在向数字化转型时面临的四大挑战：一是业务系统分割、数据难以汇聚，工业企业的业务系统建设多数是项目驱动的，企业在生产和经营的各个环节存在大量业务孤岛，同时数据源种类多样，包括设备数据、应用数据、视频等媒体数据。因而，企业的数据采集和汇聚，是一个基础且普遍的难题。二是业务架构滞后、业务难以演进，当前工业企业普遍采用的 ISA - 95 架构是 20 世纪 90 年代的产物，在全要素感知、业务集成、智能决策、灵活扩展等方面存在明显短板。在过去的 10 年间，ICT 技术取得了突破性的进展，而如何进一步实现 IT/CT/OT 的深度融合，构建一套支撑工业互联网转型升级的开放、可扩展架构，是未来业界持续思考并为之进行实践探索的方向。三是业务建模困难、缺乏有效的支撑工具，工业软件的核心是工业知识的长期积累、沉淀并在应用中迭代的模型化、软件化产物。我国的工业企业虽然也掌握了一定程度的工业知识，但由于缺乏合适的平台、工具去实现从"工业知识"到"工业模型"及"工业软件"的沉淀，从而多采用项目级的定制交付，这项功能没有实现产品化。四是企业虽有转型诉求，但缺乏所需的人才与技能，工业互联网的转型是一个复合型的系统工程，需要大量既精通工业技术又懂信息技术，同时又能够实现跨界融合创新的人才。单独依赖工业企业自身招聘，既难以招到也难以留住合适的人才。因而，工业企业与 ICT 企业及其生态链需要进一步加强合作，发挥各自所长，实现共赢。

华为 FusionPlant 工业互联网平台能够为以下场景提供问题解决方案。首先是工业数据湖方面，企业在生产和经营的各个环节中存在大量业务孤岛，且数据源种类多样，需要实现全要素多来源、多类型的数据采集和汇聚，实现数据全局治理和分析决策。基于华为云的智能数据湖治理中心 DGC 服务，进一步围绕工业企业的核心业务流进行数字化建模，并构建领域主题库及业务关键指标分析。在生产过程业务流，实现对产线运行全要素信息的实时感知；在价值创造业务流，实现对供应链上下游信息实时感知、全局数据治理和分析决策，从而更有效地支撑企业的业务经营决策。

其次是生产过程智能决策方面，工业生产过程都存在多工序，每道工序依赖基于工艺机理给出优化的参数配置建议。传统工业领域的决策优化也大多基于工艺方面的持续挖掘，但这条路径由于已经过长时间的挖掘，优化空间已经趋近于无。基于 AI 的数据驱动，在解决非线性、多工序、全局优化类问题，有独特优势。华为云工业互联网平台提供一站式的工业智能业务的开发工具链，包括数据集管理、工艺机理／算法管理、模型开发流水线、模型交付流水线、可视化展现等一系列能力，显著提升工业智能业务的开发和交付效率。聚合行业工艺机理 Know-how，模型开发基于工艺机理结合数据智能的方案，显著提升模型可解释性。目前华为云已经在钢铁、煤焦化、化纤、冶金等行业进行了业务探索，构建了面向行业场景化解决方案。

再次是工业视觉方面，工业视觉的功能主要包括识别、定位、检测、测量，应用场景主要集中在零部件或产品的质量检测、无序分拣、上下料、拆垛码垛、涂胶等工艺环节。工业视觉可以有效提升检测的覆盖率和良品率，降低人力成本和质检员劳动强度。传统工业视觉在电子制造和汽车行业已经有广泛的应用，但也存在模型固化难更改、特征提取依赖人工等问题。在传统机器视觉的基础上引入深度学习，结合开放式业务架构，可优化上述问题。华为云提供基于深度学习的工业视觉解决方案，除了工业视觉的基础能力外，进一步在面向小样本、多故障、多型号产品的故障检测、个体及交互行为的分析方面有关键突破，识别精度大于 90％。华为已面向电子制造、光伏、锂电池、钢铁等行业构建了场景化解决方案。

最后是协同制造的方面，中国强大的供应链网络体系使产业的生产要素流动性增强，产业分工的细化和专业化是必然趋势。在大企业的生产制造过程中，外协生产的部分比例往往也在增加。在此趋势下，大企业面对分布在多地域的外协生产活动，做到外协订单的生产过程信息的实时、透明、可感知，从而进一步实现生产全过程的跟踪、质量的过程管理，是一个共性的需求。华为云工业互联网平台提供协同制造场景化解决方案，面向细分产业集群，聚合产业中主流的 MES/ERP/SCM 等类别的应用软件，并依托 ROMA、WeLink 实现应用间的数据和应用交互的预集成，从而实现了企业整体业务集成效率，上下游产业链协同效率大幅的提升。目前该方案通过与各地政府合作，建立区域工业互联网平台服务于当地的产业集群，已在苏州、常熟、无锡、东莞松山湖等区域落地。

目前，华为 FusionPlant 工业互联网平台已在厦门、东莞、无锡等七个国内城市搭建工业互联网平台，能够为电子制造行业及装备制造行业提供智能数字化解决方案，提供的方案具有四大优势。一是面向全要素、多类型的数据，实现数万级测点秒级实时采集。提供全要素的数据的实时采集和预处理。数据来源覆盖设备数据、音视频媒体数据、应用数据等；支持时序数据采集、存储、压缩、云端同步等，采集性能达到数万个测点的秒级实时采集；支持数据采集全链路质量分析。二是云上敏捷开发，边缘可信运行。基于边云协同的业务架构，实现中心侧聚焦业务开发迭代、生态聚合，靠近工业现场的边缘侧聚焦数据采集、业务的安全可信运行。这样既能够复用中心云尽可能多的新技术能力、保障业务的敏捷开发，又遵从行业的业务本地化和合规要求。三是围绕工业核心业务流，构建全局数据运营平台。基于华为云的智能数据湖运营平台 DAYU 服务，进一步围绕工业企业的核心业务流进行数字化建模，并构建领域主题库及业务关键指标分析。在生产过程业务流，实现对产线运行全要素信息的实时感知；在价值创造业务流，实现对供应链上下游信息的实时感知。实现数据全局治理和分析决策，从而更有效地支撑企业的业务经营决策。四是工艺机理结合数据智能，沉淀四大行业场景化模型。提供一站式的工业智能业务的开发工具链，包括数据集管理、工艺机理/算法管理、模型开发流水线、可视化展现等一系列能力，提升工业智能业务的开发和交付效率。聚合并沉淀钢铁、化纤、焦化、水泥四大行业工艺机理 Know-how，模型开发基于工艺机理结合数据智能的方案，提升模型可解释性。目前，华为工业互联网平台将先进算法和充足算力与焦化企业的工艺、生产数据和焦化行业的专家经验相结合，提供高精度焦炭质量预测和高效益配煤优化能力，助力焦化企业降本增效，提供智慧配煤方案；结合大数据、物联网和人工智能构建物流企业具有竞争力的解决方案，打通从生产、配送、仓储、分销等供应链信息流，降低各环节物流成本和提高物流效率，持续创造价值流，形成智慧物流方案。

华为 FusionPlant 融合了华为成立 30 多年来多项 ICT 技术，包括：基于统一、可扩展架构的系列化 AIIP 和芯片，端边云全栈 AI 能力，涵盖计算、存储、网络、AI、工业 PaaS 的云服务，5G 技术代表的连接，边云智能协同的计算，以及全球安全合规平台等。通过融合、利用相关技术领域的优势，华为 FusionPlant 针对工业业务场景，解决实际问题，帮助工业企业提质、降本、增效，助力实体经济构建发展新动能。

（3）卡奥斯。

海尔卡奥斯成立于 2017 年 4 月 19 日，是海尔集团基于三十多年的制造经验打造的国家级"跨行业跨领域"工业互联网平台，连续四年位列双跨平台"国家队"榜首。平台定位为引入用户全流程参与体验的工业互联网平台，为全球不同行业和规模的企业提供面向场景的数字化转型解决方案，推动生产方式、商业模式、管理范式的变革，促进新模式、新业态的普及，构建"政、产、学、研、用、金"共创共享、高质量发展的工业新生态。海尔卡奥斯以创全球引领的物联网生态品牌，实现攸关各方价值最大化为愿景；以无限进化，场景生态引领数字化转型为使命。在业务板块上，COSMOPlat 覆盖工业互联网平台建设和运营、工业智能技术研究和应用、工业软件及工业 App 开发、智能工厂建设及软硬件集成服务、采供销数字化资源配置等板块，面向家电家居、能源、医疗、服装、装备、电子、汽车等行业提供智能制造、数字化创新等服务，并为产业园区、区域政府提供数字化管理及综合服务平台建设、产业咨询规划等服务。

作为国内首个自主研发、自主创新的工业互联网平台，海尔卡奥斯工业互联网平台 COSMOPlat 于 2017 年 4 月 24 日在德国汉诺威工业博览会上首次亮相，之后更是 4 次参加汉诺威工业博览会，在众多工业互联网平台中拔得头筹，在 2018 年 COSMOPlat 被评为全国首个国家级工业互联网示范平台。根据 2022 年 6 月国际权威市场研究机构 IDC 发布的《中国工业互联网区域平台及产业服务市场份额 2021 报告》，2021 年中国工业互联网区域平台及服务市场相比 2020 年增长 28.6%。凭借在区域平台、园区平台和产教融合等方面的突出表现，COSMOPlat 以 14.7% 的市场份额稳居第一，其主要借助以下优势取得了这样的成就：

首先是在不断探索实践中，COSMOPlat 逐步形成了以数据力、仿真力、定制力、开源力、安全力、生态力六大能力为支撑的赋能平台，并且以六大能力为基础，COSMOPlat 创造了"全球冷链追溯防疫""全景智慧展示""自动化生产线"等八大核心解决方案。其分别是：CaosCOSMOPlat 食安码，现在已经与国家平台对接，实现了全球端到端的跨国追溯；全景智能显示解决方案，可为客户提供 HMI 人机交互 + IoT 技术支持、显示总成、AIOT 升级及软硬件组合等服务，节省客户的人力、物力、财力；自动化产线解决方案，使用云端连接工厂、全球研发中心、供应商和客户，并对各流程环节进行透明、高效的管理；天眼集群调度系统与企业上游管理系统（MES/ERP 等）对接，根据业务作业场景集成多品牌、多类型设备，利用 5G 实现云端与现场设备交互控制；建设智慧化工综合管理平台，解决政府没有统一的化工综合管理平台的难题，预计建成后，企业、政府可通过门户网站实现一站式服务；结合能源互联网、大数据、云计算和最新的 5G 技术，打造目前国内领先的智能能源定制平台，致力于赋能企业，降低能耗，实现产业供需平衡等；通过对应急场景全产业链上下游生态资源的整合，以用户订单需求为导向，通过定制生产，实现高精度下的高效率，最终实现产销合一；为房车提供 ADAS 智能辅助驾驶功能，能够对用户在驾驶过程中的打瞌睡、走神等危险行为进行检测和预警。

其次是 COSMOPlat 通过多年探索实现赋能实体产业降本增效。一是赋能产业链全流程。山东雪榕生物科技有限公司安装了海尔的空调系统，通过海尔的云服务平台预警，提前诊断调整，实现节能率提升 50%，为公司降低了大量的成本。海尔中央空调互联工厂把各个要素连接在一起，从研发端，到用户端，再到模块商连成一个生态，打通了全流程的工业互联网，让千千万万的企业用户实时并联、共创，不断迭代用户体验。二是助力中小企业降本增效。环球服装企业面临着原材料涨价、个性化订单提升等难题。通过采用 COSMOPlat 平台合并订单的形式之后，环球服装提高了议价能力、降低了采购成本。同时，COSMOPlat 平台上聚集了设计师、销售等诸多资源，平台上的中小企业可以在这里方便地找到研发设计和销售渠道。三是破解中小企业融资难问题。由于流程不透明带来的风控难题，中小企业一直融资难。以橡胶产业为例，COSMOPlat 搭建的全流程溯源服务平台接入了橡胶产业各个环节信息，通过区块链技术形成电子仓单，让交易流程透明，解决了货物监管中的黑箱难题，平台上的中小企业凭借电子仓单可顺利拿到融资。现在，COSMOPlat 已成为将消费互联网和产业互联网打通的工业互联网平台。链接企业近 70 万家，服务企业 6 万余家。把平台和企业沉淀积累的工业机理模型和发展经验与更多行业、领域的中小企业共享，引领企业走上数字化转型之路。

最后是COSMOPlat的四层平台架构、七大流程模块的助力。四层平台架构包括：第一层资源层，以开发模式对全球资源，包括软件资源、服务资源、业务资源、硬件资源等，进行聚集整合，打造平台资源库；第二层平台层，支持工业应用的快速开发、部署、运行、集成，实现工业技术软件化，各类资源的分布式调度和最优匹配；第三层应用层，通过模式软化、云化等，为企业提供具体互联工厂应用服务，形成全流程的应用解决方案；第四层模式层，依托互联工厂应用服务实现模式复制和资源共享，以及跨行业的复制，通过赋能中小企业，助力中小企业提质增效，转型升级。七大流程模块是指COSMOPlat平台全流程共有"七大模块"，包括：用户交互定制平台、精准营销平台、开放设计平台、模块化采购平台、智能生产平台、智慧物流平台和智慧服务平台。COSMOPlat平台已打通交互定制、开放研发、数字营销、模块采购、智能生产、智慧物流、智慧服务等业务环节，通过智能化系统使用户持续、深度参与到产品设计研发、生产制造、物流配送、迭代升级等环节，满足用户个性化定制需求，为各方协同创造条件，帮助更多中小制造企业借助规范的平台进行转型升级。

工业互联网作为新一代信息技术与制造业深度融合的产物，不仅能为制造业乃至整个实体经济数字化、网络化、智能化升级提供新型网络基础设施支撑，而且催生了网络化协同、个性化定制、服务型制造等新模式新业态，有力促进了传统动能改造升级和新动能培育壮大。COSMOPlat是继德国工业4.0、美国工业互联网之后，中国对于智能制造的全新思考和实践创新，也成为全球工业互联网的第三极，德国工程院院士库恩认为"海尔互联工厂模式是全球工业领域的样本"。

（4）用友网络。

用友网络创立于1988年，是全球领先的企业云服务与软件提供商。用友网络致力于用创想与技术推动商业和社会进步，通过构建和运行全球领先的商业创新平台——用友BIP，为企业数智化转型和商业创新提供服务，成就了千万数智企业，同时企业云服务的随需而用，使得数智价值无处不在，让商业创新更加便捷。用友精智工业互联网平台（以下简称"用友精智"）是用友BIP面向工业企业的全面应用，是首批国家级工业互联网平台之一，连续四年（2019—2022年）入选"工信部跨行业跨领域工业互联网平台清单"，首批获授国家"工业互联网标识注册服务许可证"，累计参研21项工业互联网及两化融合相关国家标准，承接8个工信部工业互联网创新发展工程项目。用友精智在2017年8月乌镇举办的世界互联网大会上首次发布1.0

版本，强调依托稳健平台，强化软件能力和工业连接，打造软硬一体的智能制造产业生态，赋能云时代工业企业；2019 年 8 月，用友精智 2.0 在全球企业服务大会上发布，强调工业互联网与产业实现对接、制造中台形成应用能力，促进行业和区域子平台逐步落地，初步建成工业互联网生态体系；2021年 8 月，用友精智 3.0 在全球数字经济大会上发布，强调全新升级物联网、边缘计算、工业大数据、数字孪生、人工智能五大引擎，全新支撑"5G ＋ 工业互联网 ＋ 全连接工厂""平台 ＋ 工业机器人"等十大应用场景，全新铸造精智工业互联网标识解析二级节点、精智工业大数据中心、精智工业社区三大平台底座。用友精智领航数字化管理，领军工业 PaaS 平台，全面支撑数字化管理、智能化生产、服务化延伸、网络化协同、个性化定制、平台化设计六种新模式，深度支撑工业经济与数字经济融合发展，将建设全球领先的工业互联网平台作为目标。

用友精智目前有四大业务板块：第一，面向设备对象，提供设备上云服务。第二，面向车间对象，提供智能制造服务。第三，面向产业链，提供产业链协同（产业互联网）服务。第四，面向产业集群，首批提供产业大脑、安全生产上云、设备上云、智能车间测评等服务。以问题为导向，加快解决方案应用推广，促进方案的不断丰富完善，形成一批可复制可推广的典型模式和应用场景。这些都是当前工业互联网平台推进融合应用的着力点。基于此，用友精智提炼出 10 个热点应用场景，涵盖了设备上云、智能制造、产业链协同三大方向。鉴于企业原有产品智能化程度不足，无法连接或进行远端的监管监控，用友精智通过加装传感器对产品进行智能化改造，再基于 5G或 4G 网络或互联网实现远端采集工况数据，从而使企业能为客户提供更好的服务。设备上云方向的 3 个场景即与此有关，分别是基于产品智能化服务化转型、基于生产设备网联化实现远端管控、基于备件数字化实现备件联储。

用友 BIP 是用友服务企业与产业商业创新的平台型、生态化的云服务群。在业务支撑上，用友精智具有五大支撑，分别是 iUAP、产教融合、产融合作、生态聚合及区域落地。在支撑方面，用友 iUAP 是用友精智的底座。用友精智以数字化管理为核心，而数字化管理范围很大，包括设备管理、生产管理、供应链管理、产业集群管理等，用友精智把 ERP 数字化管理的优势与低维的工业物联网、高维的移动互联网相结合，从而使用友精智向下可以集成工业设备，向上可以和产业链结合，实现与供应商、渠道商和客户的三方在线协同。在产教融合方面，用友精智正在推进"一证一基地"。除了与高校联合开设新工科课程以外，用友精智申报的"工业 App 设计与开发职业技能等级标准证书"已通过教育部审批，开始面向全国推广。此外，用友精智作为联合体，在北京理工大学工业互联网平台工程实训基地莆田学院建设工业大数据、工业智能、边缘计算、数字化管理、虚拟仿真等实验室。在产融合作与生态聚合方面，用友精智也已投资优也等创新企业，打造工业互联网产业生态。此外，在5G网络方面与运营商、IaaS平台方面，用友精智与华为、阿里云，以及智能硬件、工业机器人企业和1 700家银行等建立合作关系。区域落地是双跨平台的重要指标，也是"大企业建平台、中小企业用平台"商业模式落地的主要策略。根据用友网络相关负责人张友明介绍，针对中小企业，用友精智已在国内33个省、自治区、直辖市完成区域子平台部署并启动运营，依托原有分支机构搭建用友精智本地化的运营团队，加快当地企业上云上平台的步伐。截至2021年，用友精智已连接企业数达140余万家，连接设备数128余万台，工业App 2.19万个，生态伙伴超6 500家。用友精智还有一个特色，就是工业品的供需对接功能（工业电商），已实现交易笔数超4 000万，交易总金额3 300多亿元。行业与领域方面，用友精智覆盖冶金、机械、汽车、航空航天、化工等21个行业，以及安全生产、节能减排、质量管控、供应链管理、研发设计、生产制造、运营管理、仓储物流、运维服务九大领域。从九大领域的服务情况看，运营管理占68%，供应链管理占10%，生产制造占8%，研发设计占6%，运维服务占4%，其他都是占1%。服务企业的地域包括广东、山东、江苏、北京、四川、上海等多地。这表明，按照双跨平台的相关要求，用友精智在基础共性能力方面，实现了工业设备管理、软件应用管理、数据资源管理以及应用服务等工业操作系统等能力。在行业方面，实现了行业设备接入与行业软件部署，在特定领域则实现了关键数据打通、关键领域优化等目标。

　　用友精智也服务了多个行业的企业，提高其生产效率，降低其投入成本。如无锡双良集团主营产品包括工业空调、工业锅炉，通过在产品上加装传感器，能够采集设备的能耗情况及数据，为客户提供节能服务，从而实现服务化转型。在双良集团，工程师服务效率提升了30%，决策效率提升了10%，服务成本降低了10%。国家能源集团位于新疆的风电设备通过加装传感器，可以监控风电设备运行状态，变选点维保为针对性维保。中国广核集团有限公司（以下简称"中广核"）在全国有200多座风电场，每个风电场都要储存备件。通过把备件数字化，中广核实现了备件联储，减少备件库存，一举降低库存75%，实现直接经济效益超过亿元。四川大西洋焊接材料股份有限公司通过智能产线改造，生产人员减少50%，综合能耗降低30%。

基于三十多年的深厚沉淀与持续创新，用友精智成为双跨平台数字化管理领域的唯一代表，持续领航工业互联网平台数字化管理赛道，连续四年入选国家级跨行业跨领域工业互联网平台。作为工业企业的赋能者，推动工业企业数智化转型，助力智能制造高质量发展，积极与工业互联网创新生态系统生态伙伴合作，推进全球领先工业互联网平台打造是未来用友精智的发展方向。

不同案例企业的工业互联网平台对比如表 2 – 5 所示。

表 2 – 5　不同案例企业的工业互联网平台对比

企业	工业互联网平台	不同工业互联网平台的特点
航天云网	INDICS	①能够提供涵盖 IaaS、DaaS、PaaS 和 SaaS 的完整工业互联网服务功能，适合不同层次、不同类型和不同规模的企业； ②可支持各种工业设备接入、集成各类工业应用服务，构建良性工业生态体系，使制造管理更加便捷高效； ③构建了涵盖设备安全、网络安全、控制安全、应用安全、数据安全和商业安全的工业互联网完整安全保障体系
华为	FusionPlant	①基于大数据平台，实现数据的全生命周期管理和运营，联合合作伙伴为行业构建符合行业业务特点的主题库； ②基于华为云一站式 AI 开发管理平台 Modelarts，结合对工业各细分行业的业务特点，联合合作伙伴持续构筑"简化海量重复操作""沉淀专家经验""实现多域协同"的 AI 模型，实现"提质、降本、增效"的业务目标； ③构建轻量化、云原生的开放性边云协同业务架构，充分满足工业生产时延的要求。在边缘侧，实现多来源的数据的采集、预处理和按需转发，并将云端业务能力在边侧应用和推理
海尔	COSMOPlat	①将用户需求和整个智能制造体系连接起来，让用户能够参与产品设计研发、生产制造、物流配送、迭代升级等全流程环节； ②以"用户驱动"作为企业不断创新、提供产品解决方案的源动力，把以往"企业和用户之间只是生产和消费关系"的传统思维转化为"创造用户终身价值"

（续上表）

企业	工业互联网平台	不同工业互联网平台的特点
用友网络	用友精智	①基于个性化定制、网络化协同、制造服务化等新模式，以开放的生态体系，帮助工业企业实现内通外联、模式创新、降本增效，实现数字化，智能化转型；②以"数字化管理"为核心，向下深度融合IT/OT，向上泛在产业互联，建立"消费侧—供给侧融通"的可持续发展的跨行业跨领域的工业互联网平台

资料来源：依据相关资料整理。

四、工业互联网创新生态系统发展模式总结

综上所述，我国工业互联网发展虽已进入快速发展期，但与美国、德国、日本等制造业强国相比，我国工业互联网发展仍有很大的发展空间，主要面临着核心技术、自主创新能力不足，细分领域之间合作及生态体系建设薄弱，商业模式创新不够等问题，还在一定程度上依靠政府主导、相关政策扶持发展。总体来说，我国工业互联网创新生态系统发展模式主要包括以下六个。

（一）平台化设计

从全球市场上看，软件与平台产品在 2020 年占比上升至 51.9%，规模达到 4 373.8 亿美元，相当于工业互联网市场的半壁江山。而在国内市场，从 2017 年开始就有越来越多的工业互联网平台厂商不断涌现，如用友网络平台、百度和昆仑数据等较早布局工业互联网平台的厂家。随后也有阿里云、华为、腾讯云等厂商陆续发布了各自的工业互联网平台。工业互联网平台不仅是工业全要素链接的枢纽，也是工业资源配置的核心。工业互联网平台厂商依托各自的技术或渠道优势，协力打造工业互联网产业生态。平台的重点在于软硬整合的智能化转型解决方案，不仅是企业转型升级的依托，也是商业模式变革的根本。

（二）智能化制造

对传统产业来说，推进智能制造已经成为一项紧迫课题。《"十四五"智

能制造发展规划》提出，要构建虚实融合、知识驱动、动态优化、安全高效、绿色低碳的智能制造系统。智能制造的实现主要依托两方面的基础能力，一方面是工业制造技术，包括先进装备、先进材料和先进工艺等，这是决定制造边界与制造能力的根本；另一方面是工业互联网，即基于物联网、互联网、云计算与大数据、人工智能等新一代信息技术，充分发挥工业装备、工艺和材料潜能，提高生产效率、优化资源配置效率、创作差异化产品和实现服务增值。工业互联网为智能制造提供了关键的基础设施，为现代工业的智能化发展提供了重要支撑。

（三）个性化定制

零售渠道变革，线上线下消费渠道趋向高度整合，海量信息与选择使得消费者在供需市场中更具主动权。同时，消费者乐于尝新，不同消费群体呈现需求多样化。中国制造企业在产品创新、增加用户黏性等方面面临巨大挑战。个性化定制以低成本、大批量、高质量的用户需求与生产制造高效协同为路径，着力破解传统生产经营方式中客户个性化需求难以直接传导至生产企业、传统自动化生产线缺乏柔性难以大规模生产个性化产品的问题。通过企业与用户深度交互等变革，个性化定制一方面创新了生产服务模式，实现了用户在产品全生命周期中的深度参与；另一方面促进以客户为中心的柔性化生产能力提升，让企业以低成本、高质量和高效率的大批量生产实现产品个性化设计、生产、销售及服务。

（四）网络化协同

工业互联网的发展是一项创新性强、复杂度高、推进难度大的长期系统性工程，单靠一个企业的力量无法获得长足发展。网络化协同以强化企业内部协同和全产业链协同为路径，着力破解传统协同方式对人力的过度依赖，解决了协同范围小、效率低、错误率相对较高等问题。通过网络配置客户、订单、设计、生产、经营等各类信息资源，网络化协同一方面可提升企业内部协同效率，打破部门壁垒，动态化组织生产制造，实现资源高效利用，缩短产品交付周期，降低企业生产和交易成本；另一方面通过推动供应链企业和合作伙伴共享客户、订单、设计、生产、经营等各类信息资源，提高产业组织的柔性和灵活性，加速推动产能共享等新业态的涌现。

（五）服务化延伸

服务化延伸以突出效能延伸和价值创新为路径，着力破解传统制造企业难以实时获取客户反馈和产品数据、难以将价值创造环节向微笑曲线两端延伸导致盈利能力不足等问题。服务化延伸通过对智能产品装备的远程互联和数据分析，帮助企业从简单加工组装、单纯出售产品向"制造＋服务""产品＋服务"转变，形成产品追溯、在线监测、远程运维、预测性维护、设备融资租赁、互联网金融等服务模式，并通过现代供应链管理、共享制造、互联网金融等产业链增值服务，加速无形资产和智力资本转化，向价值链高端迈进。

（六）数字化管理

数字化管理以透明化、实时化、扁平化管理为路径，着力破解企业因缺乏实时数据，而无法对人力、设备、资金、电力等资源进行统筹配置，难以从海量数据中提取关键信息等问题。通过打造数据驱动、敏捷高效的经营管理体系，数字化管理一方面有助于打通内部各管理环节，推进可视化管理模式普及，开展动态市场响应、资源配置优化、智能战略决策；另一方面可创新企业业务活动，优化乃至重塑企业战略决策、产品研发、生产制造、经营管理、市场服务等，构建数据驱动的高效运营管理新模式。

目前，我国工业互联网创新生态系统的发展目标是深化推进以上六大模式，但未来工业互联网的发展必然不止于此六大模式。工业互联网的使命是通过新一代信息技术与产业的深度融合，推进产业变革，赋能制造业高质量发展，促进社会进步，提高人们生活水平。在未来，工业互联网必将谱写工业化与信息化更广范围、更深程度、更高水平实现融合发展的新篇章。

第三章 ｜理论基础与研究现状概述｜

为构建研究的理论基础，本章拟通过回顾前人研究成果，分别对创新生态系统理论、生态位理论和企业间知识转移进行系统梳理及要点归纳，进一步厘清创新生态系统的概念、主体及要素结构、各要素的协同关系，并通过评述生态位与创新生态系统的知识转移对创新绩效的影响研究，把握现有研究成果现状及不足之处，在此基础上明确本研究的研究方向，构建本研究的研究模型，剖析企业生态位与知识转移对工业互联网创新生态系统核心企业创新绩效的作用关系。

一、创新生态系统理论

（一）生态系统

生态这一理念与生态学的发展相伴相随。生态在生态学中主要指的是生物自身所生存的居住环境，包括阳光、空气、雨露、气温、土质和生物等一切自然环境因素。周小平（1991）认为生态的实质就是生命物质与生命物质依托的环境所构成的结构以及表现出来的结构功能关系（如能量流、物质流），这些都是生态学可以研究的主体认识对象。由生态学延伸出两大种别：经典生态学和当代生态学。前者的研究核心是各类生物之间（动植物及微生物等）的生存条件以及生物与环境之间的相互关系，并从个体、种群、群落三个生物组织层次上加以认识相互之间的作用机理、生态关系的状态（于贵瑞等，2021）。美国生态学家哈钦森（Hutchinson）作为当代生态学之父，偏重钻研更大层级的系统构造及作用、网内的能量和物质怎样流动，如能量转化、物资循环。除此之外，他还研究区域乃至全球的生态生物圈的结构和功能关系，且研究注重客体系统自身的整体特征。

随着动植物生理学、群落生物学、地理学领域的生物地理群落不断发展，生态学理论也从个体思维扩展到群体思维。惠特克（Whittaker）、贝塔朗菲（Bertalanffy）、埃尔顿（Elton）等学者促使生态学整体性思维构成，以及在驱动生态系统理论的科学认知中发挥了重要作用。对于生态系统，普遍的认识是"囿于一定的时空范围，生物种群、群落与其所生存的环境之间存在的相互作用和演变的有机整体"。英国植物学家坦斯利1935年提出的生态系统概念及定义与上述相吻合，并指出此系统包括有机生物和物理无机复合体在内形成生物环境的一切物质（Gaziano，1996）。不难发现，生态系统理论相较生态学理论，更加凸显生物群落中内部能量和物质交换的重要性、相互联系及其整体性（曹智等，2015）。实际上，根据不同的分类标准，生态可分为大小、范围、层级不同的种类，而生态系统就是对层次有别的生态系统的认识和概括（周小平，1991）。吕玉辉（2011）在研究中总结，生态系统是一个在一定的空间和时间范围内各种生物以及生物群落与其无机环境通过能量流动与物质循环而相互作用的统一整体。总的来说，生态系统概念的提出为统合生物群落、产业集群、区域群落、全球生态以及生态系统内部物质流（material flow）、信息流（information flow）和能量流（energy flow）等概念提供了条件，也为研究生态系统与人类商业生态系统的关系等生态学问题奠定了科学基础（梅亮等，2014）。

生态系统是近年来较为热门的话题，它推动了战略管理、创新创业等众多学科通过该视角在各自领域内探索新的议题。在新一轮科技革命和产业变革加速推进的环境动荡背景下，某一企业或单一组织难以拥有创新所需的全部资源，于是企业与企业，企业与其他类型组织之间的协作共生逐渐成为实践界和学术界的焦点。企业若想适配客户需求就要不断进行创新，通过吸引各种相关的合作伙伴、供应商、客户等资源要素，在协同进化的过程中提升自身创新能力和竞争能力（Moore，1993）。"生态系统"这一概念提供了一个有吸引力的隐喻来探索多个组织之间的各种互动和相互联系（Autio & Thomas，2014），意指组织与组织、组织与个体互动所形成的经济联合体，折射出组织或个体间相互依赖的关系特征（Moore，1993）。它主要包含三条研究脉络，分别是商业生态系统、平台生态系统和创新生态系统。美国学者Moore（1993）在20世纪90年代初首次提出了商业生态系统概念，成为创新生态系统的雏形。商业生态系统具有鲜明的特征，表现为专业互补、资源共享、价值共创和共同演化，聚焦单个企业特别是新创企业。在 Moore 的基础上，Adner（2006）将创新生态系统定义为"一种资源整合机制"，强调将"创新战略与创新生态系统"相匹配，推动了商业生态系统向创新生态系统发展。创新生态系统聚焦特定创新及支撑该创新的上游组件和下游互补品，将生态系统视为"整合一组企业的独立产品，从而为顾客提供具有内在一致性的解决方案的合作安排"。这一脉络的研究重点在于探究相互依赖的创新参与者如何互动，以推动有利于终端顾客的创新实现商业化（韩炜、邓渝，2020）。平台生态系统聚焦于一组特定技术所搭建的平台，以及平台发起者与参与者之间的相互依赖性，关注平台在产业层面的领导者地位，而非前述两种生态系统中企业在生态系统中的领导者地位。强调关注平台间的竞争，而非企业间的竞合关系（Cennamo & Santalo，2013）。

（二）创新生态系统概念界定

创新生态系统发端于生态学，后经自然生态系统、商业生态系统等概念发展而来。理论界借助生态系统思想，类比自然生态系统概念和特征，将组织间创新要素存在多样、动态平衡、复杂交互、协同共生特性的集合体称为"创新生态系统"（许冠南等，2016）。陈斯琴和顾力刚（2008）认为，创新生态系统是由以技术谋新为目标的各类具有差异的组织与其所依赖的复合环境在内部共享资源自由交互相互作用构成的复合系统。随着理论探究不断深化，有关创新生态系统的理论框架不断完善，并获得了不少成果。吕一博等（2017）认可创新生态系统是一个可以开放吸收内外部的创新思想、整合人财物等各种资源要素，以满足市场、用户需求以及提升企业自身创新水平为目标，在系统内部不同主体间开展多种创新合作形式的有机生态整体。Jackson（2011）将创新生态系统定义为共同促进技术开发和创新的一系列主体与要素所形成的复杂生态系统。Cross（2013）的研究表明，创新生态系统是以核心企业为主导、由利益相关者组成的创新联盟体。李万等（2014）认为创新生态系统是指一个区间内各种创新群落之间及与创新环境之间，通过物质流、能量流、信息流的联结传导，形成共生竞合、动态演化的开放、复杂系统。颜永才（2015）阐述了创新生态系统是以信息为载体，连接与技术相关的研发、应用和衍生，使其不断循环发展的复杂系统。张利飞（2015）认为，作为一种技术创新体系，创新生态系统是由高科技创新企业间持续的协同、共生、进化而成的。尤其对于新兴产业而言，科学、技术与市场尚未发展成熟，其创新生态中科学、技术、市场各层面的联动协同发展更值得关注。表3-1是关于不同视角创新生态系统内涵的补充及梳理。

表3-1 创新生态系统内涵演变

研究视角	创新生态系统内涵	代表作者
生态位视角	企业经由协调本体的过程使得其适配环境变化从而构成一个兼具实际生态位和未来生态位的优质组合位置	Iansiti 和 Levien（2004）；朱瑞博等（2011）；郭燕青等（2017）；
生态学视角	在圈定的时空范围内，创新组织与复合环境通过物质、能量和信息流而彼此影响、互相制约构造而成的复杂体系	Adner（2006）；陈斯琴和顾力刚（2008）
协同学视角	制度、市场环境下机构、企业、政府等创新主体共同合作、协同发展的价值创造过程	陈劲和阳银娟（2012）
系统结构视角	生态体系架构者设定整体方针，调和参与组织间的相关性，率领在此系统架构中的所有企业或组织向着一致目的前进	Adner（2010）；Jacobides 等（2018）
创新网络视角	由聚焦在某个焦点技术、新药品或新服务四周的部门、供应商和终端用户构成的联合网	Zahra 和 Nambisan（2011）
商业生态系统视角	相互作用的组织体形成经济发展共同体，所有行为者在活动中相互牵制、影响，强调企业能力的共同进化	Teece（2010）

资料来源：依据相关文献整理。

结合目前研究现状与学者观点，本研究认为，创新生态系统是以创新为目的，创新主体间及系统与环境之间不断进行物质流、信息流、能量流等流量交互的开放、高效、系统性的自组织演化系统。

（三）创新生态系统的主体和要素结构

结构是理清复杂关系、进行可控性调整的关键要素，创新生态系统的结构是主体之间协同合作的基础。依据创新生态系统的内涵描述，了解创新生态系统的主体与结构有助于分析创新生态系统作用于企业创新能力和绩效提升的机制。创新生态系统是由核心企业与其他技术互补型企业基于技术协同而在一定范围内形成的共同进化的技术创新体系（Adner，2006），需要企业、高校及科研院所、第三方机构、政府等行为主体联动共生，在基础研究、技术开发、市场应用等各方面实现价值共创（许冠南等，2020）。一个创新生态系统中通常存在一个或多个核心企业，它们作为创新主体而与外界相关的个人或组织建立不同层次的合作关系，对生态系统的发展具有重要影响。以核心企业为中心，辐射到的所有供应商、制造商、科研机构、中介、金融服务、竞争者和顾客等，都属于创新生态系统中的创新主体。创新主体之间的互动能够为创新生态系统带来知识分享、资源要素的流动，所形成的互动关系机制是创新生态系统的运转核心。

Iansiti 和 Levien（2004）认为，创新生态系统的主体包括分销商、供应商、外包公司、互补品制造商、研发机构、金融机构、竞争对手、劳动力市场、顾客以及监管机构和媒体等。国内的相关研究也认为，创新主体包括政府、企业、高校以及科研机构等。主体间应相互合作、共享创新资源，实现创新主体与创新环境的物质、能量和信息的交换，可提高创新的迭代速度，有利于推动创新（高月姣等，2015；石璋铭等，2018；武翠等，2021；江飞涛，2022）。唐开翼等学者（2021）将创新主体划分为技术创新主体和知识创新主体，其中，技术创新主体以学习、革新、创造和传播技术为主要任务，是新技术、新产品和新工艺的创造者，以企业为代表；知识创新主体主要功能是生产、流通和整合知识，是新知识、新思想的创造者，以高校、研发机构为代表。

吕玉辉（2011）指出，构成系统至少需要具备三个条件：第一，系统是由多个部分组成；第二，各部分之间不是相互孤立，而是彼此联系、互相作用的；第三，系统具有独立的特定功能。例如，生态系统的构成元素包括生物群落和无机环境，生物群落又包括生产者、消费者、开发者。近似自然生态系统，主体多元化是创新生态系统得以生活、成长和繁荣的根本条件（Lundvall，2015）。根据主体在创新生态系统中的作用和地位的不同，创新生态系统中的创新种群可分为：创新生产者、创新分解者、创新消费者。创新生产者主要指创新生态系统中生产创新成果的群体，一般拥有雄厚的智力资源、巨额的科研投入以及先进的科研设备，主要承担基础研究、应用研究等研发环节工作，是相关知识创新的发明者和提供者，包括高校院所、科研机构、企业研发部门等。创新分解者是指能够进行技术创新和知识的转换和转移，并承担起纽带和桥梁的作用，实现技术创新产品化的群体，主要指产权中介、人才中介、行业协会等创新服务机构、地方政府、众创空间、金融机构等；创新分解者为创新生产者和创新消费者提供知识产权、技术交易、投资等相应的服务支持，以满足科技创新需求，助力科技成果转化。创新消费者是指依靠创新生产者的创新成果得以生存的群体，创新消费者吸收和消化创新生产者与创新分解者的初级创新成果，通过自己的整合与二次开发，不断改进和升级，开发出新产品，为客户提供更好的服务，改善用户的体验，实现创新成果的再创新与再增值，包括收购高校、研究机构以及中小企业的创新成果的大型公司、产品最终购买者等。

创新生态系统除了各个创新主体组成的系统成员外，还包含其他构成要素，如创新生态环境。类比生态系统中的无机环境：阳光以及其他所有构成生态系统的基础物质，创新生态环境可分内环境和外环境。内环境主要是物质条件，包括基础设施，如土地、厂房、设备等；外部环境主要包括经济环境、法律环境、政策环境、技术环境、社会环境和文化环境等。陈劲（2015）将创新生态系统构成要素划分为核心生态要素（与企业直接相关的供应商、互补品供应商、顾客和分销商等）、扩展生态要素（与企业间接相关的供应商、互补品供应商、顾客和分销商等）、完整生态要素（政府部门、风险承担者、竞争对手、同类企业等）和系统环境要素（政治、经济、社会、文化和科技等宏观环境）。

Estrin（2008）从自然生态系统的概念出发，认为创新生态系统具备类似的层级结构，主要包括研究、开发和应用三大群落，且群落之间通过信息的传递和共享实现协同发展，也是现在沿用较多的模式。Carayannis 和 Campbell（2010）先后提出"三螺旋"和"四螺旋"构造，最后归纳提炼为大学、产业、政府、社会及公民构成的"五螺旋"模型。Bloom 和 Dees（2008）从宏观角度出发，提出创新生态系统主要由核心企业和外部环境构成，核心企业主要是指参与的企业和组织，外部环境主要包括社会规则、法律和市场。Adner（2010）认为一个企业的创新生态系统需要具备以下几个要素：上游组件商、中游集成商、下游互补商和与创新企业配套的研发人员、融资团队、消费者和政府等。互不相同的理论视角对系统中的创新参与主体及构成要素的定义也有所区别，详细内容见表3－2。

表3－2　创新生态系构成要素

构成要素	要素功能
企业、高校、科研院所、研究机构	通过吸引、积聚和整合主体间物质资金流、知识流、技术流、信息流等流量向创新生态系统流动，并将生产和营销服务有效结合，实现全流程、全周期创新，实现绩效提升
政府、科技服务公司、风险投资公司、知识产权事务所等	通过信息流、资金流、政策流的形式对创新生态主体及创新活动提供支持和保障，特别是政府机构在系统中的作用尤为重要
普通消费者、大型经销商、政府消费者	消费者的需求和反馈是创新生态系统演化升级的重要内生动力
其他各类创新主体	整个价值链、人才链、产业链环节有可能获取价值的创新主体
创新环境	各位创新主体共同营造的制度、经济、科技、文化等宏观环境

资料来源：依据相关文献整理。

对于创新生态系统动因的探讨，学者们的研究主要集中在组织内部和外部两方面（Greco et al.，2017）。一方面，从组织外部来看，主要是由于市场竞争环境的快速变化、知识流动、技术和市场不确定性、技术复杂性与激烈竞争等多方面影响（WANG & LIANG，2014；高照军等，2018），企业或组织难以仅凭借内部的创新活动继续保持企业领先优势（王雎、曾涛，2011），因此需要构建或参与创新生态系统为企业获得持续竞争优势增添资本。另一方面，从组织内部来看，过往文献指出其主要承受绩效和创新要求（Rass et al.，2013）、分散创新风险和不确定性（Keupp & Gassmann，2009）、外部资源获取（Katila et al.，2012）等诱发因素。总而言之，鉴于生态具有庞大且复杂多变的属性，它会影响体系内部企业或其他组织构造，单个企业、某个产业、地区乃至国家在创新生态的流动，在某种程度上能够促进其生产、研发、交互等能力提升，进而推动创新绩效不断呈攀升趋势（汤临佳等，2020）。各创新主体基于共同的创新目标和创新环境，共享资源、有序协作、共创价值，维持整个创新生态系统的健康运行，不断产出新的成果，实现价值共创、共赢、共享。

（四）创新生态系统各要素的协同关系

生态是基于要素的协同整合。创新生态系统不仅关注要素的构成，更关注要素之间、要素与环境间的动态作用与协同进化机制。创新生态系统是一种具有开放性和目的性的耗散结构，系统要素之间存在着有序的流动，系统具有稳定性和平衡性的特征（吕玉辉，2011），是一个各种创新要素协同共生的整体，要求根据各创新要素的功能定位进行功能布局，以促进系统协调。要素之间通过一定的方式组成一个完整且可实现一定功能的创新系统，系统之间存在着物质、信息和能量的流动，系统之间顺畅的物质流、能量流、信息流是技术创新系统稳定、有序的基础。创新生态系统主要包含由个体和组织等构成的参与者要素和由规范、法规和市场等形成的环境条件要素两个部分（Bloom & Dees，2008）。在早期的研究中，创新生态系统的构成要素主要关注企业及其上下游合作伙伴，随后的研究逐步将政策、文化、资金等环境因素也纳入创新生态系统要素中。Xie 和 Wang（2021）指出，创新生态环境是创新生态系统的重要组成，包括政策制度环境、经济环境、要素市场环境和社会文化环境。由于创新系统以自然界和人类社会作为自己存在的环境，外界环境向它输入必要的资金、自然资源、人才以及各项法律法规、科技政策等要素，即创新系统输入物质、能量、信息，经过创新系统内部的流动交换，以新的产品、新的知识的形式输出，形成创新生态系统的物质流、能量流和信息流。这样，创新系统不断转换输入能量和物质进而再输出，从而维持系统的有序状态。

已有创新生态系统文献对创新生态系统构成要素的协同关系进行了探讨，随着外部环境的不断变化，创新生态系统的要素构建更加受到业界重视，关注重点逐渐转为探讨创新生态系统结构多样性与孕育形成机制、要素协同性与融合运行机制、组织动态性与共生演化机制等方面。王飞航和本连昌（2021）基于 3 个要素构建的区域创新生态系统框架衍生出衡量各生态要素的生态因子共 24 个，其中生态要素包括创新主体、创新资源、创新环境、协同创新、系统开放和创新绩效。姚艳虹等（2019）揭示了影响创新生态系统健康运行的关键要素，即创新生态系统内各主体（企业、上下游供应链、政府、孵化器、大学、科研机构等）、创新生态系统内外部环境、创新生态系统生产率及适应能力和多样性（技术、产品和市场）。王纯旭（2020）认为，创新生态系统的稳定运行并不是单一要素作用的结果，而是由多种要素共同影响而推进的，从技术、结构、外部三个维度出发。技术维度包括核心企业创新能力、创新技术推动、创新资源保障；结构维度包括创新主体关联度、创新主体多样化、领导创新意识和企业家创新精神；外部维度包括创新收益驱动、创新政策支持、创新需求拉动和市场竞争牵引。这些要素会根据外界条件的变化出现多样化的作用方式和效应，要素间的相互依存、相互激发、协同作用，从而使系统不断得到进化与完善。解学梅等（2022）从价值共创模式和过程探究种群丰富度和创新生态效应间的内在机制，指出多元的合作关系、丰富的知识结构和异质性创新资源，能够帮助企业将各领域知识、技术进行有效融合，激发潜在商业价值，提高创新生态效应。武玉青等（2022）基于多螺旋理论指出，在多螺旋模式下的组织范式中，需统筹"政、产、学、研、金、服、用"创新要素的协同作用，加速创新要素有效集聚，优化创新要素深度配置。螺旋创新生态系统作为研究多要素协同创新的重要理论，为研究创新生态系统中多创新主体紧密合作、协同推进提供了依据（邓晓辉等，2022）。该理论发展从"三螺旋模式（政府—企业—高校）""四螺旋模式（政府—企业—高校—社会）"到"五螺旋模式（政府—企业—高校—社会—自然环境）"的不断演进，逐步转变为开放竞合的动态，为构建创新生态系统框架提供了理论依据。"五重螺旋"创新生态系统是基于具有某种"资本"的五个子系统构成的知识资源流动（武学超，2015），其"知识资源"要素主要通过知识在社会子系统中流动转化为社会经济资本和技术资本以实现其创新价值。

依循自然界生态系统"生产者—消费者—消解者"的结构，本研究认为工业互联网创新生态系统是由研究、开发和应用三大群落以及外部资源环境构成。其中，研究群落包括高校、科研机构、企业研发部门、软件开发商、系统集成商、通信运营商、平台厂商、云服务厂商和其他开发者的开发等主体，该群落着眼于新知识、新技术的基础性研究与探索，是创新生态系统中的"生产者"；开发群落由企业生产部门、软件开发商、系统集成商及其合作伙伴组成，该群落的功能是实现满足市场需求的新产品和新服务的生产与交付，是创新生态系统中的"消费者"；应用群落由企业客户和大众消费者组成，该群落的功能是使用、推广新技术的成果，并通过意见反馈以及新需求的产生进一步拉动技术创新，是创新生态系统中的"消解者"；外部资源环境要素则由政府、金融机构、科技中介组织、法律机构等组成，它们的功能是通过政策与规则的制定、服务的提供，推动三大群落之间物质流、能量流和信息流的交换，营造良好的创新环境，是创新生态系统构建的保障。工业互联网企业创新生态系统构成要素如图 3-1 所示。

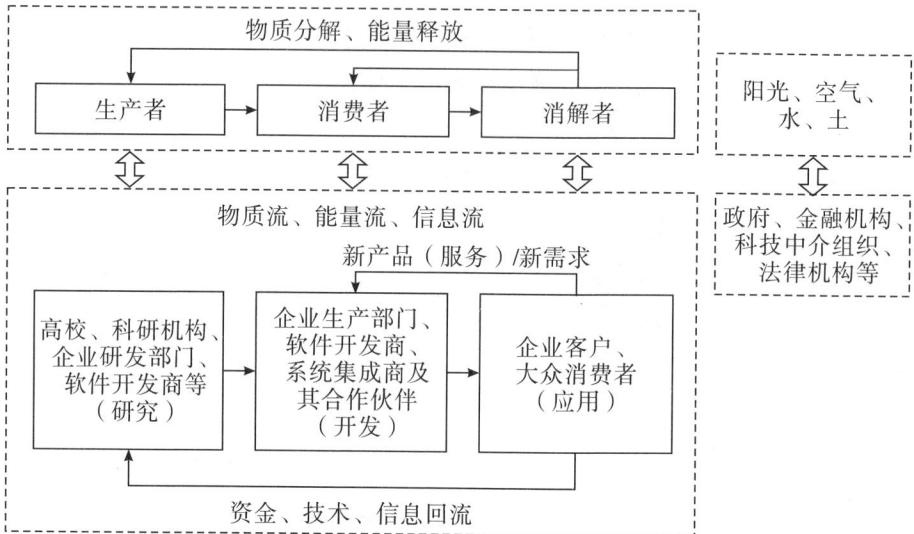

图 3-1　工业互联网创新生态系统各要素协同关系

资料来源：根据公开资料整理。

二、生态位理论

生态位理论是与生态系统紧密联系的重要理论之一，被广泛运用于物种进化、群落结构和间关系等物种在生态系统中与周围环境相互作用方面的研究。"生态位"概念源于生态学，Grinnell（1917）最先使用这个术语，并将生态位定义为"恰好被一个种或一个亚种所占据的最后分布单位"，其概念也被后来的学者称之为"空间生态位"。后来 Elton（1927）在此基础上突出强调单个个体乃至种群在生态系统内部群落中所处的时间、空间位置和功能地位。至此，企业空间生态位演变为功能生态位。Hutchinson（1957）综合多个资源要素考虑，提出生物在环境中受多个资源因子输入和输出的约束，每个因子都有一个属于自己的合适阈值，在阈值给定区域内，无论哪个物种在此环境资源组合的系统中都可以自由生存发展。生态位也由初始的"空间"、后来的"功能"演变为现在的"多维超体积模式"的新概念。

现有学者对于生态内企业所占据的生态位的内涵界定分为两大派别。一方以 Freeman 和 Hannan（1983）为代表的学者表示生态位不是一个割裂的资源位置，而是由具有相关关系的企业构成的种群生态位，指代的是多维度、多层面的资源范围。另一方以 Baum 和 Singh（1994）为代表的学者认为，企业的生态位实质上是企业自身需要的资源禀赋与合作主体资源展开生产能力两者的集合体，每一个企业都具有自身在生态里的特殊生态位置，一群具有相似生态位的个别企业进一步构成了生态内部的企业种群。Hannan 和 Freeman（1989）明确指出，生态位是一个 n 维的资源空间，包括社会、经济和政治维度。他们还区分了基础生态位和现实生态位，后者表示存在竞争者时发现的有限 n 维资源空间。国内学者马世骏（1990）后来又将生态位理论进行拓展，认为在生态因子发生变化的范围内，适应生态的被称为生态位，此外还有非生态位。朱春全（1997）认为生态位存在两个层面："态"表示生物的状态，是一个长期积累的过程；"势"表示生物对现实环境的支配力或影响力。纵观生态位概念的发展可知，不同学者基于不同视角给予了生态位不同定义，但其核心内涵未变。生态位是一个在一定时空区间内连续的生存单元，体现了有机体和所处生存条件之间的适宜性关系。物种、种群或群落在单元中占据一定生态位，反映了生态中群落内各物种间的竞合共生关系（彭文俊、王晓鸣，2016）。

　　生态位理论首要明晰在某个时间或空间范围内的生物种群及物种与环境的相互作用对群落的影响，反映了在资源有限环境中，个体或组织对资源及环境的利用以获取其长期适宜的生态位。该理论于 20 世纪 70 年代末 80 年代初在管理研究领域兴起，按照管理学的生态位研究对象进行划分，国内外学者主要从企业和产业两层面展开研究，企业层面以单个企业为研究对象，探究企业种群内的企业与企业之间的关系与差异，以此寻找与企业所属生态位相互作用的影响因素；产业层面着重把产业内彼此具有关联性的企业种群视为生态位的基础单位，关注在同等环境下的不同参与主体或成员怎样适应外部情况变化。二者总体上都考察了企业与外部环境间的影响关系。随着生态位理论研究的不断发展与成熟，学者们还对不同类型的生态位作了进一步细分，如技术生态位、产业生态位、市场生态位、品牌生态位等（见表 3 -3）。基于生态位观点研究企业生态位变化的普遍规律，有助于找寻提升企业创新能力的动因，对产业转型、结构升级有重要意义。

表 3 – 3　企业生态位细分类型

生态位类型	定义	作者
技术生态位	技术生态位是指在一定的时间和空间范围内该技术的环境所提供给它的各种可利用的资源的集合	张丽萍（2002）
	在一定的范围内，外部复合环境特征赋予那些拥有某些技术类型的企业的一个定位，也反映了此技术生态位上主体所拥有的不同技术要素集合	叶芬斌和许为民（2012）
产业生态位	产业生态位的物理资源包括：资源、材料、水、能源、基础设施和自然栖息地；非物理资源包括信息、知识、专业知识和管理能力。两个生态位占据者之间可以相互交换非物理资源	Ehrenfeld（2003）
市场生态位	围绕技术水平、消费者的功能需求、潜在使用者的接受程度等一系列属性，并受到企业产权保护影响的一种参与市场竞争的特定状态	Agnolucci 和 McDowall（2007）
品牌生态位	品牌生态位是企业品牌经过激烈的市场竞争所形成的相对稳定的市场位置，这种位置既反映企业品牌的市场占有率、竞争力，也表现企业品牌对各种市场资源的整合利用能力	于尔东等（2014）

资料来源：依据相关文献整理。

　　生态位理论强调在创新资源有限环境中，不同企业、集群间的竞争关系。近年来，随着市场变化速度加快，资源技术等一系列生产力要素竞争加剧，学者们越来越关注从生态位的角度探讨企业的竞合关系，目前的研究主要是基于企业生态位的产业集群竞争力演化、创新生态系统的流量交互（Mercan & Goktas，2011；杨伟等，2020）和生态位的产业应用研究。国内学者多从生态位宽度（杨明海等，2021）、密度（周小平，2009）、重叠度（张光宇等，2021）、态势（朱春全、雷静品，1997）等角度，研究现阶段的企业生态创新范式。国外研究探讨的角度包括生态位宽度（Dobrev et al.，2001；Sampson，2007）、密度（Greve，2000；Dobrev & Kim，2006）、规模（Greve，2000）、重叠度（Pierce，2009）、组织—环境关系（Hannan & Freeman，1977）、竞争环境、企业特征等。

围绕理论框架展开的研究内容主要有两大方向。一是影响企业生态位动态变革的前因及历程。前因的研究主要包括技术变迁（雷雨嫣等，2019）、合作网络和知识网络（崔严方、张卓，2019）、高新技术企业认定（陈艺灵、陈关聚，2021）等因素；历程的研究主要围绕如何提升企业技术生态位（何郁冰、伍静，2020）等展开。其中，影响生态位提升的因素有制度环境、战略选择、组织文化、生态成员互动，通过物质流、能量流和信息流等要素的流动与吸收，从而获得生态位提升所需的技术创新要素（Chiesa & Manzini，1998）。有学者认为，企业与外部组织的相互依赖关系决定企业技术创新的成败（Fleming & Sorenson，2001），组织间的互动是企业创新发展和绩效提升的关键，进而又会反作用于企业在创新生态系统中技术生态位置。二是围绕生态系统焦点即企业绩效的前置影响因素及评价。影响因素包含成员耦合协作模式（解学梅等，2014；何郁冰、伍静，2020）、网络中心度（姚艳虹等，2017）、外部环境（Baum & Singh.，1994）等方面。如 Baum & Singh（1994）认为企业生态位是与环境交互匹配后的状态，对企业保持持续竞争优势、实现绩效赶超发挥重要作用（Mazzoleni & Nelson，2013；朱正浩等，2021）。关于生态位理论在创新领域中的研究，现有文献主要包括：生态位理论内涵与企业演变（单汨源等，2006）、企业生态位与创新（姚艳虹等，2017）、生态位分解与重叠（孙耀吾、贺石中，2013）、产业集群生态位演变（柳晓玲，2015）、创新网络与生态位关系探究（孙冰等，2016）。

对于企业生态位的测量，Podolny 和 Stuart 于 1967 年率先以企业发明专利数量作为企业技术生态位指标，为后续生态位测量的延展提供了思路（姚艳虹等，2017）。现有学者大多根据企业积蓄的资源流量，用生态位宽度、重叠度、密度等刻画企业所属生态系统的特征，以揭示企业生态位与其所在环境之间的关系（何郁冰、伍静，2020）。生态位密度是指在单个生态中以某个核心企业为参考与之合作、介入系统的企业数目（杜俊义、崔海龙，2016）。一般而言，企业的生态位密度与企业在系统中面临的竞争压力相关，生态位密度小的话，在某些水平下相较其他成员遭受的竞争强度必然会小，但控制成本和风险的水平有可能提升。在创新生态系统中，企业占有的创新资源愈多，就能更有效率地对外部资源进行吸收和利用，其中心位置的优势也能更好地被发挥出来（Shipilov，2006）。生态位宽度反映的是企业在市场上拥有的技术种别不同程度的差异情况，反映其某些知识或技术资源的占有状况。企业生态位越宽，说明其涉及的知识领域更广，可以更容易将外部组织携带的不同独特知识加以融合，并通过加积效应促使新知识的产生和扩散，这种模式不仅降低了企业创新风险，还可以提高企业自身乃至系统其他企业的绩效水平。生态位重叠度是在生态位密度的基础上演变而来，侧重于企业与外部创新主体之间技术资源的交叉重叠情况。在创新生态系统中，不同组织间企业生态位的重叠情况一定程度上可以决定系统内部结构，因为企业间资源要素相似度越高，代表了创新竞争的难度越大，异质性更有利于生态系统内部企业进行创新沟通（Kasimoglu & Hamarat，2003；Cowan et al.，2012）。显然，具备较高生态位的企业，意味着在生态系统中拥有强大的相对位置和竞争优势，"虹吸效应"比较明显，更有能力去吸引资源禀赋较高的合作伙伴。同样，合作组织也会进一步反哺，提高与系统主体企业协同创新、共享资源的意愿（何郁冰、伍静，2020）。综上所述，本研究认为工业互联网产业中企业生态位是指企业在创新生态系统中拥有属于自己的独特位置，直接反映的是在产业创新生态系统中与企业匹配的最佳生存和成长空间，间接反映的是企业在系统内相较之下的综合竞争优势。

就近些年来，企业之间的关系从竞争逐渐演变发展为密切依存的共生关系或是所在生态系统之争的关系。随着企业间的跨维发展现象呈指数级增长，生态系统竞争格局变化也越来越快。在系统的涨落中，创新主体的生态位进行异动，在占有资源、产业地位、空间布局上都发生转变，创新生态位异动的直接结果就是创新绩效的改变，即创新系统演进的动力（雷雨嫣等，2019）。生态位对组织的绩效和生存有着重要的影响，处于优势生态位的企业可凭借广泛的产品体系和资源编排能力联合不同种群参与新产品开发、战略规划或流程改进等价值共创过程，由此提升创新生态效应（解学梅等，2022）。企业通过与创新生态系统中具有互补生态位的伙伴进行合作，能更大程度上激发生态位互补效应与协同效应，创造更高绩效，与竞合伙伴实现合作共赢。因此，从生态位视角出发探索生态系统的创新发展策略，不仅有利于企业的长期发展，也有利于整个生态系统的和谐发展。

三、企业间知识转移

（一）概念界定

知识转移最早由学者 Teece（1977）提出，跨国企业在进行技术的国际转移过程中可以积累起很多跨国界的知识，这为后续对知识转移的研究奠定了基础。知识转移是指知识跨组织或个体边界的有目的、有计划的知识共享（唐炎华、石金涛，2006），是创新知识从输出主体传递到输入主体的过程，在知识转移过程中创新主体进行知识整合及学习（曹薇等，2020）。Wijk 等人（2008）认为知识转移是组织之间交换与接受经验知识，对不同的知识进行整合的一个过程。Eric 等人（2000）提出知识转移是一个组织从另外一个组织学习经验的活动，知识从一个位置转移到另外一个位置能够增强组织学习，新知识能够通过新的方法和新的业务促进创新。彭灿（2005）将组织间知识转移定义为知识从某一个成员企业（知识供给者）流动到另一个成员企业（知识需求者）的过程。"转移"强调知识转移不仅是知识的扩散，而是跨组织或个体边界的有目的、有计划的共享。其中，组织间跨越边界的知识共享被视为"企业间知识转移"，即知识以不同的方式在不同的组织或个体之间的转移或传播。此外，其他学者在不同研究视角下对知识转移的不同定义如表 3 - 4 所示。

表 3 - 4　知识转移的定义

研究视角	知识转移定义	代表作者
转移过程视角	知识转移是知识从发送方流动到接收方的过程	Argote 等（2000）；谭大鹏等（2005）
转移效果视角	知识必须得到接收方的反馈才意味着知识转移的完成	Cummings 等（2003）；董小英（2004）
转移动力视角	知识转移是一方出于对知识的渴求而从另一方获取知识的过程	Gilbert 等（1996）；左美云（2004）

资料来源：依据相关文献整理。

　　虽然不同研究者对知识转移的理解不同，但普遍认为知识转移是存在于特定情境的，是知识从知识源传递到知识接收方的过程，目的是缩小知识源与知识接收方之间的知识差距，这一过程具备完整阶段、基本要素和影响因素（陈立敏、王璇，2009；张睿、姬长旭，2022）。周建和周蕊（2006）基于企业间知识转移的定义归纳出了知识转移的四阶段模型，如图 3 - 2 所示。

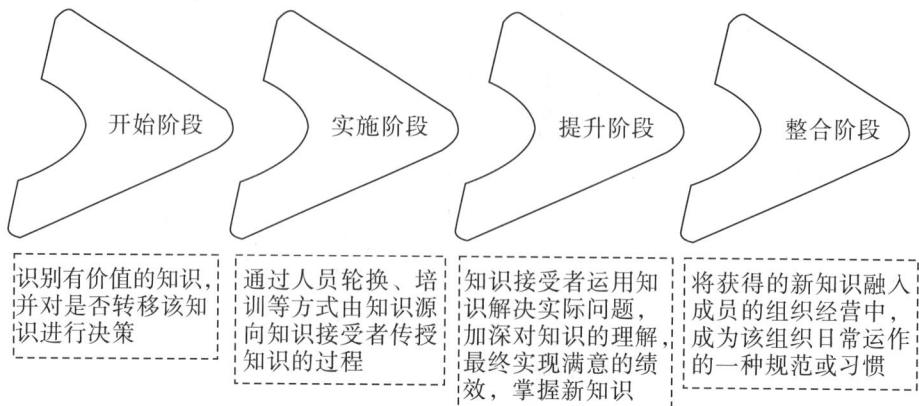

开始阶段	实施阶段	提升阶段	整合阶段
识别有价值的知识，并对是否转移该知识进行决策	通过人员轮换、培训等方式由知识源向知识接受者传授知识的过程	知识接受者运用知识解决实际问题，加深对知识的理解，最终实现满意的绩效，掌握新知识	将获得的新知识融入成员的组织经营中，成为该组织日常运作的一种规范或习惯

图 3-2　知识转移阶段模型

资料来源：周建，周蕊. 论战略联盟中的知识转移 [J]. 科学学与科学技术管理，2006，27（5）：84-89.

知识转移包括四个核心要素：转移主体、转移情境、转移内容和转移媒介（Albino et al.，1998）。其中，转移主体可以是个人或组织，转移情境可分为组织内环境与组织外环境。根据知识基础观，转移内容可以分为显性知识和隐性知识两种类型。显性知识是可以用正式的、系统的语言来传递的知识，具有公开特性，可以很容易地编码和转移。显性知识的内容通常固定且存在形式单一，能够方便地被获取和利用，其媒介包括交易和引用等，从而促进知识在形式上实现转移、转化和整合。常见的显性知识有公式定理、使用手册、程序软件、信息数据等。而隐性知识是不能用系统的语言来表达的知识，涉及许多无形因素，根植于人们的行动和相互关系中，被深深嵌入组织体系中，很难形式化和解释，从而难以交流转移。转移媒介包括合作、经验分享和人员流动等，一般是高度私人化的经验、心智模式、价值信念、思维方式、社会关系等。Hamel（1991）认为，由于隐性知识自身的特点，它的传播非常困难，这些知识深深地隐含在人们的社会关系之中，对于获得过程具有高度的依赖性。因此，隐性知识转移的最好方式是人与人之间面对面的相互接触和交流（卢兵等，2008）。从知识基础观出发，不同企业之间的竞争力差异来源于其自身拥有知识的异质性；不同企业之间的能力差异来源于其自身知识积累以及知识结构的异质性。拥有的知识资源越丰富，企业越可能开发出新的知识与资源，通过不断积累提升企业的能力，进而维持并提升其核心竞争力。

知识转移的理论模式一般可以分为三种。第一种是基于显性知识与隐性知识相互转化的 SECI 模式，知识转移过程被分为整合化、社会化、外化、内化 4 个部分。知识转移的过程犹如一条螺旋环，实现知识主体中隐性知识与显性知识的相互吸收转化，并周而复始地重复该过程，最终达到知识从个人、群体到组织、组织之间的转移。第二种是基于信息发送的知识转移模式。知识的转移包括知识的发送和知识的接受两个基本过程，这两个过程是由两个不同的参与者——发送者和接受者——分别完成并通过中介媒体联结起来的。接受者在获取某一知识之前，其对该项知识的了解是不全面的，因而对发送者和发送知识的要求，以及获取知识后的反馈是相对模糊的。发送者的知识、经验、感受、态度、情绪等都会影响对接受者的要求和对反馈的理解，从而影响发送知识的选择和整理。第三种是基于行动—结果联系的知识转移模式。它假定知识要么通过外部学习积累获得，或者通过行动产生结果习得。这种模式存在三个基本过程：基于行动—结果联系的内部知识创造过程、基于行动—结果联系的内部知识转移过程、外部知识的获取和吸收过程。通过观察、分析行动与结果之间的联系，可以为组织创造隐性或显性的知识，这将提高组织的知识水平，在未来接受相同或类似任务时将发挥这些知识的作用，推动知识创造和转移的新循环。

根据知识转移的相关文献，显性知识和隐性知识对应着两种不同的知识转移形式，即显性知识转移与隐性知识转移。其中，隐性知识转移是知识创新的根本动力，能够引导显性知识流动。创新生态系统中的知识转移既包括显性知识转移也包括隐性知识转移，但其难点、重点在于隐性知识转移。理清两种知识转移形式的区别与联系，有助于对两者优势加以利用，优化知识转移路径，使知识主体在其特定转移情境和媒介下与知识内容本身更有效地进行协同匹配，最大限度地获取知识转移效益。对于企业的生态系统而言，知识转移是企业从外部获取知识的一种重要途径。Spena 等（2016）对新兴创新生态系统中的知识和学习机制进行了研究，并定义了三种不同的知识实践形式：连接知识，整合知识，创作和传播知识。结合已有研究，本研究认为，知识转移是显性知识和隐性知识从供给主体流向知识受体并被接纳吸收的整个过程。

（二）影响因素

知识转移影响因素一直是国内外学者的热点研究问题，其研究视角经历了由传统的信息网络视角向社会网络视角的转变。信息网络视角下，知识转移过程是以知识供应方和知识接收方为主体，以知识需求为联系纽带，以知识流为载体而进行的活动。学者们主要从知识源（知识供方）、知识特性、知识受体、转移媒介、转移情境五个维度出发开展研究，现已取得丰硕的研究成果。其中，从知识供应方来看，知识转移受到其动机及能力的影响。黄微等（2011）发现知识源转移意愿的强度直接影响知识的数量和质量，转移意愿越强，知识转移越容易进行。肖小勇等（2005）研究得出结论：知识源发送知识的动机、可信赖程度及其发送知识的能力都是组织间知识转移重要的影响因素。知识供方的实践经验、语言表达能力等因素会影响知识转移，通常知识供方的实践经验越丰富、语言表达能力越强，知识转移能力就越强；转移知识的能力越强，知识越易转移，反之，知识则不易转移（奚雷、彭灿，2006）。从知识特性来看，知识的主要特性，尤其是隐含性、模糊性、复杂性、嵌入性影响知识转移的形式和效果（刘春艳、王伟，2014）。在转移情境方面，知识源与知识受体间的地理距离、制度距离、知识距离、关系网络会影响其知识转移的效果。Galbraith（1990）指出，知识源与知识受体之间的地理距离越远，其知识转移所耗费的时间与费用越多，知识转移效率越低。地理位置上相近容易进行知识转移，组织关系的好坏也会影响知识转移的难易，如果两个组织的关系很糟糕，知识的转移将非常困难（陈伟等，2005）。吴晓波等（2009）也认为，企业间的关系（信任程度、合作经验、文化与地理距离）会影响制造网络联盟企业间知识转移绩效。

社会网络视角下，学者们更多的是从网络关系和网络结构两方面展开，关系强度和稳定性都会对知识转移产生影响。Helmsing（2001）研究发现，关系的稳定性对知识转移的影响十分显著，因为它在一定程度上促进了成员间的信任关系，这种信任关系的建立更有利于成员间的长期合作，使知识转移水平整体上升。网络结构强调网络成员之间的社会结构，其范围、规模、密度、结构洞和中心性对知识转移的影响十分显著。马费成等（2006）指出社会网络是隐性知识转移的最佳通道，其规模、范围、密度、强度和位置等社会网络常见的特征都会影响知识转移。陶海青等（2004）认为，社会网络中联系的力量、网络规模、网络位置以及网络范围与种类都会影响知识传递。朱亚丽等（2011）通过实证分析发现，网络密度和网络中心性这两个维度影响了知识源与知识受体的转移意愿，从而提高了知识转移的绩效水平。阮平南等（2019）将组织间知识转移影响因素划分为两类，即阻碍因素和促进因素。其中，阻碍因素包括知识复杂性、内隐性以及知识距离、组织距离，其中组织距离的影响程度最大；促进因素包括组织主体属性——转移意愿、转移能力、接受意愿、吸收能力、关系强度、结构洞和其他知识转移情境因素，其中结构洞的影响最为显著。Tsai 等（2001）指出，企业越是处于中心位置，其越有可能获得更多的知识，因此企业在生态系统内所处的位置也会影响知识转移效率。陶海青等（2004）认为，不同性质的知识会在不同路径中传递，隐性知识需要通过强联系进行传递，而显性知识只需通过弱联系就可完成传递。关系机制对显性知识转移和隐性知识转移的影响存在差异，其中，双方的信任可以促进隐性知识转移。

结合不同视角下对知识转移影响因素的探索，可以看出，知识转移的效果将受到知识的供需双方及其相互关系、所处环境等因素影响，并且根据知识属性的不同，转移过程对应的模式及路径也会有所差异。

（三）企业间知识转移的相关研究

从知识转移研究领域的研究热点和发展脉络可以看出，知识转移领域研究涉及的内容包括战略联盟、突破性创新、组织学习、吸收能力及影响因素、知识管理、知识转移模型与架构、进程研究、社会网络关系等。学者们从资源基础观、能力基础观、知识基础观等不同角度对企业间的知识转移进行了研究，并取得了丰富的研究成果。Kogut（1988）首先明确提出，组织学习需要是催生合资企业的要素之一，关于联盟和合资企业之间的知识转移研究由此变得丰富起来。大量理论与经验研究结果表明，知识资源是企业创新的关键生产要素，是提升企业核心竞争力、实现企业高质量发展的重要因素，知识获取的数量与质量可能直接构成企业的竞争优势（Zahra & Nielsen，2002）。企业如何创造、转移和使用知识资源，以便构建和持续保持竞争优势，是当前战略理论研究的中心命题。

在知识转移过程中要投入时间（Dyer & Hatch，2006），因为整合需要承诺（Tzabbar et al.，2013）。Simonin（1999）在研究战略网络知识转移时指出，知识内隐性和复杂性增加了双方学习难度，知识内隐性越高，表明知识编码难度越大，在组织间转移越困难。知识复杂性越高，意味着涉及的知识领域越多且其专业性越强，会影响合作伙伴对知识的理解，耗费的时间和精力更多，从而降低知识转移有效性。基于创新视角的知识转移研究基本上都是围绕创新网络进行的，创新网络中企业的合作与资源共享必然伴随着知识转移。在创新网络中，组织间密切的合作关系有助于知识顺利转移，强联结在促进复杂的隐性知识转移方面效果更佳（Hansen，1999）。然而现有关于伙伴关系绩效的研究总体上尚未得出统一结论（Frenz & Letto-Gillies，2009；Grimpe & Sofka，2016；Herstad et al.，2014），这表明企业能够从组织间知识转移中获取价值的程度存在很大差异。还有学者指出，现有研究主要趋势是关注管理和企业层面的分析，且许多研究关注的是买方和供应商之间的关系，对于竞争对手之间的合作关系研究尚且较少。

在国内研究中，李纲和刘益（2007）将企业间知识转移的研究学派划分为联盟与跨国公司内的知识转移学派、独立企业间的知识转移学派、国际购并活动以及网络中的知识转移学派。奚雷和彭灿（2006）在对战略联盟中组织间知识转移的研究中指出，要想使联盟获得成功，知识在合作者之间分享是理所当然的事，有知识需要的双方结成联盟，知识处于领先地位的一方（即知识供方）就有转移知识的必要。阮平南等（2019）从创新网络视角出发，指出组织间知识转移的目的在于获取、吸收、应用和创造知识，而密切联系与合作能实现对不同组织关键知识的融合及合作创新绩效提高。知识结构相似的组织在合作过程中更容易形成共通的技术语言，能够降低知识转移成本，有利于知识转移；但当创新网络节点间的知识距离过小时，从知识转移中获得的收益较低，从而降低了双方的知识转移、学习意愿，弱化了知识转移效果。高关联强度、知识源的转移能力和转移动机是知识转移绩效的重要影响因素；知识本身的因果模糊性、复杂性、内隐性等特征因素，是决定知识转移绩效的主要因素；对影响度较高和中心度较高的影响因素进行管理与优化，是提升组织知识转移绩效的关键所在（张琦等，2019）。王斌和郭清琳（2020）在研究核心企业知识存量与知识转移效率时认为，在知识存量深度上，当核心企业拥有大量专业技术人才或所持有的知识资源价值较高时，说明企业拥有的知识资源专业化程度高，在利益驱使下会吸引多个联盟与其展开合作，增强企业间知识转移意愿；在知识存量广度上，核心企业需要积极寻找联盟伙伴并建立合作关系，拓展企业自身产品和服务范围。企业广泛联结创新伙伴意味着企业获取异质知识和多样化资源的渠道更丰富，有利于实现创新网络中企业成员知识的转移（张朝宾等，2011）。习惯和大量其他不同组织交流合作的企业，往往有更多的平台与条件去了解学习如何表达交流复杂思想与知识，故而可以推动企业之间的知识沟通与转移（曹兴，

2014）。张长征和王硕（2012）则是基于组织冗余视角研究了合作创新企业间的知识转移，强调了应基于合作创新背景，归纳合作过程中创造的有价值的新知识在企业间转移的作用途径。企业之间的强联结往往伴随着深层次的信息交流，有助于隐性知识的获取、加工以及记忆，从而使隐性知识转移更为顺畅和快速（王欣欣，2021）。

虽然许多研究已经取得了不少有价值的结论，但仍旧存在一些问题和局限性。例如，基于信息网络视角的情境因素主要局限于知识源和知识受体双方情境，与真正意义上的社会环境还颇有差距，不能有效解释组织之间知识转移的真实情况；基于社会网络视角的知识转移影响因素的研究成果较为零散，理论模型缺少社会关系和网络结构等涉及的各个维度的有效整合，难以准确、全面地解释知识转移过程的关键要素及影响因素。很多学者研究的对象主要是企业内部、合资公司、跨国公司、企业联盟之间的知识转移，仍需在各因素间影响方式、作用机制以及其他转移主体上进行深入研究。总之，对知识转移的研究虽然趋于成熟，但依然缺乏从系统性视角出发将知识转移的影响因素综合考虑。

四、创新生态系统的知识转移对创新绩效的影响研究

物质循环、能量流动和信息传递是生态系统的三大功能。创新生态系统可降低企业创新的风险，使企业获得更多的异质资源。如果创新要素的集聚是创新生态系统形成的基础，那么系统中物质和能量的交换，即知识的转移，是创新生态系统具有生命力的标志（唐雯，2021）。首先，有效的知识转移能够促进企业创新能力及创新绩效的提高（Tasi，2001）。知识转移能够降低创新所需的时间与成本，加快创新行动的进程，使得创新生态系统内的创新活动更加高效。其次，知识转移可以促进不同主体之间知识增值，成员之间相互学习、吸收，并在此基础上努力实现知识价值的"增值"，这个过程通常能够激励核心企业的知识流动，激发组织创造力，为创新提供不同的思路与想法。因此，知识转移是创新绩效的一个重要的前因变量，正是通过知识转移将稀缺性资源有效地转化为创新生态系统内部创新成果，最终，成功作用到生态系统中的企业、部门、机构等各个主体，为取得创新的成功奠定知识根基，以实现提高绩效的目标。

创新过程是创新生态系统主体内部及主体之间显性知识和隐性知识的相互

转换、融合、激发、更新，从而实现价值创造的过程（唐雯，2021）。但系统内外部的知识需要进行有效协同，从而在恰当的时间内传递给系统内其他成员。生态系统的各个合作企业成为企业生态系统内部知识的溢出主体，知识流在系统内部得以转移、共享。同时，知识转移使得在生态系统中的合作企业更加丰富，企业间的合作竞争呈现多元化形态。知识的溢出放大了生态系统知识容量，与已有知识协作，促进了跨边界知识网络的高品质（AHAMMAD et al.，2016）。人口、资金和知识的高流动性能够加强企业集聚效应，促进知识溢出并形成创新生态系统，有助于提高创新效率、推出新产品和催生新业态。

随着市场环境的高度不确定性和竞争格局的迅速变化，以及消费者需求的日益多样化和复杂化，不同创新主体间的合作形式开始从原有的单向垂直整合或双边合作转变为更加复杂的多边动态性合作，创新活动逐渐向生态化发展。企业作为我国的经济源动力，其创新活动集聚趋势日益凸显，产业竞争渐渐表现为以技术标准和社会资源为核心特征的、种群创新模式渐至创新生态系统与系统之间的内部竞争。企业间或组织间借助物质循环、能量交互和信息传递而相互影响、彼此依存。企业基于自身的发展和经营等目标与其他创新主体建立起彼此资源交换和共享的合作关系，能够促进企业间的交流与合作，改善企业的创新绩效。创新资源和人才技术的频繁流动，促进了系统内企业的知识溢出与转移、资源整合，进而提高创新生态系统的创新效率，进一步促进创新绩效的提高。

现有关于生态系统中知识转移与创新绩效的关系研究主要有以下三类。第一类是研究不同类型的知识转移对企业创新的影响。黄艳等（2017）将知识转移分为隐性知识转移和显性知识转移，探索了关系网络强弱对中小企业创新的作用机制。相比于显性知识转移，隐性知识转移会遇到更多困难，转移速度也更慢。企业在进行知识转移前应准确界定知识主体特性和属性，提高知识转移效率（邓春平、毛基业，2012）。Guana 等（2006）研究了技术转移与创新绩效的关系，发现促进隐性知识转移可提高创新绩效。林筠等（2008）认为，构建有效的隐性知识交流平台是促进隐性知识转移、提高创新绩效的关键。Cavusgil 等（2003）基于对美国制造业和服务业的实证研究指出，企业间关系越紧密，企业间隐性知识转移水平越高，且这一关系受企业合作经验的正向调节；隐性知识转移水平越高，企业创新能力越强，从而使创新绩效越好。国内学者李纲和刘益（2007）也在研究中得出了类似结论。陈菁菁等（2019）认为有必要根据企业创新团队动态演化过程中的具体核心目标和利益选择隐性知识转移模式，知识主体应根据自己对知识的要求，以及自身和整个团队的利益选择相应的模式，从而优化创新知识生态系统的构建。

第二类是研究生态系统视角下知识转移对企业创新的效应。马鸿佳等人（2016）结合知识管理理论和生态理论，通过创新生态系统内的知识转移行为进行概念界定，从个人、企业和网络三个层面出发构建了创新生态系统内的多层级知识转移模型，研究系统视角下多个创新主体间的知识转移机制与如何提升生态系统内的知识转移效应，进而提升系统整体的创新绩效水平。主体内部特征对主体研发能力、合作行为和知识转移能力多方面均产生作用，创新生态系统中价值共创会在参与主体内部特征影响下不断变化。Rhodes 等（2008）构建有关组织学习、关系资本、知识转移、企业绩效的综合模型，分析验证了企业间知识转移与创新绩效评价之间存在显著正相关关系。辛冲等（2022A）以创新生态系统为视角，从参与主体层面探讨企业的知识基础如何影响创新生态系统的价值共创，并指出创新生态系统中与合作主体共同创造价值的成功，很大程度上取决于创新主体在合作过程中的参与度。应结合当前知识水平合理构建知识体系，采取合理策略以最大限度地实现创新产出。彭晓芳等（2019）通过建模与实证研究的方法构建了主体知识转移生态关系仿真模型，剖析了不同类型的知识转移生态关系下创新发展机理。齐廉文等（2021）同样构建了异质企业间知识转移模型，探究了创新主体不同特征变量在知识转移系统中的作用机理，促进创新发展。

第三类是从创新生态系统环境出发，研究其对于创新的作用。创新生态系统模糊了传统意义上的企业边界、行业边界和市场边界，企业不仅依存于系统，需要适应变化的环境，更具备影响和改变所在生态系统环境的知识要素与能力条件（肖红军，2015）。创新主体之间的互动是创新的主要来源，但良好的创新环境才是可持续创新的重要保障（Fernandes，2020）。创新环境越好，越有利于创新资源的集聚，创新环境是创新活动的重要支撑条件（赵彦飞，2020）。作为外部环境，不完善的创新生态系统可能引发知识、创意囤积，阻碍创新资源配置与流动，最终造成创新绩效下降（李腾等，2022）。王俊鹏和石秀（2019）在研究我国汽车产业创新生态系统演进的影响因素中提出，知识溢出带来的学习效应能够促使创新生态系统中创新主体之间形成一种传播创新知识、学习创新技能的良好氛围，丰富和完善生态系统的知识体系，加快知识体系的更新速度，从而在创新生态系统的演进发展中起到积极作用。赵岩（2020）认为，创新生态系统内的信任关系和共生关系是创新主体开展联合创新的基础，企业与其他创新主体合作有助于提升其创新能力和研发效率、加速新专利的产出速度。韩珂（2021）在产学研协同创新生态系统影响因素研究中也指出，创新主体间的知识能够转移和共享是基于信任，良好的信任基础是产学研协同创新生态系统运行的前提。李腾等（2022）通过合理的政策设计优化创新生态系统，为非核心企业提供适合的系统位置和生存环境，引导非核心企业进行反向知识溢出。系统惯例的逐步增强有助于系统内建立协调、激励以及信任等关联机制，可提升非核心企业与核心企业间知识转移共享的有序性和流畅性，强化整个创新生态系统的创新能力（李腾，2020）。

知识转移是创新生态系统各个主体获得竞争优势、提高创新绩效的重要实现过程，它是企业创新实践活动中不可忽视的关键环节。从已有研究中可以看出，创新生态系统所处环境与地位、成员间的信任互惠关系、技术资源流动、有效的知识转移与知识获取等多个要素的协调组合，能够有利于创新生态系统的创新能力提升，从而进一步提高创新活动效率，提升创新绩效。

五、研究述评及研究框架

知识经济时代，企业创新的本质是将知识转化为新的产品、服务或过程，知识转移作为组织知识整合与交换的关键，是企业创新实现的重要途径（Thomas & Paul，2019）。创新活动过程本质上就是进行知识的识别、获取、整合创新及应用的过程，从而获得企业的各种产品创新、流程创新、管理创新等，最终促进企业创新绩效的提升。由于企业资源的有限性，难以完全依靠自身实现创新资源的供给，而所拥有知识的不足会对其绩效产生一定的制约。创新生态系统的形成为企业的知识增长、创新速度、组织学习等方面带来了积极影响。但与此同时，在创新生态系统中，各创新主体由于居于不同的生态位，对知识技术和社会关系等信息有着不同的供给与需求，由于企业自身知识获取渠道存在壁垒与局限性，在与创新生态系统中的其他成员合作时可能会出现信息不对称问题。因而有必要搭建知识转移的桥梁，促进创新生态系统内外资源流动，在社会关系和知识技术等方面为企业创新提供更充分的条件。需要建立高效的知识转移与共享机制，促进创新主体内部以及创新主体之间显性知识和隐性知识的转换与融合，使知识与信息的供给与需求能够得到有效对接，让创新主体不仅能充分发挥各自功能，还有助于推动自身创新能力与竞争优势的提升。

创新生态系统的健康有序发展，不仅需要异质性创新主体参与，更需要主体间的高质量协同共生（辛冲等，2022B）。创新生态系统内多主体在知识转移过程中呈现动态组合的状态，这使得不同的知识转移模式及其组合路径对创新的影响存在差异。在此背景下，探索创新生态系统知识转移如何协同配置以实现高水平创新绩效，能为探寻创新生态系统内各要素协同关系与企业间知识转移的影响机理与对创新绩效的作用机制提供有效借鉴。由于创新生态系统中的知识转移路径拥有较为复杂的要素关系，在不同产业环境下会呈现不同的运行模式。但目前国内学者研究多集中于汽车制造、通信等产业的创新系统，鲜有关于工业互联网创新生态系统的研究，且现有文献着重理论研究和案例分析，实证研究偏少。基于此，本研究利用组态思维来刻画转移路径对企业创新绩效的影响关系。组态思维下，组织是在结构上与拥有实践性的集群进行相互吸引联结的形态，而不是各自为政的单元或松散结合的实体，孤立分析某个变量的方式是不合适的（Fiss，2011）。所以在分析工业互联网创新生态系统内部企业生态位与知识流时，选用组态研究的方法能够帮助我们分析研究前因条件与结果变量之间存在的多重并发因果关系（杜运周、贾良定，2017）。

通过选取工业互联网创新生态系统中的企业，以这些企业的生态位宽度和生态位密度作为系统主体结构，以工业互联网企业之间流通的知识镌刻系统特征，反映工业互联网企业对创新主体合作时资源重视程度的差异。结合现有文献与理论研究，本研究认为创新生态系统内的企业生态位特性与知识转移的不同交互水平的组合差别会对企业高创新绩效的发生有所影响，由此构造与生态规模相适应的企业生态位与知识转移对工业互联网创新生态系统核心企业的高创新绩效作用的研究模型（即研究框架），如图 3 - 3 所示。

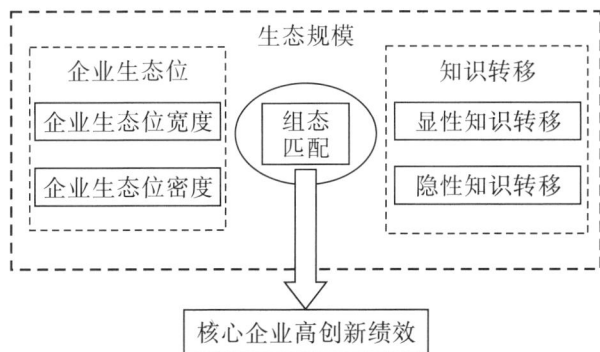

图 3 - 3 研究框架

资料来源：作者依据公开资料整理。

第四章　基于生态位理论的创新生态系统知识转移对创新绩效的影响研究

创新生态系统知识转移是生态得以持续发展壮大的关键因素。对于个体组织而言，知识转移能够有效实现知识资源互补，提高企业绩效。基于前文的文献梳理及所建构的理论模型，本部分内容将开展量化的创新生态系统的知识转移及创新绩效的整合研究，主要回答的问题是，工业互联网产业内焦点企业的绩效提升路径如何选择？它们需要在创新生态系统内部占据怎样的位置？它们与其他生态主体如何互动并进行知识转移？它们如何将静态的生态位与动态的知识转移相结合，进而实现高绩效？本章基于组态视角，结合生态位理论，采用定性比较分析（QCA）方法进行定量研究，通过对促进企业创新绩效的要素进行组态分析，揭示创新生态系统结构位置、知识互动与生态系统绩效的复杂因果关系，找到提升绩效的内在驱动机制，确定促进创新生态系统协同创新的多种路径。

一、方法选用依据

定性比较分析（QCA）是最早由美国加州大学的教授 Ragin 于 1987 年提出的一种运用布尔代数和模糊集合原理进行比较分析的方法，最初被应用于社会学领域的研究，现今在管理学、政治学、经济学等社会科学研究中得到应用和推广。这种方法以案例为导向，将一定数量的案例进行分析，提炼出导致某一现象出现的多种前因条件组合，即得出的结果以"组态"的形式呈现（Miller，1996；Rihoux & Ragin，2009）。

QCA 方法分别汲取了传统定量研究与定性研究方法的长处，既对研究对象进行统计分析，也对研究对象整体进行分析，从而开拓出一种混合分析的方法路径（Fiss，2011）。QCA 方法与传统方法最大的不同在于它是采用一种整体视角进行分析，这一分析视角是基于组态思维建立的。组态思维认为，组织并不是单元相加或松散结合的实体，而是互相关联的结构和实践的集合。因此在进行分析时，不能孤立分解地去理解组织，需要采取整体和系统的思路。对案例的研究也不能停留在单个自变量对被解释变量的影响，而需要通过组态来分析结果。组态思维所注重的整体性和系统性的分析思路更加贴合管理实践中存在的因果复杂性和互相依赖性，其多维度、整体性特征使其在面对战略管理问题分析时更加具备优势（毛湛文，2016）。

除整体性外，QCA 方法在因果关系的分析框架上亦有别于传统的研究方法。QCA 方法认为一个现象的产生存在着"多重并发因果关系"，即产生这一结果的因果关系依赖于特定的情境和影响因子的组态匹配，而非一成不变的。有别于主流统计方法注重获得拟合效果最佳的单一因果模型，QCA 方法更加关注因果关系的复杂性和多样性，并通过对比多个案例来确定不同因果模型的数量和特征（Rihoux & Ragin，2009）。

总而言之，当前 QCA 方法逐渐得到学术界的垂青，成为解决管理学、社会学等研究领域面临复杂因果关系问题情境下的重要工具（Fiss，2011）。其中，定性比较分析方法又包含三种，分别为清晰集定性比较分析（crisp - sets qualitative comparative analysis，简称 csQCA）、多值集定性比较分析（multi value qualitative comparative analysis，简称 mvQCA）和模糊集定性比较分析（fuzzy - sets qualitative comparative analysis，简称 fsQCA）。前二者比较适用于可以将类别变量划分只有为 0 和 1 两类变量的处理；而 fsQCA 能够避免二分变量所产生的主观"逻辑余项"的化简问题，也可以有效避免有效数据的遗失。fsQCA 校准后的数据都介于 0 和 1 之间，既满足了真值表运行数据、有限多样性另有可以优化组态的比较优势，还兼具了质性剖析和定量考证两种方法的融合优势（Ragin，2008）。本研究选择使用 fsQCA 方法探索隐藏于数据中的规律，主要是基于以下几原因：

第一，fsQCA 方法的多重并发优势。本研究认为核心企业获得高绩效的结果既取决于它所在的创新生态系统的结构与位置，同时也取决于核心企业与生态内部其他生态主体的知识转移模式，两个维度的交互势必会产生多种导致高绩效的组合，也就是说，实现高绩效的路径可能不是均衡和唯一的，不同的组合有可能产生同样的结果，因此采用 fsQCA 方法能够挖掘出具有结果等效性的多条路径。

第二，fsQCA 方法的样本选择优势。fsQCA 本质上是案例导向型的探究方法而不是变量导向，既可以应用于摸索式或归纳式学术探讨，还适用于检验性和演绎式研讨（张明、杜运周，2019）。这样一来，对于研究样本的数量便没有太大限制，大中小样本皆适用。本研究筛选过后留下 115 家样本企业，满足 fsQCA 方法中关于中样本规模的要求。

第三，fsQCA 方法在变量数目上的分析优势。主流统计学通常聚焦于单个变量对结果变量的净效应，从而忽视了变量间可能存在的关联，尽管传统方法可以采用调节变量来分析组态效应，但当变量数量大于 3 个时结果便难以解释，而 fsQCA 可以很好对这个问题进行规避（程建青等，2019）。因为本研究涉及的条件变量总数达到 5 个，所以更适合采用 fsQCA 方法。

第四，fsQCA 方法的深入分析优势。使用 QCA 方法可以将同一组态内的不同个案进行比较，亦可以在不同的组态间进行比较，来探寻其中符合理论的前因条件组合。QCA 方法既可以解释因果关系现象，又保留了案例的独特性和深度（Rihoux & Ragin，2009），有助于加强本研究对于问题的理解。

综上所述，本研究决定采用 fsQCA 方法研究工业互联网创新生态系统的知识转移对创新绩效的影响。具体而言，本文将基于生态位理论探讨生态位宽度、生态位密度与知识转移如何组合配置才能产生高创新绩效结果。

二、样本选择与数据来源

（一）样本选择

本研究以工业互联网产业内企业的创新生态系统为分析对象，理由如下：

首先，本研究围绕着工业互联网展开。工业互联网平台作为制造业服务化价值创造体系的使能平台，其作用和意义在于构建基于海量数据采集、汇聚、分析的服务平台，以支撑价值创造系统中上下游各种资源、要素泛在连接、弹性供给、高效配置（唐国锋、李丹，2020），这一特征要求工业互联网产业内企业以及其他产业中的企业加强协同创新的有效性、创新成果的共享和可应用性（单蒙蒙等，2017），不断实现产业互联，进而很好地建立起以核心企业为中心的创新生态系统（杨伟等，2020）。

其次，工业互联网产业创新生态系统复杂而庞大，其中知识转移的活动无法单凭某个创新主体实现，需要多方共同参与。工业互联网连接业务复杂，连接设备种类繁多，数据格式多样，所涉及的行业和企业数量众多，其中涉及的技术、资金、人员投入十分庞大，实验研发、产品推广、材料供应等活动无法单凭某个创新主体实现，需要多方共同参与，其中存在着大量形式各异的知识转移，这为我们研究工业互联网创新生态系统内的知识转移及对创新绩效的影响提供了良好契机和范本。再加上已有学者基于工业互联网产业集群开展过创新生态系统的研究（孙新波等，2022；左文明、丘心心，2022），这为我们提供了理论基础。

如前所述，本研究对工业互联网创新生态系统的定义是，与工业互联网创新相关的产业主体，在技术驱使、经济扩张还有不同主体创新意识增强的基础上，通过竞争合作关系构成的社会生态系统（Chae，2019），这一概念指代由开展工业互联网技术创新的核心企业及其创新合作主体构成的生态系统。基于这一定义，本研究最终确定了相应的样本企业范围。

（二）数据来源

2015 年，国务院发布《中国制造 2025》《关于积极推进"互联网＋"行动的指导意见》，提出"要加快新一代信息技术与制造业深度融合，推动互联网由消费领域向生产领域拓展，促进产业转型升级"，并启动了互联网与工业融合创新试点工作，本研究认为此类政策的出台和试点的实施是国家要大力推进工业互联网建设的信号。因此，本研究将 2015 年作为起始年，采用2015—2019 年沪深 A 股主板上市企业作为基础，以同花顺、东方财富网及证券之星"工业互联网"概念板块中提供的上市公司股票代码为依据进行企业筛选，剔除重复数据及 ST 企业（即上市公司经营连续两年亏损，被进行退市风险警示的企业）后，共计 218 家企业成为本研究样本企业。

通过对原有样本的充分对比，将无法鲜明体现本研究理论框架、新闻合作总共发布数目较少以及实证所需数据不全的企业淘汰，最后留下了 115 家符合要求的企业并作为研究中所需的核心企业。工业互联网创新生态系统的核心企业，通常拥有区别于其他主体的独特优势资源（如基础知识、产品技术、销售关系等资源），这类企业能够影响与之合作企业的新产品研发、上市或新服务的市场前景。再者选取上市的工业互联网企业是有赖于数据获得的可靠性作为前提，而且这些企业的专利数据与财务数据都对外发布，便于我们选取和获取变量数值。研究所需的生态位宽度、生态位密度、显性知识转移、隐性知识转移、创新绩效的测量数据来自国泰安 CSMAR 数据库的中国上市公司财务指标分析数据库、上市公司研发创新数据库，巨潮资讯网，东方财富网，国家知识产权专利网。

三、数据收集和编码

创新生态系统描绘了相互关联的创新主体所形成的演化网络如何围绕核心主体实现价值共创（李纪珍、陈劲，2019）。考虑到定量分析数据的可获得性，用合作关系来描绘创新生态系统是文献中比较常见的方法（Stone & Woodcock，2013）。本研究以沪深 A 股工业互联网产业的上市公司作为研究样本，这些上市公司具有向社会公众披露公司信息的义务，因此它们会定期在官网或权威资讯网站上发布有关企业的重要新闻或公告，借此扩大企业的影响力并进行形象塑造。这些报道包括但不限于签订合作协议、战略联盟等展示合作关系的公告，此类公告都会包含企业合作对象的相关信息、双方合作的主要内容、有效合约时间等重要信息，有利于本研究进行进一步的数据分析。

因此，本研究首先进入巨潮资讯网，进入所选取的沪深 A 股工业互联网上市公司的公告页面，将日期设定为 2015 年 1 月 1 日至 2019 年 12 月 31 日，并根据"合作""合伙""合作意向""联盟""战略联盟""技术交易""专利转让""合资""共建实验室/公司""产业基金"这些可以表征合作的关键词依次进行公告的下载和整理。其次通过多人反复阅读、抽取其中重要信息，最终形成可以刻画以该核心企业为中心的创新生态系统的实证研究数据。借鉴 Gök 等（2015）的方法，具体步骤为：由 4 个研究人员对 115 家企业新闻数据进行背对背编码和统计，之后对所有数据实施交叉验证，首先提取出新闻内的创新合作主体，根据合作内容与方式判别其合作方式、识别其知识转移的类型（刘健，2020）。数据详见附录 1。

四、变量测量与校准

（一）变量测量

1. 企业生态位宽度 （Niche Breadth）

本研究使用专利数据 IPC 分类号的前 4 位测量企业触及的技术范围和类别差异（姚艳虹等，2017），采取 Simpson 指数衡量生态位宽度。公式如下：

$$NW_{(i)} = 1 - \sum_{r=1}^{R} P_{ir}^2$$

其中，$NW_{(i)}$ 代表企业 i 的生态位宽度，P 表现企业 i 对资源 r 的可应用范畴，R 为企业具有生态位资源的总类别数目。生态位宽度越大，表明核心企业所在的创新生态系统的技术范围越广，类别异质性越大，在产业内的技术占有度越高；生态位宽度越小，表明核心企业所在的创新生态系统的技术范围越窄，类别差异越小，甚至是同质化的，在产业内的技术占有度越低。

2. 企业生态位密度（Niche Density）

如文所述，生态位密度是指工业互联网系统中围绕某个企业开展协作关系的企业数目。本研究使用观测期间核心企业合作企业的数量来测量工业互联网企业所在创新生态系统中面对的市场竞争强度。核心企业所在的创新生态系统的合作企业越多，说明其生态位密度越高，一方面，核心企业可能面临更高强度的市场竞争，另一方面，核心企业也可能拥有更多的伙伴，可以与合作伙伴进行更加密切的知识资源交换。核心企业所在的创新生态系统的合作企业越少，说明其生态位密度越低，企业可能面临的市场竞争强度更低。

3. 生态规模（SIZE）

本研究处理数据过程中发现企业外部的生态系统规模存在差别，按照学者的经验将生态规模变量即企业的合作事件的总数目纳入本研究的研究模型，原因在于表面上是创新生态系统的规模不同，但实际上反映出的是每一个企业所处发展阶段的周期差异。企业的合作事件数越多，表示核心企业所在的创新生态系统的生态规模越大，说明核心企业愈发成熟；企业的合作事件数越少，表示核心企业所在的创新生态系统的生态规模越小，说明核心企业可能还处在发展的早期。

4. 知识转移（Knowledge Transfer）

基于前文的分析，本研究选取两个变量对知识转移进行测量。

显性知识转移（Explicit Knowledge Transfer，EKT）。该知识转移表现为企业间共享技术，如一同研发某个产品，或允许别的合作企业使用自身研制所获得的专利。因此，本研究对收集到的合作公告进行编码，将涉及"专利许可""研发外包""合作研发""共建实验室"的公告频数进行计算，测量核心企业与其他生态主体的显性知识转移次数。上述词汇出现的次数越多，说明企业采用显性的知识转移模式越多；出现的次数越少，说明企业采用显性的知识转移模式越少。需要注意的是，在本研究当中，企业采用显性的知识转移模式越少，并不能说明企业采用隐性的知识转移模式越多。

隐性知识转移（Tacit Knowledge Transfer，TKT）。该知识转移是创新系统中主体间亲疏、信任、松紧等双方合作程度下涌动的关系资源，重点指代的是动态政策、资金补贴等信息的获取和有关商业经营、销售市场、产品服务等体系的知识流动。本研究对收集到的合作公告进行编码，将涉及"战略性合作框架""政府补贴""项目合作""联盟"的公告频数进行计算，测量核心企业与其他生态主体的隐性知识转移次数。上述词汇出现的次数越多，说明企业采用隐性的知识转移模式越多；出现的次数越少，说明企业采用隐性的知识转移模式越少。

5. 创新绩效（IP）

结果变量方面，本研究选取创新绩效（Innovation Performance，IP）对企业的创新能力进行测量。参考杨伟等（2020）学者的测量方式，将专利发布数量作为衡量标准，考虑到创新合作、从投入到产出的周期，许多知识转移无法在当年就发挥作用，因此本研究使用平均一年的滞后期，即2016—2020年企业专利发布年份内的平均值来测量企业创新绩效。企业的年均专利发布数量越多，说明企业的创新绩效越高，创新能力越强；企业的年均专利发布数量越少，说明企业的创新绩效越低，创新能力越弱。

变量测量及描述性统计分析见表4-1、表4-2。

表4-1　本研究的变量测量设计

变量分类	变量	变量含义	参考文献
结果变量	创新绩效（IP）	平均专利发布量	杨伟等（2020）
条件变量	生态位宽度（NB）	IPC分类号前4位	Yang和Lu（2013）；朱金兆和朱清科（2003）
	生态位密度（ND）	合作企业的数量	郭妍和徐向艺（2009）
	生态规模（SIZE）	合作事件总数	刘健等（2020）
	显性知识转移（EKT）	知识技术资源传递，公告中涉及"专利许可""研发外包""合作研发""共建实验室"的频数	Gok等（2015）；刘健等（2020）
	隐性知识转移（TKT）	主体间关系资源流动，公告中涉及"战略性合作框架""政府补贴""项目合作""联盟"的频数	

表4－2 变量描述性统计分析结果

统计指标	条件变量					结果变量
	生态位		生态规模	知识转移		创新绩效
	NB	ND	SIZE	EKT	TKT	IP
均值	0.731	12.165	8	1.965	5.678	152.148
标准差	0.216	12.737	10.981	3.385	10.360	574.968
极大值	1	111	103	33	107	5574.4
极小值	0	2	2	0	0	0.2

（二）变量校准

在 fsQCA 方法中，首先要将案例赋予集合隶属值后才能对案例进行分析，这一过程被称为"校准"（Schneider & Wagemann，2012），它是运用定性比较分析方法时最为重要的一步。在使用 fsQCA 进行问题研究的过程中，程序往往会将目标设置成一个结果集合，例如：本研究中的"生态位宽度"变量，其目标表示"生态位宽度较宽"，即企业在市场上拥有的技术种别差异较大，满足生态位宽度较宽这一目标的结果将成为一个集合。接着程序会对所有案例中代表生态位宽度的数据进行调整，将其转化为隶属于结果集合的一个分数，即"隶属分数"。该数值介于0与1之间，用以展现该案例隶属于结果集合的程度，即展示该案例企业拥有的技术种别差异程度，具体有多么具有差异或相似。当隶属分数等于0时，说明样本完全不隶属于结果集合；当隶属分数等于1时，说明样本完全隶属于结果集合。

对于 fsQCA 而言，其校准赋值共有四种方式，分别为三值模糊集、四值模糊集、六值模糊集和连续模糊集，本研究采用的是连续模糊集校准。除了前文提及的隶属分数等于1为完全隶属、隶属分数等于0为完全不隶属外，当隶属分数等于0.5时，表示既不完全隶属又不完全不隶属，这是评估案例是否隶属于或不隶属于结果集合的最大模糊点；当隶属分数大于0.5但小于1时，如0.9或0.6，则表示该样本偏隶属于该集合，即存在较强的隶属关系；当隶属分数大于0但小于0.5时，如0.1或0.3，则表示该样本偏向不隶属于该集合；只要隶属分数位于0与1之间就表明样本属于部分隶属。由此看来，优化校准变量为集合隶属分数是 fsQCA 中首要也是最重要的步骤，它将会影响后续结果的产生。

联系相关理论、实践标准及对所解决问题的具体理解为变量设置 3 个临界值，分别是完全隶属点、交叉点与完全不隶属点，数据整体隶属度位于 0 与 1 之间，本研究在服从四分位数校准法的基础上判定基本锚点（程建青等，2019），将 5 个条件变量与结果变量的 3 个点分别设置为整体样本数据的上、下四分位数和中位数（唐开翼等，2021）。一般情况下使用 fsQCA 方法的研究学者会采用直接方法或者间接方法针对数据进行校准，然而考虑到间接方法的要求更为复杂，需要专家学者依据其专业领域及研究经验去进行方法匹配，同时兼顾到本研究工业互联网产业创新生态系统中生态规模的大小差异、企业生态位和知识转移两个层面五个条件变量的数据差异和连续性，在参考程建青等学者（2019）的变量校准方式下，最终决定使用直接校准的方法即四分位法进行锚点的确定和结构化校准（Ragin，2000）。表 4 - 3 是本研究中全部条件变量的校准情况。校准后数据详见附录 2。

表 4 - 3　各个变量较准情况

研究变量		目标集合	锚点		
			完全隶属	交叉点	完全不隶属
条件变量	生态位宽度（NB）	企业技术类型	0.897	0.793	0.620
	生态位密度（ND）	合作成员数量	15	9	6
	生态规模（SIZE）	合作事件总数	9	6	3.5
	显性知识转移（EKT）	成员间专利许可、研发外包、合作研发、共建实验室等技术流	3	1	0
	隐性知识转移（TKT）	成员间合作意向、协议、战略联盟、政治关联等	6	4	2
结果变量	创新绩效（IP）	核心企业创新能力	90.2	29.2	8

五、组态分析

（一）必要条件分析

一般来说，一个必要条件可以被看作结果的一个超集（super set），分析必要条件的目标是观察某个变量是不是必要出现在结果存在的情形中。应当明确的是，如果必要条件被包含在真值表分析里，它们通常会被简约解消除，这容易导致其在人们分析路径的核心条件时被忽略。因此，在对全部变量运行程序分析组态之前对单个前因条件展开必要条件剖析是十分重要的。在本研究中，必要条件是指全部可以推动工业互联网企业发生高创新绩效效果的要素组态中定然会涌现的前因条件。在使用 fsQCA 软件进行必要条件分析过程中，我们对研究模型中涉及的所有条件变量还有其否定变量都进行了分析。而一致性水平可以用来反映表示结果变量能在多大程度上满足成为条件变量的子集，现有学者都默认当其数值大于 0.9 时，则可以鉴定该前因条件或者其否定变量的确是促使此结果呈现的必要前提（张明、杜运周，2019）。高创新绩效的必要条件分析如表 4-4 所示。

表 4-4 企业高创新绩效的必要条件分析

条件变量的必要性分析结果		
条件变量	一致性	覆盖度
NB	0.663	0.639
$\sim NB$	0.434	0.423
ND	0.573	0.566
$\sim ND$	0.517	0.492
$SIZE$	0.551	0.570
$\sim SIZE$	0.533	0.486
EKT	0.606	0.536
$\sim EKT$	0.511	0.547
TKT	0.525	0.533
$\sim TKT$	0.572	0.530

结果显示，生态位宽度、生态位密度、显性知识转移和隐性知识转移、生态规模及其否定变量的一致性水平都大于 0.5，小于 0.9，这表明了研究中所有变量中任一单独条件变量属于结果变量的子集，且每个单独的条件变量本身是无法构成企业高绩效存在的必要条件。由于 fsQCA 方法是为了寻找被解释变量的一组或者几组必要条件，证明结果变量形成的必要条件必须是不同的条件变量进行组合而不是某个条件，所以需要通过更进一步对高创新绩效和高财务绩效进行分析，在真值表运算时不予以剔除。下文将会把这些前因要素条件纳入 fsQCA，进一步探索产生高创新绩效的组态。

（二）条件组态的充分条件分析

对所有条件变量进行充分条件分析是运用 fsQCA 方法的重中之重，即核心部分，主要目的是对形成结果变量（在本研究中为创新绩效）的不同条件的组态路径进行充分性分析。在该研究中，充分条件是指在工业互联网产业创新生态系统里能够产生高的"创新绩效"的条件组合，只要满足该条件组合，企业便有利于实现高的创新绩效。

在初始数据的基础上，通过 fsQCA 软件进行真值表分析，在简化真值表的过程中需要设定两个指标：样本的频率阈值与一致性阈值。样本的频次是指某一条件组合路径在研究中真实案例出现的次数，当某组合中案例次数出现足够多时即表示该模糊集的关系较为合理。对于小样本研究，频率阈值应该为 1 或 2；当样本数量比较大时，需要确定更基本的频率阈值，一般而言，所有被保留的构型获取的案例数比例至少需达到 75% ~ 80%。而一致性阈值代表着前因变量的组合构型对结果的解释力度，该指标的取值范围为 0 ~ 1，一致性越接近 1，则表示该构型对结果的解释力度越强，设定一致性是为各组合构型的结果变量赋值。

本研究参考 Fiss（2011）、杜运周等（2017）等学者的建议将一致性值设为 0.80、PRI 一致性设为 0.70、案例阈值设为 2。之所以将案例阈值设为 2，是因为综合考虑了本研究的案例样本（鉴于本研究最后筛选出 115 家工业互联网企业，属于中样本范围）、条件变量以及资料熟悉度、可考究性等方面。同时由于本研究关于企业生态位与知识转移对于企业创新绩效的关系未有统一的确定性结论，进而难以做出任何清楚的反事实阐析。因此，在分析五个条件变量如何配置会引发企业高创新绩效的组态路径时，在软件运行过程中都选择了允许存在或缺席选项。

在以上步骤运行的基础上，接着进入"Standard Analysis"，通过程序运算一共出现了三类解：复杂解、简约解和中间解。简约解纳入所有的逻辑余项，复杂解与之刚好相反完全不纳入，而中间解是不允许剔除必要条件，是符合理论方向、实践经验的一个合理、适中的可阐述汇报的解释（张明、杜运周，2019）。因此，在获取充分条件即为能产生工业互联网企业高创新绩效的组合中，确定中间解为最优解。其中条件变量又有核心与边缘之分，辨别的重要依据是看此条件是否存在于简约解和中间解。若简约解和中间解中均呈现了某个或几个前因条件，便可以肯定其为结果变量存在的核心条件；若某个条件或某几个前因条件只在中间解当中出现，则认定其为一个辅助作用的边缘条件。本研究通过软件运行后的组态结果呈现如表 4 - 5 所示。

表 4 - 5　"高创新绩效"的路径

条件变量	组态解	
	NH1	NH2
NBR	●	●
NDE	•	●
SIZE	●	●
EKT	•	⊗
TKT	⊗	•
Consistency	0.879	0.814
Raw Coverage	0.118	0.152
Unite Coverage	0.058	0.092
Solution Coverage	0.210	
Solution Consistency	0.827	

研究结果表达方式呈现：以"●"示意中间解和简约解中都展现的核心条件；当两个解当中均没有呈现某核心条件时，以"⊗"进行表示；当其只出现在中间解中，则用较小的实心圆"•"表示，当非核心条件没有出现在中间解时，就以较小的空心圆"○"进行表现，且以空格表示某条件呈现与否均对结果的产生没有任何影响的情形。

从表 4 - 5 可以看出工业互联网企业高创新绩效对应两种组态，且创新绩效的组态解的一致性指标为 0.879 和 0.814，以及两者的总体解的一致性水平为 0.827，在 0.8 以上，说明了组态具备较高的一致性程度。其中，高创新绩效组态解的覆盖值为 0.210，表明这两条路径在样本中约有五分之一的企业是工业互联网企业高创新绩效产生的代表，也进一步表明了以上组态作为结果效果存在的充分条件是具有一定可靠性和解释性的。

六、生态位与知识转移组态

本研究共得到两种驱动企业高创新绩效的前因构型，它可以分为技术主导式组态、关系主导式组态两种模式，具体阐述如下。

（一）技术主导式组态

该组合对应的是路径 1（NH1）：$NB * ND * SIZE * EKT * \sim TKT$。该路径结果显示，在高生态系统规模的情况下，高生态位密度、高生态位宽度、高显性知识转移是企业取得高创新绩效的原因，隐性知识转移并非相关条件变量。

从创新生态系统理论和生态位理论来看，当企业处于一个具备比较稳定的规制、规范和认知的制度运行环境框架中，高生态系统规模和高企业生态位密度意味着创新生态系统内部的成员较多且合作往来密切。在当前开放式创新的背景之下，工业互联网创新生态系统内部的核心企业通过与产业链的相关企业进行共建实验室、专利购买、合作研发等技术层面的合作，能促进工业互联网创新系统内各创新主体在行业知识、技术和经验资源等层面的知识交互（Cui & O'Connor，2012）。这些知识的转移能推动核心企业深度挖掘和汇聚创新生态系统内部的资源池，提高核心企业与外部组织一同以创新谋发展的意愿及能力，不仅能帮助核心企业突破外部竞争环境的束缚以及自有技术的局限性，还能够开阔核心企业的发展视野，有利于企业开发新技术、获得新机会，增强企业的创新能力。

同理，在特定空间环境下，高生态位宽度说明企业掌握多技术领域知识且对各技术领域利用能力相对平衡（朱正浩等，2021），多种多样的技术为企业间研发能力转移开辟了学习窗口，企业所面对的技术多样性越强，其合作研发的学习潜力也就越大。这进一步有利于处在创新生态系统核心的企业从其他创新主体当中行使"获取知识和信息的特权"，获取创新所需的外部专利技术和知识（Seok & Han，2018）。核心企业可以利用合作研发当中显著存在的技术学习效应，打破企业现有技术范围及边界，将自身已有的知识积累和其他主体溢出的知识融合创新，形成新的技术组合，加快面向客户需求的产品技术的研发进度及产业化进程，从而激发创新活力，提升企业创新绩效（Inkpen & Tsang，2005）。

具体而言，公司在工业互联网产业创新生态系统中，与产业价值链上的多个异质性组织通过专线、专注、专业的合作研发，利用各自的优势，促使知识技术、市场、信息等优势资源共享及流动，拓展知识网络。基于显性的知识转移模式，企业能直接参与研发活动，近距离观察、体验和模仿合作企业的研发行为，快速获取研发能力。例如查阅、掌握研发过程中发放的培训资料并在工作中进行应用等方式，将研发过程中投入和产出的显性技术知识内化为自身的研发能力；通过与研发主持方团队间语言交流、共同实践和思维碰撞学习，获得双方研发人员间技术指导、研讨和双方研发团队间团队技术语言、认知、思维的共享以及团队行为方式和惯例，获取研发能力的知识社会化过程；通过对物理形态的产品进行分拆解剖、测试分析和试验验证，收集工作数据来分析产品设计思路，实现从实物类技术成果探求技术前因的逆向研发，获取研发能力的知识反求过程。总之，工业互联网创新生态系统中核心企业可以利用自己的生态位优势，促进并激励创新主体间的技术合作，从而推动知识转移。技术合作频率越高，则说明显性知识转移越高效，核心企业应对外部环境变化及自身资源约束引致的创新阻碍的能力更高，从而焕发与系统成员开展创新合作的动力与热情，进而提升企业创新绩效。

（二）关系主导式组态

该组合对应的是路径 2（NH2）：$NB * ND * SIZE * \sim EKT * TKT$。路径结果显示，在高生态系统规模下，高生态位密度、高生态位宽度和高隐性知识转移是企业取得高创新绩效的原因，且显性知识转移并非相关条件变量。

从产业价值链、创新生态系统理论和生态位理论来看，在创新驱动发展的新时期背景下，核心企业面临资源约束和创新活动强制受压的问题，需要企业由单点式、线性化、程序化的创新转变为网络化、空间化、动态化的创新生态系统。尤其对于工业互联网等高新技术产业而言，加强创新生态系统建设，实现低消耗—高价值—可持续的创新模式，是其快速可持续发展的必然选择（董洁等，2020）。实际上，在创新生态系统内部，各个知识拥有主体（如联盟、联盟成员等）由于组织结构、成长过程、资源配置等不同，在知识存量、知识转移能力、知识转移意愿等方面形成了差异，造成知识转移演化的多样性，容易形成低效率均衡。而高生态位优势某种程度上代表了核心企业的现有创新能力与未来发展潜力，在工业互联网产业创新生态系统中具备强大的生态位规模、密度和宽度的企业更加重视对技术、知识资源的积蓄，因此面对知识转移演化的差异性，核心企业可以利用"虹吸效应"吸引具有资源要素优势的创新主体进来（杨明海等，2021），并鼓励生态系统内部的各成员投入增量知识，利用增量知识拉动存量知识，推动整个生态系统内部的知识增加，让与创新相关的物质、资金、技术等资源不断进行输入或输出的过程，从而相互影响发展成为一个协同演化、创新共享的生态环境，这有利于提升知识转移的稳定性。在此创新生态系统中，政府可通过科技战略、产业政策、项目资助、组建基金等方式对核心企业创新实践活动加以指导，并从宣传层面加强普惠性知识的转移，在工业互联网创新生态系统内部起到调和及维稳作用（董洁等，2020）；创新生态系统当中的其他创新主体则基于系统创新相互发生作用；在生态系统成员互动的过程与行动中，会涌动着难以通过系统化言语表达的隐性知识，生态系统内部的单个成员的隐性知识会在多个相邻维度（如个体内部、成员间、成员与联盟间等）通过知识交互构建知识链，形成知识生态系统并进行演化，以此优化知识资源配置和推动知识经济化（龙跃等，2016）。

在搭建和完善这样的生态系统时，频繁而密切的社会交流为核心企业的隐性知识转移创造了条件。由于隐性知识是内隐性、嵌入性、稳定性、情境依赖性的，而创新主体所拥有的信息、技术、服务等隐性知识又始终在主体的运作中扮演着重要的角色，因此当社会关系联结强度更高时，核心企业的高管或研发团队更可能获得隐性知识。对于高生态位宽度、高生态位密度和高生态规模的核心企业而言，与其他创新主体信息、经验的传递和员工信息间的传递速度会更高，企业获得学习的机会也更多，接收隐性知识的机会也就随之上升。同时，由于这类的企业发展较为成熟，在与其他创新主体互动时，很可能会搭建专业的知识网络交流平台，从而大大提高隐性知识转移的效率。企业可以利用系统创新主体所掌握的资源信息、知识溢出进行自身技术创新和结构升级，推进专业化的分工与协作，有效实现跨组织资源配置，完善产业链、创新链、价值链和服务链等链条，进一步促使企业创新体系重塑，更好地适应产业发展需要（孙艳艳等，2020）。与此同时，企业与合作伙伴在构建长期合作关系的过程中也能逐渐形成信任和承诺，这为知识转移提供了保障，进一步提升企业获取高绩效的能力。

关于两种组态在企业实践当中的具体应用，本研究将在后文进行深入分析。

（三）组态间对比

在本研究研究结果中通过高创新绩效两个组态对比可以发现：

（1）提升企业创新绩效具有多重路径。研究借鉴集合视角，在工业互联网创新生态系统当中，不仅企业生态位宽度、生态位密度、生态规模、显性知识转移、隐性知识转移五个要素均对企业绩效有影响，且不同要素间的共同作用更能对企业高创新绩效产生进行因果关系解释。也就是说，工业互联网产业创新生态系统是由各种具有企业独特生态位的创新主体组成，且这些主体在创新过程融于系统并通过内部显性知识转移、社会信息流的联结交互，实现创新与效益的统一。其中任一条件都无法单独组成企业高创新绩效结果呈现的必要条件，须是企业生态位与知识转移多种因素配合作用才能显现，并且多种要素之间构成的不同绩效提升路径也是殊途同归。

（2）获得企业高创新绩效的路径中高生态位密度、高生态位宽度和高生态规模均有出现，且起到十分关键的作用。这说明，对于工业互联网产业内的核心企业而言，处在一个适宜的创新生态系统位置对企业创新绩效至关重要，而能占据适当位置的核心企业，往往是已经步入成熟期的企业。当核心企业具备高生态位时，其能更有效率地与外部创新主体进行知识交换，使企业获得"系统性"优势。路径1的核心条件是生态位宽度、生态位密度、生态规模和~隐性知识转移，路径2的核心条件是生态位宽度、生态位密度、生态规模、~显性知识转移。这说明企业生态位和知识转移都至少有一个变量在组态中充当核心条件，企业高创新绩效与企业生态位和知识转移息息相关。当企业生态位密度较高时，意味着创新主体之间相似度也有可能较高，资源相似引致的竞争关系也就越激烈（Kasimoglu & Hamarat，2003），企业需要为自己创造更多的机会和更快的速度，从而获得企业创新发展过程中所需的技术和知识，优化企业生态位对创新绩效的影响；同时，企业的生态位密度较高也意味着核心企业拥有较多的合作伙伴，更便于核心企业与合作伙伴往来互动、汲取知识，开拓更多的市场活动空间，为企业获取更多利润以维持企业更长远的发展。除此之外，生态规模也在企业获得高创新绩效中发挥了巨大的作用，与系统成员发生更多的合作活动，意味着核心企业与其他的创新主体有了更多的沟通与交流的机会，这能够帮助企业更好地选择自身知识转移的模式，以提高自身的创新能力。

（3）在高创新绩效的组态路径之中，显性知识转移的模式和隐性知识转移的模式存在着替代作用。也就是说，核心企业在创新生态系统内部占有高生态位宽度、高生态位密度和高生态规模的情况下，尽管它在显性知识转移或隐性知识转移当中的某一方面存在着劣势，但可以通过实现另一种类的知识转移模式进行补足。总体来说，当企业想要获得高创新绩效时，自身本来的生态位特征作用显著，即在一定程度上拥有更多的合作伙伴、更丰富的技术创新资源、更频繁的合作交流对工业互联网产业内核心企业提高创新能力很重要。但除此之外，核心企业也仍然需要和其他创新主体进行互动，在显性知识转移和隐性知识转移模式二者中择其一，或是加强技术的合作研发，以实现未来更多的知识创造可能性；或是积极与政府、高校院所以及优质企业构建长久、稳定的战略合作关系，获取企业运营所需要的资源，并形成信息共享。只有将生态位和知识转移模式有机地结合在一起之后，才能更好地提高创新能力和竞争优势。

七、稳健性检验

fsQCA 方法在研究中面临的最大挑战是如何保证组态结果的可信性。当前学者们提出了多种稳健性的检验方法类型，本研究首先参照 Bell 等（2014）的方法，对其反面即结果变量低水平的前因构型进行研究，这是 fsQCA 稳健性检验中最传统、最常用的方法。与回归分析中持因果关系对称性的假设（即"若 $X \to Y$，则 $\sim X \to \sim Y$"）不同，QCA 研究者认为，正面、反面结果的成因并不具有对称性，也即导致高水平结果与低水平结果的前因构型是不同的。在稳健性检验中，如果出现同一种构型既能导致结果变量的高水平又能导致结果变量的低水平，则认为它不应是结果变量高水平的充分条件，应当剔除这样的构型（张弛，2017）。本研究将结果变量设置为低创新绩效，将一致性值设置为 0.80、PRI 一致性设为 0.70、案例阈值设为 2 不变，结果如表 4－6 所示。对低创新绩效进行分析，共得到 3 条组态，且与高创新绩效所得到的组态截然不同，因此可以认为本研究的结论是稳健的。

表 4－6　"低创新绩效"的路径

条件变量	组态解		
	NH3	NH4	NH5
NB	⊗	⊗	⊗
ND		●	⊗
EKT	●	●	⊗
TKT	⊗	⊗	●

（续上表）

条件变量	组态解		
	NH3	NH4	NH5
SIZE	●		⊗
Consistency	0.864	0.871	0.916
Raw Coverage	0.133	0.147	0.136
Unite Coverage	0.020	0.039	0.073
Solution Coverage	0.254		
Solution Consistency	0.890		

另外，本研究还参考了张明和杜运周（2019）提出的稳健性检验方法中的其中一种，即调整 PRI 一致性门槛值，将一致性值由先前的 0.70 提高到 0.75，案例频数不变，结果如表 4-7 所示。对比上面几组高创新绩效组态可以看出，高创新绩效的组态路径因为 PRI 一致性门槛值的提高而由原来的两个组态变为一个组态，而该组态仍隶属于原组态路径（程建青等，2021）。

基于以上阐述，可知本研究的结论是可靠的。

表 4-7　修改 PRI 一致性门槛值后的"高创新绩效"的路径

条件变量	组态解
	NH1
NB	●
ND	•
EKT	•
TKT	⊗
SIZE	●
Solution Coverage	0.143
Solution Consistency	0.837

第五章 | 工业互联网创新生态系统的典型案例分析

为了更形象、具体地展现工业互联网创新生态系统知识转移对创新绩效的影响，基于前文通过 fsQCA 分析得到的两条高创新绩效路径，本章认真研究并选取对应典型案例，诠释企业创新生态系统高创新绩效的形成机理。四个案例企业中，重庆梅安森科技股份有限公司和深圳天源迪科信息技术股份有限公司对应技术主导式组态，上海宝信软件股份有限公司和天津长荣科技集团股份有限公司则对应关系主导式组态。这部分研究内容将梳理四家典型企业的发展情况以及各企业参与创新生态系统的情况，整理企业 2015 年至 2020 年的营收情况和研发状况，有针对性地分析响应路径的作用机制，从而进一步深化研究结果。

一、技术主导式典型案例

1. 重庆梅安森科技股份有限公司

（1）企业介绍。

重庆梅安森科技股份有限公司（以下简称"梅安森"，股票代码：300275）成立于 2003 年 5 月 21 日，2011 年 11 月在深圳证券交易所上市。梅安森是一家"物联网＋"企业，专业从事安全领域监测监控预警成套技术与装备的研发、设计、生产、营销及运维服务（ITSS），利用自身在智能感知、物联网及大数据分析等方面的技术优势，在同一技术链上，打造相关多元化产业链，已成为"物联网＋安全与应急、矿山、城市管理、环保"整体解决方案提供商和运维服务商。梅安森公司的使命和目标是用精良的技术、产品和优质的数据资源服务一体化解决方案保障生产和民众生活的安全，为国家、为社会开创安全生产的未来。在此基础上，梅安森已建立起扎实的监测监控与预警技术基础优势、软硬件技术链一体化的全技术链拓展优势、销售服务一体化优势和技术研发创新优势。梅安森公司以使命链接股东、员工、客户、合作伙伴等利益相关者，打造和谐的利益共同体。公司以自身发展的实际需求为出发点，积极推动基础性共性技术的研究和产业应用型产品的研发工作，并同时及时收集利益相关者的技术反馈意见，为进一步改进技术、提高产品质量积累宝贵的经验。梅安森以矿山、城市管理、环保领域为重点，打造安全服务与安全云、智慧城市、环保云大数据产业。

（2）参与创新生态系统情况。

梅安森利用自身在智能感知、物联网及大数据分析等方面的技术优势，在同一技术链上，打造相关多元化产业链，构建了一个涉及多个主体的生态系统（见图5-1），构成一张异质互补的"知识地图"，为不同模块知识的转移和整合提供了可能性与组织基础（江积海，2010）。在搭建起的创新生态系统的推动下，梅安森成为"物联网+安全与应急、矿山、城市管理、环保"整体解决方案的提供商和运维服务商。

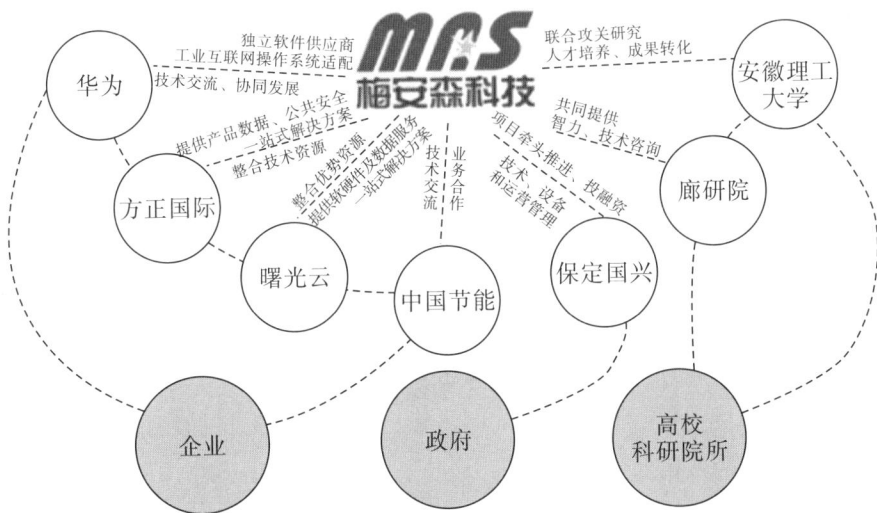

图5-1　梅安森创新生态系统典型脉络

资料来源：项目组依据公开资料整理。

①华为技术有限公司。当前，华为技术有限公司（以下简称"华为"）正在与智慧矿山龙头企业合作构建行业数据底座，坚持"平台+AI+生态"战略，以云计算、大数据、AI、5G、物联网等新一代信息技术，赋能矿业工

业互联网建设，提出智能矿山联合解决方案。同时，双方还就华为数字底座与梅安森矿山智能综合管控平台整合进行合作，与华为矿山业务部就智慧矿山相关应用软件、传输设备及智能感知设备进行技术交流与协同开发。2021年，梅安森作为 ISV（Independent Software Vendor，独立软件供应商）加入华为解决方案伙伴计划，本着共建持续发展、合作共赢的 ISV 生态圈目标，未来双方将合力为用户打造更加精细化的解决方案，不断为客户创造价值，达到合作共赢的目的。未来梅安森与华为将在技术和解决方案上进一步相互融合，双方将充分利用各自的资源、市场、技术等优势，加深双方在大数据、AI 智能、5G、智能化基础设施等多个领域的战略合作，加大智慧矿山、智慧环保、智慧城市建设领域投入。

同时，梅安森对小安易联工业互联网操作系统进行了国产化适配认证，先后完成鲲鹏、飞腾、龙芯、海思麒麟等国产 CPU 适配，并顺畅运行于 UOS 等国产操作系统，获得了麒麟软件（包括桌面操作系统、服务器操作系统）NeoCertify 认证，实现了和华为的对接。该系统可在物联网和互联网之间建立桥梁，彻底解决硬件设备与业务应用之间的数据感知、采集、融合、分析、应用难题，并可在此基础上快速构建智慧城市管理、智慧矿山、智慧应急、智慧管廊、智慧园区、智慧环保等大型行业应用管控平台，能够为华为在有关领域的应用实现提供技术支持。

②方正国际软件有限公司。2015 年 8 月，梅安森与方正国际软件有限公司（以下简称"方正国际"）就共同开拓智慧管网及公共安全领域的市场签署战略合作协议。梅安森将发挥自身在智慧城市中智慧管网及公共安全领域的产品研发和销售的优势，整合方正国际作为国内智慧城市解决方案的顶尖提供商的技术、产品资源，共同致力于为客户提供从产品、系统解决方案、运维服务到数据服务的管网及公共安全一站式解决方案。在双方合作中，方正国际负责市场运作、商务推进及产品销售，梅安森提供销售过程中的技术支持、产品安装实施及售后的运维服务。梅安森将借助方正国际在市场开拓和智慧城市系统解决方案等领域的优势，共同合作开拓"物联网＋城市管网安全"领域的市场，扩大公司在智慧管网建设、监控、运维、数据服务等领域的市场影响力。

③曙光云计算集团有限公司。2015 年 10 月，梅安森与曙光云计算集团有限公司（以下简称"曙光云"）就共同开拓智慧城市、创新城市安全管理、城市云等领域的市场达成合作意向并签署战略合作协议，以整合双方在技术、

产品、市场等方面的优势资源，促进共同发展，致力于为客户提供软硬件及数据服务一站式解决方案。双方团队将建立日常沟通机制，进行项目商机相互推荐与分享，针对特定项目，打造联合虚拟团队，进行联合项目攻关。并且在业务合作的过程当中，双方将互相给予对方技术团队、软硬件测试环境、商务流程定制与优化、市场资源投放等诸多配套资源，推动在"物联网＋安全云"领域的市场开拓，扩大公司在城市安全云服务等领域的市场影响力。

④中国节能环保集团有限公司。2015年11月，梅安森与中国节能环保集团有限公司（以下简称"中节能"）在环保物联网、水环境综合治理、工业园区监控、智慧城市等领域的业务合作达成意向，建立战略合作伙伴关系。双方针对江西省工业园区污水处理设施远程运营管理云平台建设以及污水处理设施智能化改造进行合作；共同开展针对工业园及园区入驻企业的能耗管理、安全服务等业务；利用优势资源共同推动鄱阳湖流域水环境综合治理项目；在智慧城市照明、管网安全等领域开展业务合作，整合双方在技术、产品、资金、市场等方面的优势资源，共同拓展相关领域的市场。梅安森将依托中节能在江西及环鄱阳湖地区环保领域的优势，共同开拓和实施环保物联网、水环境综合治理、工业园区监控、智慧城市等领域的市场或项目，加快公司在"物联网＋环保应急"领域的市场开拓，扩大公司在环境保护领域的市场影响力。为加强技术交流与沟通，双方建立定期互访交流机制，并分别成立合作工作领导小组，确定具体的合作内容和相应措施，推进合作的顺利进行。

⑤保定国兴城市建设发展投资有限公司。2017年4月，梅安森与保定国兴城市建设发展投资有限公司（以下简称"保定国兴"）签订了战略合作协议，双方将围绕美丽乡村、特色小镇、智慧城市等业务进行广泛的深度合作，并就乡村污水处理、城市黑臭水体治理等领域的项目投融资、建设及运营管理展开合作。此次合作，梅安森负责技术、设备和运营管理等工作，保定国兴负责项目牵头、投融资、管理及项目推进、推广等，双方将共同开拓污水处理领域的市场，通过合作推动梅安森"物联网＋"发展战略的顺利实施，促进产品应用领域的多元化发展，进一步延长产品链条，降低公司在矿山安全监测监控领域的依赖程度。

⑥廊坊市智慧环境生态产业研究院。2017年6月，梅安森与廊坊市智慧环境生态产业研究院（以下简称"廊研院"）共同签订《大气、水污染防治战略合作框架协议》。双方共同开展大气、水污染防治的合作治理，联手为京津冀及周边地区城市提供大气、水污染防治的智力、技术咨询，并就共同

成立项目公司推进智慧城市建设、科研成果转化、产业孵化等多方面达成战略合作协议。廊研院作为"人才汇聚—科学研究—产业孵化"的综合实体，将发挥自身优势，与梅安森实现科学与技术的融合和转化，共同为京津冀地区乃至全国的大气、水污染防治提供强有力的科技支撑，共同探寻大气、水污染防治的新思路、新模式，为打造绿色生活新环境提供强有力的科技决策支撑。

⑦安徽理工大学。2021年5月25日，梅安森与安徽理工大学达成校企战略合作协议，共同推进煤矿智能化。当前，安徽理工大学着力发展职业健康、人工智能与先进制造，积极推深做实学校的改革创新之路。梅安森将在基于智能感知、大数据、物联网、人工智能等方面提供丰富的工程实践经验，与学校在项目联合攻关研究、人才培养、成果转化等领域开展深入合作，共同为国家煤矿智能化进程做出贡献。双方在火灾预警、视频AI应用、智能精准开采、智能抽采等具体的科研课题方面均进行了深入的沟通交流。

（3）绩效情况。

近年来，煤炭行业持续向好，国家政策引导煤矿智能化建设，安全建设需求不断释放，梅安森顺应趋势，聚焦主业，优化产品与服务，积极开拓市场。2020年，梅安森营业总收入达2.85亿元，实现归属净利润0.27亿元，同比增长0.32%。2022年上半年，公司新增订单2.53亿元，同比增长55.97%，实现营业收入1.50亿元，同比增长31.28%，扣非归属净利润0.17亿元，同比增长39.19%。2017—2020年，公司主营业务毛利率一直维持在40%~46%之间，盈利能力较为稳定（见图5-2）。

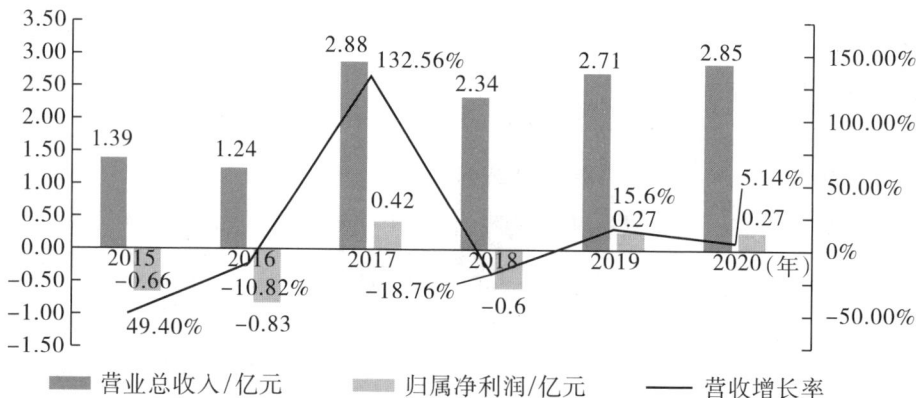

图5-2 梅安森2015—2020年营收状况

数据来源：梅安森2015—2020年公司年报。

　　研发人员方面，梅安森致力于打造一支专业、稳定、结构合理、富有生命力的研发团队。从图 5-3 梅安森研发状况可知，公司研发人员数量从2017 年的 95 人增长至 2020 年的 120 人，2020 年研发人员占公司员工总数的比例达到 25.21%。公司始终坚持灵活多样的识人、留人、用人机制，吸纳优秀的创新型人才，公司研发及工程技术人员共计 180 余人。同时公司还聘请了享受国务院政府特殊津贴的资深行业技术专家和多名煤矿生产及安全应用的专家作为公司的专业技术顾问，指导公司产品研发和重大项目技术攻关。

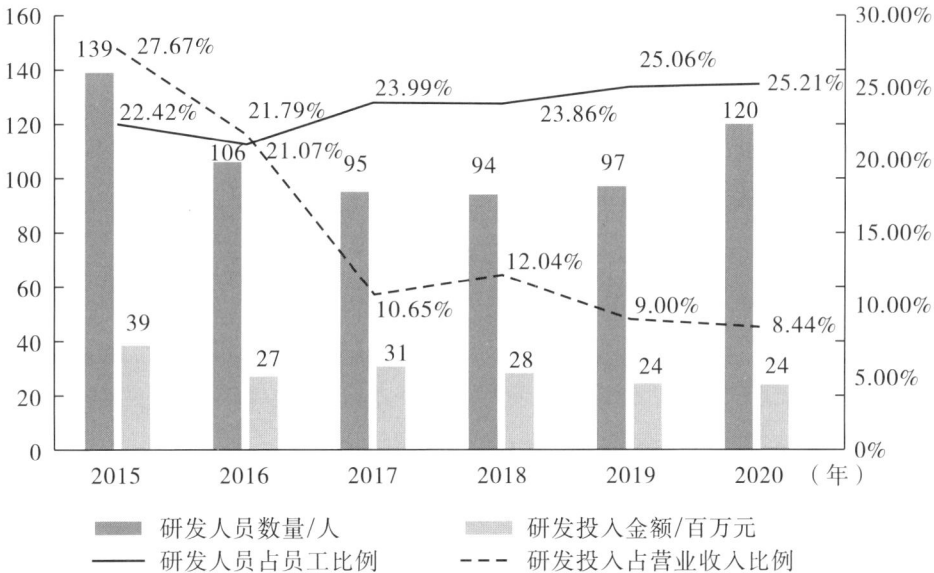

图 5-3　梅安森 2015—2020 年研发状况

数据来源：梅安森 2015—2020 年公司年报。

　　截至 2022 年 6 月底，梅安森拥有软件著作权 275 项，有效专利授权共 83项，其中 25 项为发明专利、55 项为实用新型专利、3 项外观设计专利；参与制定多项国家标准（GB/T 20936.1—2017、GB/T 20936.2—2017、GB/T 3836.18—2017）；参与国家级研发项目 10 项、参与省部级研发项目 26 项，参与平台类研发项目 5 项。2016 年，梅安森成立的重庆市安全大数据工程技术研究中心获得重庆市科学技术委员会认定，该中心也成为重庆市首个安全大数据领域省级科研平台，这不但彰显了梅安森在安全、环保、市政管网领域具备业务安全数据分析汇聚处理方面的竞争实力，而且有助于完善梅安森"市场运作、开放共享、协同创新"的运行机制，有助于企业建设组织高水平研究开发、聚集和培养优秀科研人才、开展学术交流和对外服务的重要基地。2021 年，梅安森全面高效地完成了小安易联工业互联网操作系统国产化适配认证，先后完成鲲鹏、飞腾、龙芯、海思麒麟等国产 CPU 适配与优化，完美运行于 UOS 等国产操作系统，实现核心技术国产化完全自主可控，该系统为公司开展智慧矿山业务提供良好的技术支撑。同年，梅安森还获得了国家级专精特新"小巨人"企业认定。

（4）作用机制。

2015—2019 年，梅安森共进行了 9 次合作。梅安森作为一家成立了 20 年的企业，已步入稳定发展期，具有一定的生态规模。在生态位方面，梅安森与华为成为共同开发智慧矿山的技术合作伙伴，并与廊研院、安徽理工大学等科研机构和高校达成项目开发、人才培养等合作。基于已有的技术优势，梅安森的智慧城市管理产品实现了"物联网设备 + 平台应用"的结合，采用"智能感知—数据汇聚—平台整合—行业应用"路线，聚焦于智慧城市管理、智慧安监、智慧管廊、智慧环保等领域的应用拓展，为不同行业的客户形成一系列产品与解决方案，具有较高的生态位密度。当前，梅安森所拥有的专利分属 29 个不同的技术领域，说明其具有较高的生态位宽度。

梅安森创新生态系统的知识转移机制详见图 5 – 4。

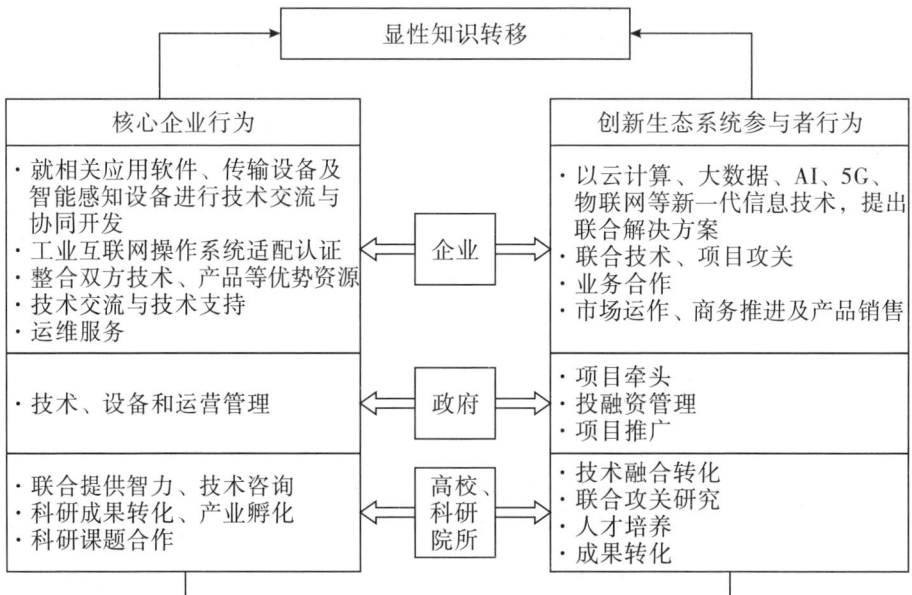

图 5 – 4　梅安森创新生态系统的知识转移机制

资料来源：项目组依据公开资料整理。

　　梅安森始终坚持应用型研究和前瞻性研究相结合的管理理念，以梅安森自主研发为核心，生态系统外部研发合作为辅，深化与各科研院所和企业的合作，积极推动公司开放式研发平台建设，紧紧围绕既有业务发展方向，强化技术链和产品链的整合。在特定空间环境下，高生态位宽度说明企业掌握多技术领域知识且对各技术领域利用能力相对平衡（朱正浩等，2021），这有利于企业在生态中获得进一步的"获取知识和信息的特权"，从而激发创新活力，提升企业创新绩效（Inkpen & Tsang，2005）。通过自身研发和合作交流等方式，项目内容相关知识经过合作伙伴的日常沟通机制直接传递给梅安森，公司可以获得技术团队、测试环境、商业化流程、项目商机等资源，加快产品资源丰富进度，提升产品质量，持续推进精益生产，提高企业创新性及先进性，占有更高市场份额，与系统成员和谐共进，提振创新效率与效益。

　　2. 深圳天源迪科信息技术股份有限公司

　　（1）企业介绍。

　　深圳天源迪科信息技术股份有限公司（以下简称"天源迪科"，股票代码：300047）成立于1993年，是国内领先的产业互联网和大数据综合解决方案提供商，专注于利用当前最先进的IT技术推动企业和政府部门在管理和商业模式上的创新发展，为其提供综合解决方案，包括运营支持、大数据、移动互联网解决方案等。公司以"为客户创造价值、与客户共同成长"为理念，致力于成为行业信息化应用的领导厂商和先进技术的引领者。公司以"成为中国顶尖的、受人尊敬的IT企业"为愿景，坚守"依托先进的IT理念和技术，通过与客户建立长期的合作伙伴关系，贴心为客户服务，不断提升客户和公司价值"的使命。目前，天源迪科大力发展云计算、大数据、人工智能、物联网等先进技术，业务领域已经拓展到运营商、政府、金融、新能源等十多个行业，已经形成跨行业、多盈利模式的业务布局。

　　（2）参与创新生态系统情况。

　　天源迪科作为国内领先的产业互联网和大数据综合解决方案提供商，专注于利用最先进的IT技术推动商业企业和政府部门的数字化转型，服务的客户群包括通信运营商、银行、政府、电商等。因此，天源迪科在生态系统中为深圳市多家企业，例如华为、华润等，提供基于云计算、大数据与AI技术的众多大型行业应用软件，详见图5－5。

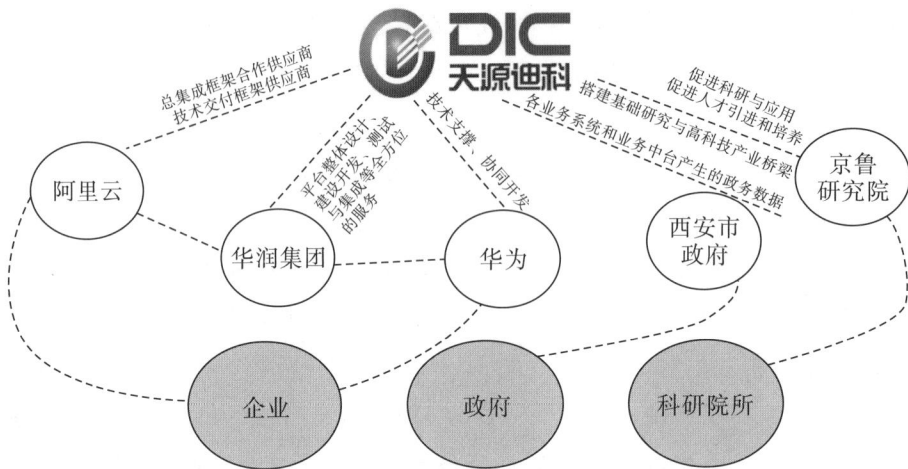

图 5 - 5　天源迪科创新生态系统典型脉络

资料来源：项目组依据公开资料整理。

①阿里云计算有限公司。2016 年，天源迪科与阿里云计算有限公司（以下简称"阿里云"）签署战略合作协议，携手拿下首个中国联通号卡集中云项目。此外，在阿里的支持下，天源迪科首个基于阿里云技术的实施项目——中航工业电子采购平台项目也已经进入了二期工程实施。天源迪科高度重视与阿里云的合作，专门成立了阿里云服务部，由天源迪科副总裁管健亲自挂帅，服务部员工共计 200 余人。

2017 年，在阿里云举行的"2017 云栖大会·深圳峰会"上，双方高层表示要进一步加强合作，实现优势互补，除了在通信和企业领域已经开展的合作外，未来期望在安全、政府、能源、金融、证券、保险、广电等领域全面推进天源迪科与阿里的合作。

2019 年，天源迪科成为阿里 MSP（总集成框架合作供应商）总集合作伙伴，在智慧政府、数字政府领域进一步加强合作，并入围阿里云数据中台类技术交付框架供应商。双方在产业层面协同、携手共享的创新生态，未来将推出更多由天源迪科主导的、融合阿里云能力的智慧城市、数字政府联合解决方案。双方合作了数字政府领域标杆项目——西安市"最多跑一次"改革项目，推出了基于阿里云的政务双中台架构战略的解决方案，天源迪科依托西安行政审批政务服务场景，汇聚西安市各业务系统和业务中台产生的政务数据，打通政府数据壁垒，实现信息共享、数据互通，创新政务服务，优化营商环境，促进西安市经济社会高质量发展，获得了阿里云联合解决方案认证。

经过数年合作和磨合，天源迪科充分理解阿里云底层网络系统，客户需求响应速度、产品研发设计能力全面领先，未来有望延续强强合作模式，持续拓展政企云平台业务规模。

②华润（集团）有限公司。2022 年 6 月，华润（集团）有限公司（以下简称"华润集团"）宣布与天源迪科合作，开发建设华润守正电商采购平台，并将其应用于华润集团所有业务单元。华润集团是涉及多个行业的综合性集团企业，采购业务有着重要的地位，而天源迪科拥有专业、安全、可靠的数字化采购产品（迪易采平台），能够为企业提供一对一专属定制服务，满足企业需求，提供从项目咨询规划，到平台设计开发以及运营、售后和持续提升等一体化服务。

为持续提升采购的集约化、规范化、信息化、协同化水平，天源迪科将助力华润升级建设华润守正电商采购平台，为全集团提供包括办公、劳保、日常用品及 MRO 工业用品等物资采购的前期规划、采买、结算、物流、售后等全方位服务。零星物资采购具有品类繁多、采购量大、货物价值小、采购效率低等特点，往往是采购工作中的痛点及难点。建成后的系统将贯穿零星物资采购的全链路、全流程，实现简化采购流程、提高采购效率、规范采购过程的目的。因此，本次项目整体规划为"电商采购平台＋协议商城＋员工福利平台＋闲置物资平台＋移动端＋在线客服"等，天源迪科将为华润集团提供电商采购平台的整体规划设计、建设开发、测试与部署集成等全方位的服务，推动华润集团采购管理的数字化转型。

③华为技术有限公司。天源迪科是华为领先级战略合作伙伴，自 2010 年起，天源迪科就开始与华为在包括运营商、互联网、公共安全、政府、金融、云业务等多个领域进行深入的合作，并成功交付多个海内外局点项目，获得了客户方及华为的一致认可。

在 2017 年，华为就与天源迪科签订了公安、交警两个领域的产品联合研发合作协议，并共同发布了面向交警领域的联合解决方案，该联合解决方案聚焦于各级交警部门的运营指挥、安全防控、督查监管等业务支持和信息化建设，助力实现公安交通管理现代化建设的目标。该方案由华为提供云计算及大数据等基础平台技术支撑，实现基于大数据的综合指挥调度、大数据交通安全分析研判及交警队伍执行规范化督查监管等业务系统，服务于公安，力争帮助客户在提升民生服务、新一代智能交通管控等方面指导实战，全面提升交警警力效能。天源迪科作为华为生态合作伙伴，充分把握云计算、大数据、移动互联网应用发展契机，扎根信息技术服务领域，特别是公安大数据领域，以"云计算"和"大数据"为基础核心，为交警行业提供一个创新应用的平台，促进公安信息化创新应用。天源迪科凭借对公安体系的深刻理解、大数据领域深厚的技术储备以及华为硬件质量的背书，已陆续在各地落地公安大数据项目订单。

2019 年 9 月，天源迪科与华为双方正式启动鲲鹏测试，截至 2020 年 5 月，天源迪科已经完成了其七大解决方案在华为 TaiShan 200 服务器上的兼容性、性能与高可靠性验证，联合推出系列预集成解决方案。基于鲲鹏的预集成解决方案包含天源迪科自主研发的七个产品，具体为：消息计费系统、迪效项目全流程管理平台、营销业务中台、能力开放平台、分布式应用研发框架、数字化供应链一体化平台、警务云大数据平台。这些产品和解决方案覆盖了电信、公安、政企等多个行业。

同时，天源迪科与华为在 5G 消息、5G 定位等新业务上也进行了深入的技术交流。2020 年 6 月 29 日，双方就 NRE 协议、运营商商用推广及多行业合作扩展达成一致。今后两家企业将进行深度全面的合作，在组织对接层面成立联合拓展与技术保障工作组，保证无缝运作；在技术层面进行全方位技术交流与培训支持，共同推动客户多部门专家研讨论证方案可行性。双方后续将继续推动在联合项目拓展、5G 联合创新、联合品牌营销、NRE 协议等具体事项的合作，同时要在运营商、公安、政府、智慧城市、金融、新能源、海外市场等多个领域展开深入协作，实现跨行业多领域的合作。继续推广"以华为鲲鹏为底座 + 天源迪科行业平台及应用"的合作模式，在众多领域开展鲲鹏计算产业全面深入合作，共同推动计算产业的发展，打通行业全栈，赋能千行百业，实现战略互利共赢，繁荣丰富鲲鹏生态，实现互利共赢。

2021 年，天源迪科签署 CLA（Contributor License Agreement，贡献者许可协议），正式加入由华为主导的 openEuler（欧拉开源）社区。华为鲲鹏计算产业是基于鲲鹏处理器构建的全栈 IT 基础设施、行业应用及服务，软件厂商基于 openEuler 的开源操作系统以及配套的数据库、中间件等平台软件，发展应用软件和服务。天源迪科作为国内领先的产业互联网和大数据综合解决方案提供商，从成立至今深耕应用软件行业，在运营支撑、大数据、移动互联网等领域积淀了丰富的经验与优势，未来将积极参与 openEuler 社区合作，与行业内的生态伙伴共建创新平台，构建开放操作系统，推动软硬件应用生态繁荣发展。在云产品等领域将深度适配欧拉开源操作系统，并与社区共同打造安全、兼容稳定的云应用，推动开源云生态快速发展。

④西安市政府。天源迪科与西安市政府的合作详见前述阿里云部分。

⑤深圳京鲁计算科学应用研究院。深圳京鲁计算科学应用研究院（以下简称"京鲁研究院"）由中国工程物理研究院北京计算科学研究中心联合山东大学深圳研究院共同发起，于 2019 年 1 月正式成立。京鲁研究院秉承中国工程物理研究院"两弹一星"精神，致力于人工智能、量子科技、半导体材料与器件方面的应用基础与产业研究，结合计算科学开发相关领域的共性技术，探索产、学、研的成果转化。

2021 年 5 月，天源迪科与京鲁研究院签署了合作协议，双方约定，将充分利用双方科研和工作条件，建立有效的研究合作交流与成果转化机制，共同推动尖端技术转化为科技生产力，增强企业的创新力和竞争力。未来通过与天源迪科的互动合作，京鲁研究院将搭建一个从基础研究到高技术产业的桥梁，培育科研与应用相结合的土壤，促进共同发展。天源迪科在后疫情时代数字化进程当中，面对的生存挑战与机遇并存，已经到了业务、人才等各方面都需要更新换代的时候，对高层次人才及高技术产业的需求迫切，而京鲁研究院博士后工作站的成立将对天源迪科的人才引进和培养起到促进作用，推动公司数字化转型。

（3）绩效情况。

天源迪科近年来的发展速度较快，营业收入和净利润不断创新高。图 5-6 为天源迪科近年来的营收状况，截至 2020 年，公司的营业收入达到了 52.5 亿元，同比增长 17.52%，净利润为 1.32 亿元。同时，近年来，天源迪科的盈利能力指标不断向好。2016 年以来，随着公司在电信、公安、金融等行业云化平台建设的持续推进，分销业务占比有所下降，从而带动公司综合毛利率的稳步提升。

从图 5-7 研发投入上来看，公司的研发投入金额不断增长，研发占营收比例较高。公司重视研发，据天源迪科 2022 年报显示，公司研发投入达 3.53 亿元，占公司市值的 6%。天源迪科始终坚持自主创新，并加强与中国科技大学、武汉大学、电子科技大学、深圳大学等高等院校的前瞻性技术合作，建立了广东省院士工作站、广东省工程技术研究中心、深圳市市级研究开发中心等，获得十多项省市级科学技术奖励。

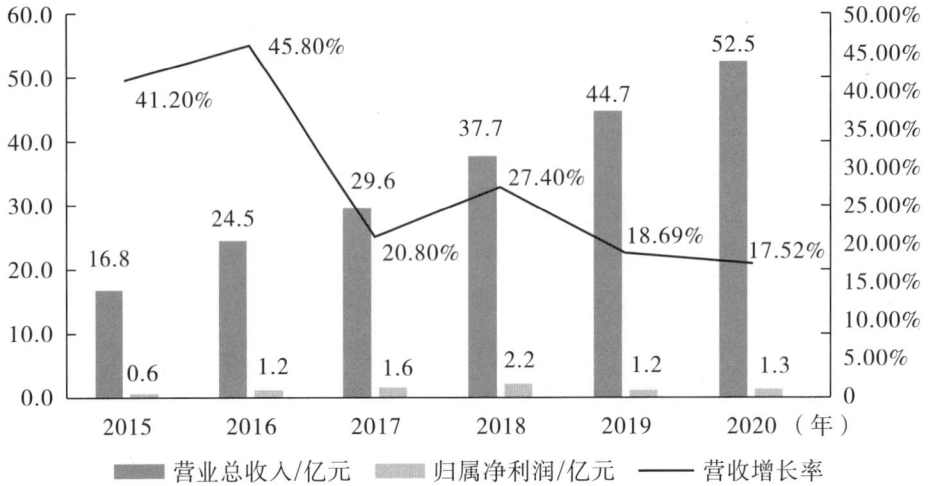

图 5 - 6　天源迪科 2015—2020 年营收状况

数据来源：天源迪科 2015—2020 年公司年报。

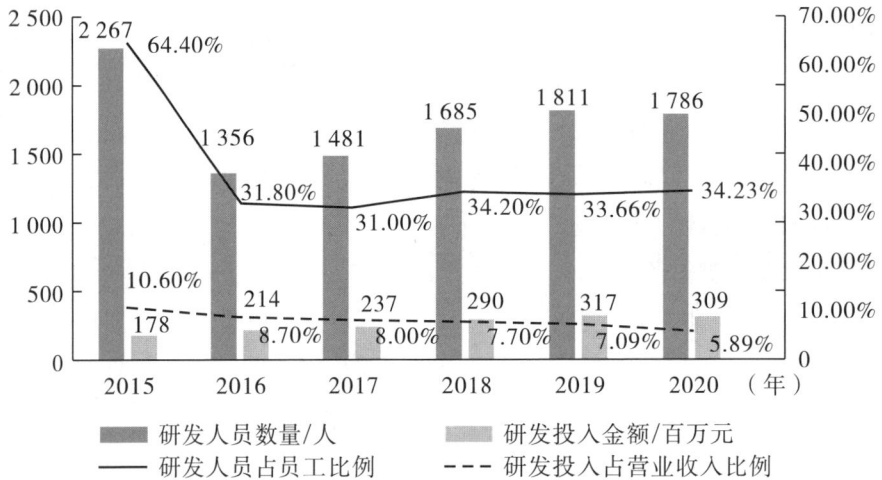

图 5 - 7　天源迪科 2015—2020 年研发状况

数据来源：天源迪科 2015—2020 年公司年报。

（4）作用机制。

2015—2019 年期间，天源迪科共发生 6 次合作，较为活跃，说明具有一定的生态规模。在生态位方面，天源迪科与高校、科研机构和数十家不同领域的企业进行合作，包括中国联通、中国移动、中国电信等。天源迪科作为最早为中国联通实施 BOSS 系统云化的厂商，2016 年携手阿里获得中国联通首个号卡集中云项目，并在与中国电信的合作中承接了安徽电信 BSS3.0 云化、陕西电信 CRM 云化、上海电信 OCS 云化等多个重大工程。通过不断地提高自身研发水平，天源迪科逐步形成了大数据和人工智能的技术平台与产品体系，成功实现跨行业发展，为物业、能源、农业、制造业等行业的大中型企业客户提供综合解决方案和云化解决方案，说明企业具有较高的生态位密度。

当前，天源迪科已拥有 600 多项软件著作权及发明专利，分属数十个不同的技术领域，说明其具有较高的生态位宽度。显性知识转移受技术环境影响较大（刘巧英，2022），高生态位宽度和高生态位密度有助于企业获取多样化、异质性的资源，当企业与创新生态系统当中其他主体合作时，就可以从不同的行业主体中汲取不同的知识应用于自身的产品研发当中。同时，天源迪科通过积极与系统成员及多个技术生态圈开展合作来实现显性知识转移。具体表现为：

业内企业共同研发。与华为、阿里、腾讯、平安科技、电信运营商政企部等伙伴紧密合作，共同研发产品，提供解决方案。

参与行业协会。积极参与深圳市软件行业协会的活动，加入深圳市技术应用创新联盟，与长城科技、宝德、中兴通讯等四十多家国内著名的信息技术企业实现技术信息资源共享、推动技术创新协同，实现知识和技术流量交互。

与科研院所联合研究。公司成立迪科数字人研究院，积极整合外部研发资源，探讨设立联合课题组、联合实验室、合作研究计划、特邀科学家计划、访问学者计划、特邀顾问计划等，目前已与深圳大学、京鲁研究院、北京大学等多家高校、科研院所达成了合作共识，共建多类型的集科研合作、人才培养、成果转化为一体的科研生态。天源迪科与科研院所的合作，通过技能知识需求传递、技能知识创新、技能知识传递等互动，完成知识转移过程（周杰，2015），以保持研发能力和技术水平的先进性和连续性，提升企业创新能力和竞争实力。通过分析与天源迪科合作企业的区位可以得知，地理接近为企业间技术合作和知识转移提供了条件，有助于构筑共同的技术基础和增加技术重叠性（王伟光等，2015）。

天源迪科创新生态系统的知识转移机制详见图 5 - 8。

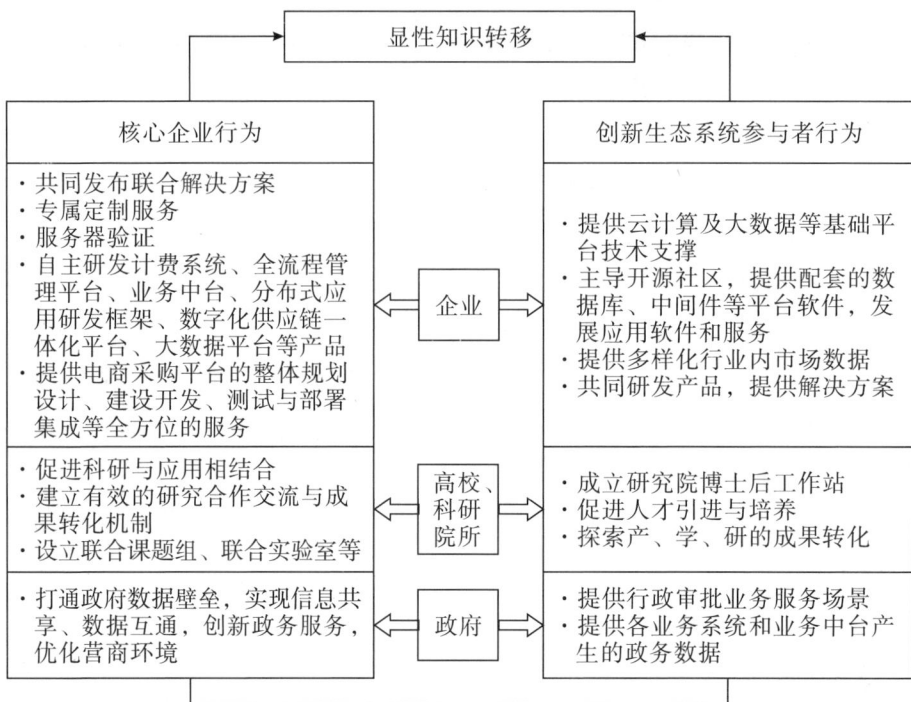

图 5-8　天源迪科创新生态系统的知识转移机制

资料来源：项目组依据公开资料整理。

3. 技术主导式组态小结

综合上述两个案例可以发现，采用技术主导式的企业均具有一定研发资金和研发人才，且对于提高自身的研发能力也具有较强意愿。但要真正提高自身的研发水平，不仅需要增加研发资金和人才等要素数量，更重要的是创新要素之间，创新要素与系统、环境之间动态关系的优化，即改善整个创新生态系统，以获得更好的资源。因此，采用技术主导式的企业需要不断提升自身的生态位宽度、生态位密度和生态规模，并与创新生态系统各主体协作，整合共享生态内部参与者彼此的互补性资源，促进资源在创新生态系统中快速流动、有效利用（戴亦舒等，2018）。

在互动的过程之中，生态系统各参与者需要将自己拥有的部分技术知识转移到创新生态系统内部，以保证合作顺利（吴绍波、顾新，2014），这样互惠的过程间接促进了核心企业的价值共同创造，因为企业可以通过这类显性的知识转移直接地、快速地吸收成熟技术。例如，企业通过与生态内部中其他科技龙头企业进行共同研发从而获取对方所拥有的技术和管理的前沿知识资源；或是购买他人研发的通用组件、基本应用、芯片等标准技术并进行拆解，在有效吸收后应用于自身其他产品的研发和生产，转化为自身的创新能力。与科研机构共建实验室，共同进行技术课题攻关，并有助于定向培育人才，增强人才储备。此外，与政府合作项目落地，促进新技术的实施。

综合来看，技术主导式企业通过自身研发、合作交流的生态创新模式，不仅能够利用系统成员的知识、技术、市场资源，加快产品资源丰富程度，不断实现产品的提质增量，提高企业创新性及先进性，占有更高市场份额，同时还能与系统成员和谐共进，提振整个创新生态系统的效率与效益，又为下一轮的企业外部知识获取创造环境。

二、关系主导式典型案例

1. 上海宝信软件股份有限公司

（1）企业介绍。

上海宝信软件股份有限公司（以下简称"宝信软件"，股票代码：600845）成立于 1994 年 8 月 15 日，是中国宝武钢铁集团有限公司（以下简称"中国宝武"）实际控制、宝山钢铁股份有限公司（以下简称"宝钢股份"）控股的上市软件企业，总部位于上海自由贸易试验区。历经 40 余年发展，宝信软件在推动信息化与工业化深度融合、支撑中国制造企业发展方式转变、提升城市智能化水平等方面做出了突出的贡献，成为中国领先的工业软件行业应用解决方案和服务提供商。公司产品与服务业绩遍及钢铁、交通、医药、有色、化工、装备制造、金融等多个行业。站在新一轮科技变革的风口，公司进一步明确"成为钢铁生态圈信息技术的专业化平台，成为中国一流的信息科技产业公司"的战略定位，秉承"技术领先、市场拓展、模式创新"的经营理念，积极探寻平台化、产业化发展转型之路。

（2）参与创新生态系统情况。

近年来，宝信软件坚持"智慧化"发展战略，积极投身"新基建"与"在线新经济"，加大投入工业互联网平台建设，致力于推动新一代信息技术与实体经济融合创新（见图 5-9），促进工业全要素、全产业链、全价值链深度互联，引领制造业向数字化、网络化、智能化转型升级；同时，公司持续推进新型智慧城市建设，以智慧交通、智慧园区、城市应急管理为切入点，深入探索智慧城市新模式和新业态。公司把握前沿技术发展方向，积极拓宽生态链，借助商业模式创新与生态系统资源，协同创新生态系统伙伴，全面提供工业互联网、数据中心（新一代信息基础设施）、大数据、云计算、人工智能、5G、工业机器人等相关产品和服务，努力成为贯彻推动"互联网＋先进制造业"战略的行业领军企业，成为智慧城市建设与创新的中坚力量。

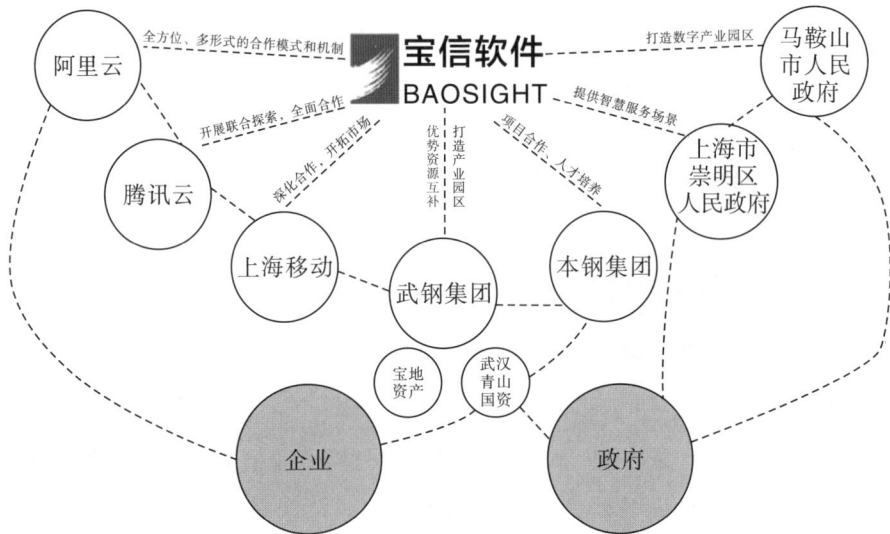

图 5 - 9　宝信软件创新生态系统典型脉络

资料来源：项目组依据公开资料整理。

①阿里云计算有限公司。2017 年 6 月，宝信软件和阿里云在云栖大会·上海峰会上宣布达成合作，双方将依据"优势互补、平等互利、互相支持、共同发展"的原则，通过全方位、多形式的合作模式和机制，在企业云、工业云领域开展广泛深入的合作，探讨运用云计算及大数据领域先进、成熟的技术架构和产品，在采购、销售等电商领域，共同搭建以客户为中心、具备互联网架构的工业品电商平台。此外，双方还将进一步通过云平台支撑业务创新，在企业大数据领域，帮助客户建立包括采集、分析、运营等全链路的数据体系，更好地利用好其中的价值。未来，宝信软件和阿里云还会基于企业 IT 架构、技术支持等方面展开合作。

阿里云在云计算、大数据领域的领先技术水平将为宝信软件业务发展提供更扎实的服务基础；宝信软件在制造业信息化、自动化和智能化方面同样拥有非常丰富的经验。双方期望借此合作助力"中国制造"向"中国智造"

转变，让中国制造和城市生活更智慧。

②腾讯云计算（北京）有限责任公司。2022 年 2 月 17 日，腾讯云计算（北京）有限责任公司（以下简称"腾讯云"）与宝信软件达成全面战略合作，将在行业基础云平台建设、工业互联网发展、创新解决方案研发等领域开展联合探索，推动制造业企业数字化转型升级，助力实体经济高质量发展。腾讯云将基于自身在云计算、大数据、IoT、AI、网络安全等领域的核心技术以及连接优势，联合宝信软件在工业互联网领域长期应用实践的丰富经验、优质产品和服务能力，面向制造业打造更高要求、更高标准的绿色数据中心和行业云基础平台，为实体经济转型升级提供坚实的数字化技术支持。

此次战略合作，双方将围绕基础云建设、工业互联网研究、企业安全与信创业务的研究和落地、IDC（互联网数据中心）产业的研究和构建、钢铁行业智慧企业管理提升与移动平台建设研究等领域以及相关业务的拓展开展全面战略合作。双方将共同提升工业互联网技术能力并丰富应用，进一步释放数字技术的价值。在此基础上，双方将重点探索工业仿真、数字孪生等应用场景，共同打造面向先进制造业的智能工厂等创新产品与解决方案，推进制造业生产管理流程新一轮可视、可感的数字化转型。通过合作，宝信软件和腾讯云在云计算、大数据、AI 等领域发挥各自优势，双方将面向应用、面向实践，将先进数字技术与数字化转型经验向制造业企业辐射推广，将进一步在工业互联网和智能制造领域发挥引领作用，在实体经济高质量发展过程中贡献创新力量。

③中国移动集团上海有限公司。2016 年 6 月，宝信软件与中国移动通信集团上海有限公司（以下简称"上海移动"）签订了进一步深化战略合作协议，促进双方优势资源的互动应用，重点合作方向包括：通信服务，基于 4G 的企业级产品与解决方案，企业应用、系统集成、运维等。双方将融合在信息服务产业领域的核心市场与技术资源，形成产业链层面的整体协同，共同开拓包括金融保险、贸易、物流等在内的客户市场，拓展企业信息化应用，为客户提供基于云计算、物联网等领域的服务。宝信软件将在上海市投资建设宝之云 IDC 二期项目，在上海打造国际经济、金融、贸易、航运四个中心的过程中，将与上海移动携手提供"基础服务——云计算——大数据"的端到端服务。宝信软件将负责维护运营定制化数据中心，以保证达到上海移动的运维管理要求，包括定制化数据中心的内部建设、日常运营管理以及向 IDC 业务部门和用户提供运行维护服务等。并在目前 IDC 合作的基础上，进

一步扩大合作规模，共同建设中国移动区域性 IDC 产业基地，支撑中国移动互联网产业发展。此外，宝信软件将集成技术、行业、软件开发资源，与上海移动的网络、客户、渠道资源深入整合，利用好 ICT（信息与通信技术）平台，为用户提供从网络服务、信息内容应用到信息技术产品整合和开发的高性价比的"一站式"解决方案，进一步助力上海"四个中心"建设。

④武汉钢铁（集团）公司。2019 年，宝信软件与武汉钢铁（集团）公司（以下简称"武钢集团"）、上海宝地资产、武汉青山国资共同合作，共同在武汉市青山区合资设立武钢大数据产业园有限公司。合资公司将融合多方资源，以武钢集团转型后闲置资源开展深入合作，依托宝信软件网络资源，并结合宝地资产园区运营经验共同布局"大数据＋N"产业战略，打造出工业互联网产业科技创新与产业协同升级的典范。

多方共同设立的合资公司将总体规划"三区一园"，"一园"即武钢大数据产业园，"三区"即企业总部商务区、IDC 中心区、人才配套生活区。在产业园内部为武汉的初创企业提供技术、资金、管理咨询等资源，为高科技人才提供生产和生活服务，为客户提供优质的 IDC 基础服务、增值服务和云服务。以大型数据中心为基础，集中打造产业生态环境，集聚"数据存储、数据应用、数据交换"三个大数据产业板块，形成中部地区最具规模的大数据产业园区，为"老钢城"注入新动能。

宝信软件与武钢集团等企业的合作，将坚持创新、协调、绿色、开放、共享的新发展理念，坚持围绕武汉市建设国家长江经济带中部核心城市目标，借助商业模式创新，基于武汉市海量的工业数据集聚需求，打造华中区域单体规模最大的数据中心。本次合作是公司 IDC 业务迈向全国的第一步，有利于顺应新基建产业发展趋势，实施优势资源互补。

⑤本钢集团有限公司。2021 年 3 月，本钢集团有限公司（以下简称"本钢集团"）和宝信软件在上海举行了战略合作框架协议签约仪式。双方将在管理信息化、产业自动化、智能制造、智慧运营等领域，围绕管理、项目、技术及人才培养等开展具体合作。本钢集团和宝信软件保持着长期稳定、相互信任的战略合作伙伴关系。自 2004 年与本钢浦项产供销系统签约第一个信息化项目后，双方陆续开展了热轧等多个 MES、全厂检化验、能源 EMS 等信息化系统项目的合作建设，有力推动了本钢集团的信息化建设和两化融合工作。新经济新业态，钢铁行业转型升级是必然趋势，当前，宝信软件将为本钢集团引入先进的工业互联网等 IT 技术，帮助本钢集团在生产组织、专业管理和

营销体系等多个方面提档升级、流程再造，打造一个更有活力和竞争力的企业，帮助企业可持续发展。后续双方还将围绕本钢集团钢铁、矿山生产，以及经营、管理等领域开展更深入的交流合作。

⑥上海市崇明区人民政府。2021 年，上海市崇明区人民政府与宝信软件签署战略合作框架协议。宝信软件将充分发挥"云网芯"以及云计算、大数据、人工智能、视觉分析等先进技术，围绕生态旅游、海洋装备等领域，提供多维度、多层次的信息化综合解决方案，支撑崇明数字化产业和数字消费能级，为崇明生态岛建设贡献力量。宝信软件还将充分发挥"智慧运营"方面的经验和专业优势，让"云网芯"赋能崇明生态产业链、one + 平台助力崇明花博会、"新基建"提升崇明智能化数字化建设水平，为崇明加快世界级生态岛建设提供智慧支撑。双方践行"智慧服务生态，科技创造价值"的理念，充分发挥各自资源优势，把握发展新机遇，共同推动崇明生态产业升级，推动中国第十届花博会智慧运营，打造"生态崇明""智慧崇明"新名片。

⑦马鞍山市人民政府。2021 年，马鞍山市人民政府与宝信软件签订了战略合作框架，双方将在智慧城市建设等方面开展合作，为推动"数字江淮"建设和长三角数字经济一体化发展迈出坚实一步。双方充分利用自身技术优势、运营经验和飞马智科本地化部署的便利，打造智慧城市精品工程；加大区域龙头企业培育力度，为区域数字经济发展树立新名片、增添新动能；开创区域信息技术产业集聚发展新格局，力争建成一座集互联网、智能制造、金融、教育、医疗等众多行业于一体的百亿级数字产业园区。

宝信软件将以本次合作为契机，部署推进相关工作。一是加快马鞍山"城市大脑"项目建设，为城市治理打造"数字脑"和"智慧脑"。二是协助推动马鞍山市进入安徽省智慧城市建设第一方阵，将马鞍山市打造成长三角智慧城市群建设的典型案例和样板工程。三是促使区域龙头企业迈上发展新台阶。宝信软件将依托自身技术、平台、市场优势，加大对飞马智科的培育，使其继续保持高质量快速发展，为马鞍山市信息技术产业集聚和战略性新兴产业发展铸造新引擎、注入新活力。宝信软件希望充分发挥人才、技术、资源等综合实力，加大对飞马智科的投入和支持力度，将其打造成宝信软件长三角区域综合性公司、龙头企业；与马鞍山市政府的合作有助于宝信软件获得马鞍山市各有关部门的服务与基础设施支持，获得"城市大脑"等新型智慧城市建设有关的信息技术与实践经验。

（3）绩效情况。

近年来，宝信软件紧紧围绕"互联网＋""中国制造 2025"等国家战略，致力于推动新一代信息技术与制造技术融合发展。公司持续强化智慧城市相关领域的开拓，并壮大在智能交通、智慧楼宇、公共服务等领域的实力，努力推动智慧城市创新。从图 5 – 10 营业收入上来看，2015—2020 年公司营业收入保持稳健增长，CAGR（年均复合增长率）达 24.51%。2020 年，公司实现营业收入 102.25 亿元，同比增长 38.96%。2015—2020 年，公司归属净利润增长迅速，CAGR 达 49.15%。2020 年，公司实现归属净利润 13.38 亿元。

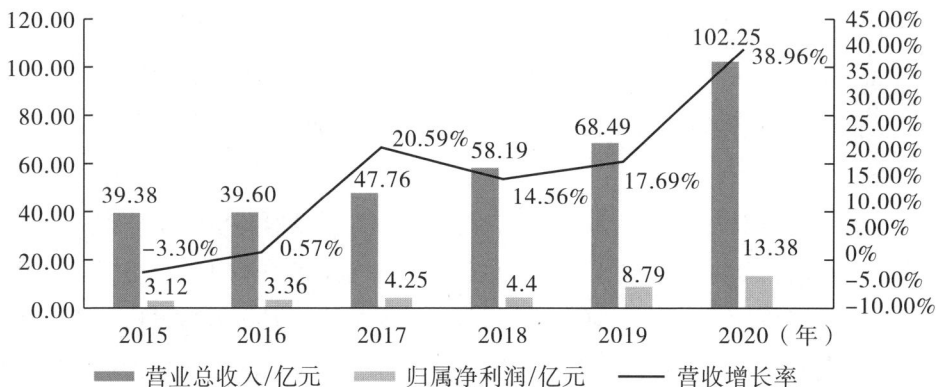

图 5 – 10　宝信软件 2015—2020 年营收状况

数据来源：宝信软件 2015—2020 年公司年报。

研发方面，由于钢铁行业兼并重组持续推进，智慧制造引领宝信软件产业升级需求充分释放，公司通过参与一系列国家重大项目，创新溢出效应不断增强。从图 5 – 11 研发投入上来看，宝信软件 2016—2020 年公司研发投入逐年增加，且全部费用化处理，研发支出的 CAGR 为 20.05%。2020 年，公司研发投入为 9.49 亿元，同比增长 31.12%，较 2018 年明显增加，研发支出占营业收入的比例为 9.97%。2016—2018 年，公司研发人员数量呈下降趋势，近两年来有所回升。2020 年，公司研发人员 953 人，同比增长 15.38%，占公司员工总数的比例为 22.66%。2016 年，宝信软件的"宝之云项目"顺利通过国际 Uptime M&O 认证，成为全球第 101 家、国内第 3 家通过该认证的数据中心，并顺利通过了上海市高新技术企业的认证。2021 年 6 月，宝信软件携手华为发布全球首个广域云化 PLC 技术试验成果，并在次月正式推出了在轧钢等多条产线中获得成功验证的国产大型 PLC 产品，突破了工控系统和工业软件的核心技术瓶颈。

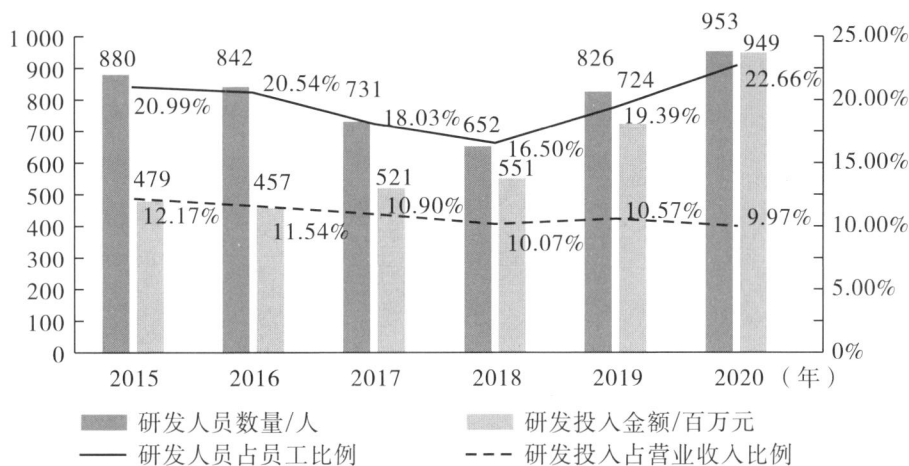

图 5 - 11　宝信软件 2015—2020 年研发状况

数据来源：宝信软件 2015—2020 年公司年报。

（4）作用机制。

宝信软件作为中国宝武实际控制、宝钢股份控股的上市软件企业，依托中国宝武在罗泾地区的土地、水、电等资源优势以及自身在 IDC 项目上的研发投入，与中国电信、中国移动等基础电信运营商保持合作，目前已拥有阿里、腾讯、华为云等互联网巨型客户，太平洋保险、中国平安、恒丰银行等金融客户以及政企客户，并与武钢集团、本钢集团、上海市崇明区政府等多个创新生态系统的参与者进行合作，具有较高的生态位密度。宝信软件的产品与服务遍及钢铁、交通、医药、有色、化工、装备制造、金融、公共服务等多个行业，2015—2019 年公布的 300 多个技术专利分属于 52 个 IPC 类别，说明其具有较高的生态位宽度。宝信软件所提供的第三方 IDC 业务，是为互联网企业、电商、媒体等客户提供专业化机架（服务器和存储器）的租赁、托管等服务。我国近年来人工智能、工业互联网等产业方兴未艾，为了将一系列产品更好地落地、转化、销售，宝信软件采取了一系列的行动，具体如下。

一是与各地政府达成项目合作，获取政策支持。例如：2021 年，宝信软件与宣化钢铁集团有限责任公司、张家口紫光气体有限责任公司共同设立河北宝信，在张家口市宣化区共同投资的宝信宣钢 IDC 数据中心项目——宝之云华北基地也于 2022 年正式开工建设。公司的宝之云罗泾"超算枢纽"项目亦获得上海市经信委的用能指标支持。

二是与企业签订战略协议，借助大型工业互联网平台进行产品落地。例如与阿里云、腾讯云开展合作，利用互联网巨头的数据优势和技术优势，进一步升级自身的产品以促进销售。

宝信软件通过参与政府项目并与企业签订战略协议，在运营效率，运营成本，研发新技术、新产品或重塑服务体系，扩大市场和培育品牌等方面，形成优势互补、共赢、持续、紧密战略合作关系。宝信软件通过与各生态系统内部成员保持良好的合作关系，各取所需、开放共享，充分发挥主体间的关系流量，在日常沟通中传递隐性知识，准确把握前沿技术发展方向，借助商业模式创新，全面提供工业互联网、新一代信息基础设施、大数据、云计算、人工智能、5G 应用等相关产品和服务，成为贯彻推动"工业 4.0"与"中国制造 2025"战略的行业领军企业、智慧城市建设与创新的中坚力量。

宝信软件创新生态系统的知识转移机制详见图 5 – 12。

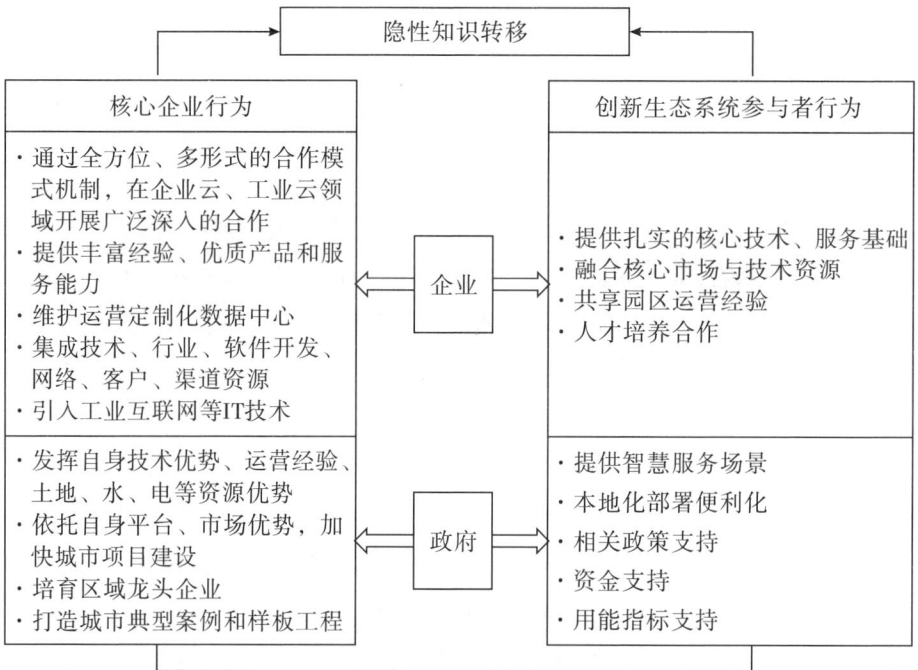

图 5 – 12   宝信软件创新生态系统的知识转移机制

资料来源：项目组依据公开资料整理。

2. 天津长荣科技集团股份有限公司

（1）企业介绍。

天津长荣科技集团股份有限公司（以下简称"长荣股份"，股票代码：300195）成立于1995年，总部坐落于天津北辰经济开发区，于2011年3月在深圳创业板上市。目前业务主要包括印刷装备制造、医疗器械生产销售、融资租赁服务等。其自主开发完成烫金机、模切机、检品机、糊盒机、数字喷码机、激光模切机、凹印机等十大产品系列100余款产品。多项产品为国内首创，并达到世界先进水平。产品行销全球80多个国家和地区。在国内印刷包装装备细分领域市场占有率始终位居第一。2015年长荣MK品牌产品由享有世界第一品牌的海德堡印刷设备公司全球行销。2019年长荣成为海德堡公司的第一大股东。双方达成全球战略合作伙伴关系。

长荣股份获得多项国家荣誉和省部级奖项。拥有国家级企业技术中心，研发人员200余人，年研发投入占销售收入5%～7%。拥有专利594项，其中发明专利447项。具备了为相关行业提供系统集成服务解决方案的能力。并在2020年度被评为国家级印刷包装行业智能制造系统解决方案供应商。未来，长荣股份将以印刷装备制造为核心，沿装备制造产业链上下游发展，与公司的服务、投资和融资租赁业务协同发展。通过与生态圈的伙伴开放合作，创新服务，持续为客户赋能，公司力争成为产业生态圈的引领者和综合服务商。

（2）参与创新生态系统情况。

长荣股份是国内包装设备制造第一品牌企业，以印刷装备为主导，逐步拓展高端装备制造及其他产业链业务，主要为国内及部分境外地区印刷行业提供印刷设备、印刷耗材及配套技术和金融服务，是包装印刷行业综合解决方案提供商。在工业4.0时代，中国印刷领域对激光技术等新型技术有了更加广泛的应用，市场应用被不断地挖掘，目前已拓展到商业印刷、出版物印刷、影像印刷、标签印刷、工业特殊印刷等领域。目前，深圳市正打造激光产业高地，2019年，深圳激光产业的规模达260多亿元，约占广东省的70%，全国的25%，逐步形成集上游激光核心零部件、中游激光加工装备和下游激光应用的完整的激光产业体系。作为一家在深圳A股上市的包装设备制造公司，长荣股份也积极参与到深圳市工业互联网的生态系统之中，与众多企业开展深入合作，例如劲嘉股份、大族激光、海目星、华为、深信服等，见图5－13。

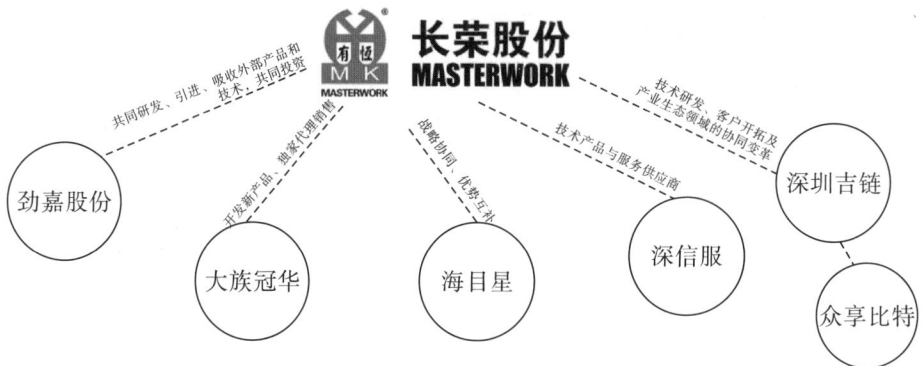

图 5 - 13　长荣股份创新生态系统典型脉络

资料来源：项目组依据公开资料整理。

　　①深圳劲嘉集团股份有限公司。2016 年 4 月 22 日，长荣股份与深圳劲嘉集团股份有限公司（以下简称"劲嘉股份"）在深圳签订战略合作协议，双方以提升各自核心竞争力为目的，通过各种方式包括但不限于共同研发、引进、消化和吸收外部产品和技术以及共同投资等多方面合作，使双方在各自行业处于领先水平，引领行业发展，实现双方可持续发展。双方拟共同组建"智能包装印刷研究院"，主要研究面向烟草、酒、电子产品等高端消费品包装及其他高端印刷包装新材料、新工艺及设备的智能化升级服务。

　　劲嘉股份作为包装印刷行业龙头企业，以行业多年的经验、影响力和对未来行业发展的分析，为项目提供在包装材料、印刷工艺等领域的技术指导与支持，对设备的智能化升级提出技术要求；长荣股份作为国内包装设备制造第一品牌企业，为项目的方案优化设计及设备制造提供支持。双方将利用各自资源优势，致力于联手提升整个包装印刷上下游产业链的智能化水平，进一步满足客户的需求，引领行业技术的发展。同时，双方将采用多种方式联合开发适用于烟草及其他行业印刷包装的新产品。包括：劲嘉股份委派其技术负责人在长荣股份"印刷装备专家委员会"中担任委员一职，使长荣股份开发的新产品能更好地满足劲嘉股份及行业的需求；每年组织双方及其各子公司相关人员进行新产品、新技术的交流；相关新产品在开发完成后，除供本公司及子公司使用外，优先在对方及其子公司试用。

　　②辽宁大族冠华印刷科技股份有限公司。辽宁大族冠华印刷科技股份有限公司（以下简称"大族冠华"）由深圳市大族激光科技产业集团股份有限公司发起，主要服务于商务印刷、标签印刷等市场领域，主要产品包括服务

于标签印刷行业和商务印刷行业的胶印设备和激光模切设备。2016 年 4 月 23
日，长荣股份与大族冠华签订合作框架协议，双方共同致力于服务印刷包装
行业，为拓展双方业务发展，增强竞争优势，开展战略合作，以期提升共同
价值。

长荣股份与大族冠华双方的主要合作内容包括，长荣股份运用大族冠华
的激光技术或产品，并负责组织开发适用于印刷包装市场的新产品或新设备；
长荣股份在印刷包装行业独家代理销售大族冠华的激光模切产品、零部件，
并由长荣股份负责进行售后服务。在其他印刷行业，长荣股份如为客户提供
整体解决方案时，大族冠华向长荣股份提供相应的配套设备，利用大族冠华
原有的胶印机技术及印刷平台，优化长荣股份的冷烫设备和数码印刷设备。
与大族冠华的合作推动了长荣股份将激光技术应用到传统的模切设备上，以
此促进长荣股份由批量化生产向个性化生产转型，不断满足客户对个性包装
的需求。

③海目星激光智能装备股份有限公司。2021 年 7 月，长荣股份与深圳市
海目星激光智能装备股份有限公司（以下简称"海目星"）签订合资协议书，
拟共同出资设立长荣海目星公司，发挥长荣股份在智能制造、精益制造及技
术产能方面的优势，并结合海目星在激光和自动化装备综合解决方案提供的
丰富经验，在激光行业解决方案、激光自动化、新能源行业客户资源方面形
成战略协同，实现优势互补。同年 8 月，海目星向长荣方采购锂电池生产相
关设备及模组计 4.2 亿元，有助于长荣股份输出多年来积累的精益制造能力、
自主研发实力和产业链配套能力，为公司在除高端印刷装备制造业务外，开
发新能源装备制造业务提供基础，促使其向高端装备制造业转型升级。

④深信服科技股份有限公司。2021 年 8 月，长荣股份与深信服科技股份
有限公司（以下简称"深信服"）签署战略合作协议。双方本着优势互补、
互利互惠的原则，开展深度合作，依托于信服云托管云，携手共建"长荣
云"平台，共同推进印刷工业互联网建设，助力印刷行业企业级用户全面拥
抱数字化升级的新时代。深信服作为专注于企业级网络安全、云计算、IT 基
础设施与物联网的产品与服务供应商，对于此次战略合作，深信服将基于旗
下信服云在云计算 SaaS、PaaS 的技术优势与行业实践经验，为印刷行业的数
字化转型提供技术底座。深信服与长荣股份将在全国范围内开展印刷行业云
计算的深度合作，并联合推出针对印刷行业的信息化建设方案和 SaaS 化服
务，共同推进印刷行业数字化转型建设，从市场能力到服务能力形成全方位

的合作，并积极探索服务新模式。此外，双方还将基于"长荣云"平台进行技术层面的合作，依托信服云的托管云服务，共同完成产品整合、资源共享、方案创新。借助深信服在云计算领域深耕多年的优势，长荣股份能够进一步推动云计算技术更深层次地赋能印刷行业，并不断完善现有产品和技术，提升企业竞争实力。

⑤深圳吉链区块链技术有限公司。2022年1月6日，长荣股份与北京众享比特科技有限公司（以下简称"众享比特"）、深圳吉链区块链技术有限公司（以下简称"深圳吉链"）达成战略合作，三方将充分发挥各自所有的资源和技术优势，在技术研发、客户开拓及产业生态领域的变革等方面实现强强联合，致力于提升设备制造及装备等上下游的产业升级，创造良好的投资收益，推动行业生态的进步和发展。根据此次战略合作协议，长荣股份与众享比特、深圳吉链将建立长期紧密的战略合作关系，双方共同组建研发团队，并基于长荣股份成熟的印刷设备管理、远程监控体系及海德堡全球网络和金融服务，以及众享比特和深圳吉链累积的技术研发、应用实践、渠道等优势，建设自有区块链应用平台，实现全球设备及配件的供产销及金融的链上管理，打造包装印刷装备产业全球联盟链。利用国内领先的区块链技术、物联网技术赋能国内外先进装备制造商，为设备的优化升级和信息共享提供全面解决方案，落地实施"区块链＋金融（如供应链、融资租赁）""区块链＋高端装备（如计件付费、设备共享）""区块链＋数字工控"等应用场景，利用区块链去中心化、开放式、防篡改等优势，结合长荣股份自有 RFID 等物联网技术，共同建设基于区块链底层技术及区块链芯片应用的工控体系，为客户提供数字化安全高效的工控服务。

本次合作有利于公司打通上下游各个领域，建立公司自有区块链应用平台，实现全球设备及配件的供产销及金融的链上管理，并有利于推动公司与海德堡在数字生态方面的合作，打造属于"中国智造"的标杆企业。

（3）绩效情况。

面对严峻复杂的国内外形势和新冠肺炎疫情的严重冲击，中国印刷产业相关商品进出口总量萎缩严重。受此影响，2020年国内规模以上印刷企业营业收入同比下降5.1%、利润同比下降5.7%。长荣股份营业收入变动幅度也较大，如图5-14所示。2020年，公司营业收入为12.2亿元，相较2019年的13.9亿元有所下降，同时2020年公司的主营业务成本为13.1亿元，相较2019年的21.4亿元大幅下降，成本下降幅度大于收入下降幅度，说明公司主营业务盈利能力有所提高。

从图 5-15 研发投入上来看，长荣股份的研发投入占比始终保持高位，有些年份甚至达到或超过 7% 的水平线。集团沿产业链上下游布局的北瀛铸造、激光钣金，与德国马尔巴赫合资成立的子公司，均引领行业的整体精密制造水平实现了大幅提升，部分工艺水平和加工能力达到国际水准，这也是长荣集团未来发展的坚实基础。技术方面，2020 年，公司完成重点技术及产品 15 项，在研新产品与新技术研发 10 项，实现突破技术难题 20 项，将对公司在行业内创新性领跑发挥重要作用。专利方面，2020 年，长荣股份新申请专利 35 项，其中发明专利 16 项，授权专利 17 项。截至 2020 年 6 月，长荣股份拥有发明专利 446 项，授权专利 585 项，充分验证了公司在印刷高端装备制造领域的技术领先地位，也为公司可持续发展提供了强劲动力。

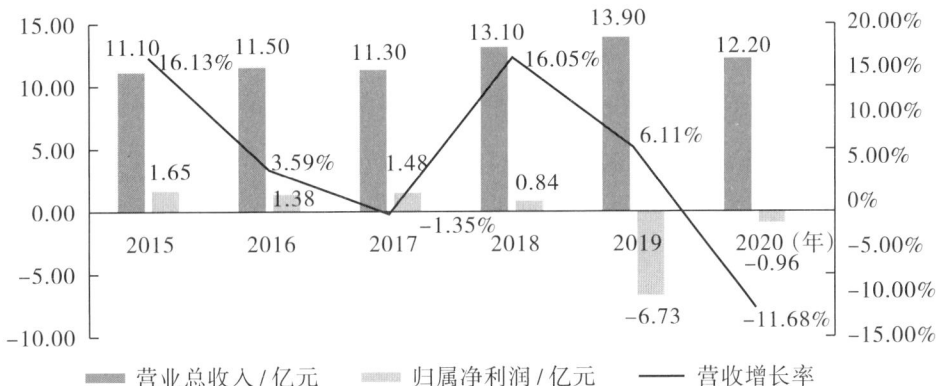

图 5-14 长荣股份 2015—2020 年营收状况

数据来源：长荣股份 2015—2020 年公司年报。

图 5-15 长荣股份 2015—2020 年研发状况

数据来源：长荣股份 2015—2020 年公司年报。

（4）作用机制。

2015—2019 年，长荣股份的合作较为活跃，共有 19 次，说明其具有较高的生态规模。在生态位方面，长荣股份与 20 家企业、高校、科研机构等创新生态系统的参与者进行合作。2020 年，长荣股份在装备制造的收入占总收入的 69.91%，印刷制品收入占比 7.17%，融资租赁占比 5.81%，经营租赁占比 8.46%，健康产业占比 8.65%，收入来源于多个行业，说明其有较高的生态位密度，意味着长荣股份所在的生态环境中充满了具有异质性的专业知识，更有利于触发知识转移和知识创造。截至 2020 年，长荣股份已拥有 18 个不同技术领域的发明专利，说明其具有较高的生态位宽度，企业占有创新生态系统中丰富且多样的科技创新资源，在生态系统中的生存能力较强，且具有良好的生态环境支撑（张贵等，2017）。

在知识转移方面，隐性知识转移是创新生态系统主体间频繁交流的社会化过程。长荣股份的本部位于天津而非深圳，但其生态系统当中的企业多为深圳的企业。由于缺乏地理优势和信任优势，为了获得目标地区工业互联网企业更多的知识资源，长荣股份更需要通过关系嵌入性获得在知识转移上的优势。通过密切的网络联系，长荣股份在推动"印刷高端智能装备"与"工业互联"融合，构建以服务印刷包装行业为核心的生态圈建设方面取得了长足进展。以智能化为方向的印刷高端装备制造是公司核心主业，长荣股份积极与掌握核心技术的同行联盟合作，如与海目星、大族激光等签订战略性合作框架，并派遣技术人员互相指导，这一过程中不仅转移了显性知识，更通过深度的合作增加双方的信任度，促进隐性知识转移（Becerra et al.，2008）。同时，国内印刷产业相关商品遭遇疫情的打击后，2020 年进出口总规模萎缩 24.1%。为了应对外部环境带来的挑战，长荣股份在不断丰富自身产品的同时，积极涉足其他领域。

一是与其他企业建立联盟。如与海目星共同设立合资企业长荣海目星，积极探索在新能源装备制造领域的业务拓展；与区块链领域的众享比特、深圳吉链达成战略合作。在新行业内与经验丰富的企业建立联盟，能够帮助长荣股份更快速地融入新的市场中，了解市场情况，发现市场机遇。

二是与同行业企业建立战略合作关系，利用对方的新技术能力升级自身的产品，例如与嘉劲股份和大族激光的合作，均是为了借助其他企业的新技术和新设备，以开发出更好的产品。

企业内部社会网络中的关系资本既有利于隐性知识转移，也有利于知识创造（俞兆渊等，2020）。通过构建良好的网络关系，加强生态系统中各方互动，促进了知识转移、共享和其他资源共享的发生，这种深度合作、长期合作能够促进企业间的面对面交流，使得某些不利于跨组织转移但对丰富专业经验十分重要的隐性知识转移也变得较为容易，对充分发挥各组织优势、提高整个网络的协同创新效率具有重要作用。

长荣股份创新生态系统的知识转移机制详见图 5-16。

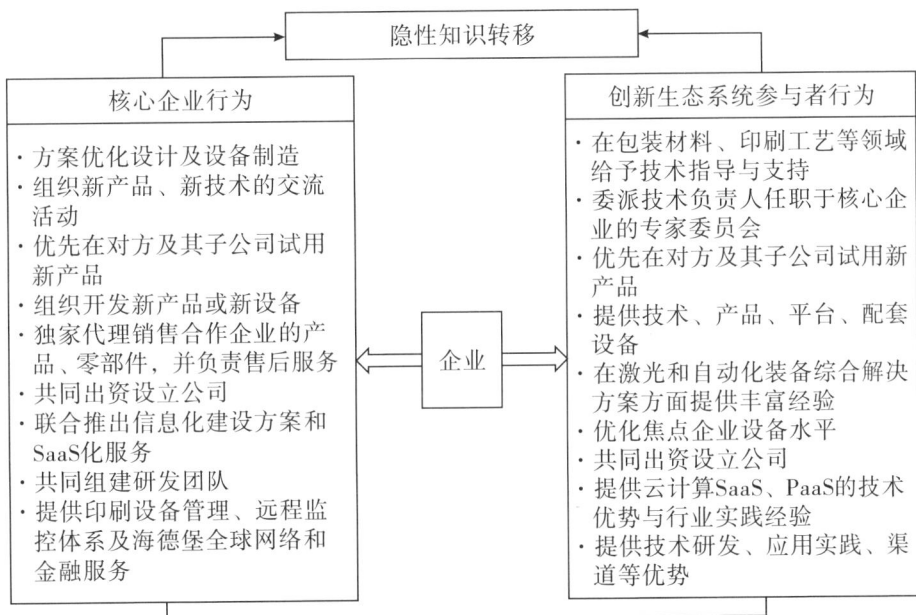

图 5-16 长荣股份创新生态系统的知识转移机制

资料来源：项目组依据公开资料整理。

3. 关系主导式组态小结

综合来看，关系主导式企业所搭建的生态系统主要目的是更好地使项目落地并促进销售，通过与政府、企业达成战略合作或战略联盟，形成紧密的社会联结，以此获取对数据、技术、设备等充分的利用，更有助于挖掘市场机会。

该创新生态系统内部的企业拥有异质性的资源，当它们联结成为网络的时候，实际上是将其拥有的资源和能力注入"资源池"之内，核心企业通过协调和整合已有的社会网络，实现资源的吸收、知识转移和共享，最终可能提升企业的创新绩效和形成竞争优势，交付满足新区域和新行业内消费者所需要的产品。

此类企业主要会采取与创新生态系统内部其他企业签订战略合作协议、创立合资公司的方式，接触对方企业的部分技术资源。在和对方企业进行沟通交流时，许多经理和工程师也将接受产品生产及推广、企业内部管理方面的培训，帮助企业更好地融入新的地区和新的行业。

较强的网络联系帮助企业间产生信任纽带，以信任为纽带构建的创新生态系统能够为生态内部不同创新主体提供有效互动，而最新的技术资讯和动态的市场需求信息可以在系统内快速交流，企业创新生态系统内的资源协调性使得隐性知识能更好地传递，进而促进创新。

三、技术主导式和关系主导式的比较

组态分析的一大优势是能够识别条件之间的互动关系（Fiss，2011）。本研究通过上述的四个案例比较分析发现，在一定条件下，隐性知识转移和显性知识转移之间存在替代关系（见图 5 – 17）。

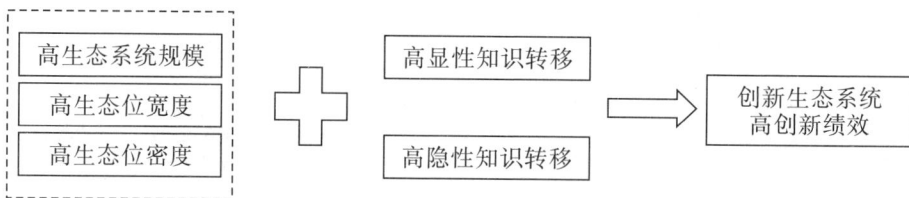

图 5 – 17　显性知识转移与隐性知识转移的替代关系

本研究认为，影响企业选择采用显性知识还是隐性知识转移模式的要素可能主要受到企业自身属性的影响。当企业是技术导向型企业，技术创新作为企业的目标与使命的时候，就会偏向于采用技术主导的模式，且这样的企业倾向于将自己作为生态系统的核心，通过与其他企业共同研发和与高校共同建设实验室、课题组等方式进行显性知识转移。而当企业是关系导向型企业时，它们则会偏向于采用关系导向的模式，主要是借助他人的力量来获取市场当中的资源和识别市场当中的机会，如与政府达成战略合作以促进项目的落地实施，获得更多的政策支持；与其他企业达成战略联盟，其他企业提供基础设施（如数字化平台、设备）、先进技术等，持续优化自身的产品，以提高销售额。

同时，本研究认为企业的知名程度、本部所在位置以及企业所处的产业

链位置也会对企业选择采用什么样的知识转移模式产生影响。本部位于产业聚集地的业内知名企业会更偏向于采用显性知识转移的模式，例如：天源迪科的本部位于深圳，而其所处的 IT 行业亦是深圳市的龙头行业；梅安森的本部位于重庆，其当前主要业务为智慧矿山业务，而重庆拥有大批量的自然资源，煤矿行业也曾是当地的主要产业之一。这些本地的研发型企业在产业内部具有一定的知名度，因此在与创新生态系统中其他主体合作时更容易受到信任，相较于隐性知识转移，显性知识转移具有外化性和客观性的特点，使得显性知识转移的过程与成果相对直观和有效，知识吸收和转化创造的成本更低。

　　而本部位于其他地区的工业互联网企业则更倾向于采取隐性知识转移，例如天津长荣股份，尽管总部位于天津，却在深股上市，其生态系统内部的企业多为深圳市的企业。文化差异和组织距离会增加知识的模糊度，导致知识交换关系存在较大的不确定性，同时，较远的地理距离也不便于双方的研发团队进行直接的技术沟通，特别是对于机密的核心技术，在远距离传输过程中会存在较高的泄密风险。因此这类企业需要先建立紧密的关系网络，获取创新生态系统中主体的信任，降低知识转移中的不确定性，才能更好地加入当地的工业互联网生态系统，从而提升创新能力。

　　除此之外，本研究认为，企业所在产业以及所处产业链位置也会影响其采用的知识转移模式。当企业是处在涉及民生的产业内且位于产业链的中上游时，更可能作为基础服务的提供方与政府达成合作，通过与政府官员的非正式沟通更快地获取有关政策的最新动向，并利用这一优势开发新的产品。例如宝信软件通过发展 IDC 业务与武汉、南京等地的政府开展政务合作，共建超算中心和大数据产业园，为当地的互联网企业、电商、媒体等客户提供专业化机架（服务器和存储器）的租赁、托管等服务，为当地各大新兴产业发展提供重要的基础设施。与政府的政务合作溢出的隐性知识，如引导企业的业务发展方向、生产需求情况等更容易被企业所接纳，从而启动相应的活动，更快速地研发新技术、占领新市场。

第六章 │ 研究结论与讨论 │

自 2017 年习近平总书记提出"深入实施工业互联网创新发展战略"以来,我国工业互联网创新发展迈出坚实步伐,当前已跨过探索起步阶段,步入产业深耕、赋能发展的新阶段。"十四五"时期,将是工业互联网发展的创新活跃期、战略窗口期、关键发展期,工业互联网作为新一代信息通信技术建设连接工业全要素、全产业链的网络,做大做实做强需要在创新生态系统培育方面持续发力。

工业互联网高度融合了工业系统与高级计算、分析、传感及互联网技术和知识,其创新发展与应用推广必须有效整合各产业各主体力量,打造开放平台,汇聚优质资源,营造创新生态,构建系统推进的格局。放眼全球,即使如西门子、GE、PTC 这样的行业巨头也很难单兵突进,需要通过合作、收并购以及平台应用开放等方式聚集关键技术企业、培育开发者并构建产业生态,实现集群化发展(工业互联网产业联盟,2017)。因此,我国企业要创新发展工业互联网平台,也需要聚合各类关键技术主体,整合各方资源,开放平台应用,叠加制造能力,实现知识经验复用,提升工业知识生产、传播、利用效率,共同打造互相促进、多向迭代的工业互联网的创新生态系统。

然而,对于工业互联网企业如何建立更广范围的创新生态系统,如何推进更深程度及更高水平的知识资源的协同配置,如何逐步提升企业的自主创新能力,仍是当前政府和企业需要解决的重要问题。本研究基于对国内外工业互联网创新生态系统发展情况的梳理及发展模式的总结,整合创新生态系统理论、生态位理论以及知识转移理论,对 2015—2019 年沪深 A 股 115 家工业互联网企业进行定量分析,并选取了其中 4 家典型企业进行定性分析,得到了创新生态系统知识转移对企业创新绩效影响的两条路径和作用机制,本章将对上述研究工作进行总结与归纳,并对研究结果进行进一步讨论。

一、研究的主要结论

1. 创新生态系统内各要素协同关系

企业的创新发展要想持续，不能仅仅局限于自身的一方天地。随着第四次工业革命的到来和数字时代的飞速发展，创新主体之间的合作壁垒与束缚不断被打破，企业越来越频繁地与外部主体建立联系，搭建创新生态系统，更加广泛地搜寻、吸收和利用资源信息，多元化开展实施创新活动。通过对已有创新生态系统文献的梳理，本书总结并提炼了适用于工业互联网企业创新生态系统的构成，即工业互联网企业创新生态系统是由研究、开发和应用三大群落以及外部资源环境构成。其中，研究群落是创新生态系统中的"生产者"，负责新知识、新技术的探索及研发，包括企业研发部门、各大高校、科研机构等主体；开发群落是创新生态系统中的"消费者"，负责新产品与新服务的生产和交付，包括企业生产部门、软件开发商、系统集成商及其合作伙伴；应用群落则是创新生态系统中的"消解者"，负责使用创新成果并进行反馈，包括企业客户和大众消费者。外部资源环境是良好创新生态系统环境的保障，能够为上述三大群落提供政策、经济、法律等方面的支持，由政府、金融机构、科技中介组织、法律机构等主体组成。政府部门的参与及背书能够提高政治和社会合法性，在技术补贴、政策支持、资源配给、人才对接等方面获得一定优势；金融机构在促进企业开展融资活动及创新成果商业化方面发挥重要作用，为创新合作项目获取外部的资本、知识资源提供保障，拓宽市场渠道潜力；科技中介组织能够更好地连接科研院所、企业、政府等主体，有利于把知识连同人力、资源和资本优化组合，整合系统内外的创新资源，并为创新活动提供充分的信息服务咨询和创新服务培训；法律部门制定并完善有关知识产权保护、技术转让、人才流动、科技服务等科技创新相关法律法规（唐雯，2021），从而使得生态系统中创新主体的利益得到保护。

而在创新生态系统运行的过程当中，各构成要素首先输入物质、能量、信息，而后经过创新系统内部的转移交换，最后以新的知识、新的技术、新的产品的形式输出，形成创新生态系统的物质流、能量流和信息流，进一步推动各要素之间的互动协作，最终促进创新生态系统的繁荣。创新生态系统是一个协同共生的复杂系统，创新主体与创新主体之间、创新主体与外部环境之间通过相互作用、协同发展促进知识生产、转移、吸收、利用，这既是企业创新的关键环节，也是知识能力转化的主要表现。另外，伴随着新一代信息技术在企业中的应用，跨组织、跨系统的协同合作获得了长足发展，致使组织之间的边界以及行业之间的边界不断模糊，这使得更多跨边界的物质、能量和信息的流动开始出现。也就是说，在工业互联网背景下，这种创新生态系统内物质、能量和信息的流动变得更加开放，而这种流动的开放性能够保障生态系统中群落的多样性，同时生态系统可持续发展的重要基础和基本前提就是群落的多样性（储节旺等，2023）。因此，工业互联网企业创新生态系统能够借助工业互联网对各要素的助力，促进生态系统内各要素之间的协同合作，进一步保证创新生态系统的可持续发展。工业互联网创新生态系统协同关系如图6-1所示。

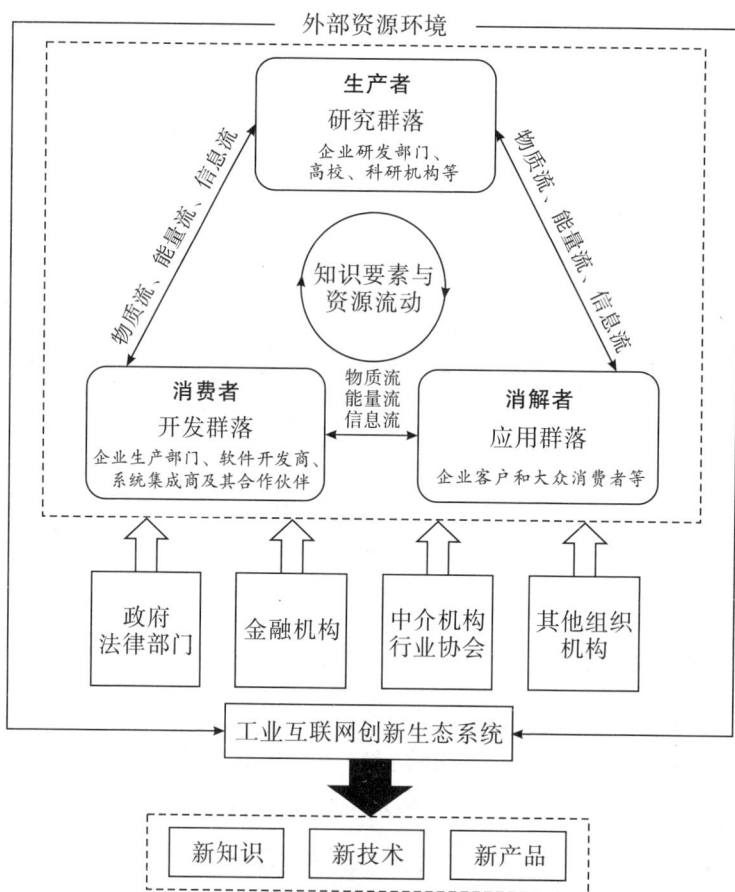

图6-1　工业互联网创新生态系统协同关系

资料来源：作者自绘。

2. 创新生态系统内企业间知识转移的影响机理与作用关系

近年来，伴随经济形势的多变性、创新技术的复杂化，企业的个体创新愈来愈难以达到期望水平，因此现在企业逐渐由个体创新转向企业联合创新（毕静煜、谢恩，2020）。而当今世界新一轮科技革命和产业变革的不断兴起，使得全球科技创新呈现发展新态势，创新活动也不断地突破了地域、组织、技术等方面的限制，从单元竞争向体系竞争演变，因此现在单个组织更加需要一个合作共生的生态系统实现创新（彭晓芳等，2019）。

从本质上来说，创新就是知识创造的过程。对于一个创新生态系统来说，主要通过产学合作、联盟和知识网络实现创新，而企业和高校、科研院所等创新主体建立合作关系的前提是能够从对方那里获取需要的知识，这就需要产业方与学研方能够实现自身知识基础匹配和协调（郝英杰等，2020）。在近年来的理论研究中，管理学者们更愿意将知识视作一种重要的组织资源。知识基础观（KBV）认为知识根植于企业的文化、制度、体系等诸多方面，而知识的有效获取能够影响企业的创新和绩效等，可以为企业带来可持续的竞争优势（郑文全，2012）。创新主体为弥补自身知识资源短板，只能寻求其他主体协同建立合作关系，实现知识要素的有效流动和转移。

创新生态系统能够在发展中保持竞争力的关键在于各创新主体间通过不断的共享、创造和利用新知识以形成知识优势，进而推动产业链的再造和价值链的升级（董睿、张海涛，2022）。本研究认为，生态系统中物质和能量的交换，即知识的转移，是推动创新生态系统发展的原动力。在企业发展过程中，需要不断借助生态系统获取企业外部的异质知识，进而将内外部知识整合利用，打破创新发展瓶颈，优势互补，突破现有资源的束缚，拓宽发展空间。通过创新生态系统的建立，企业能够提高探寻转移知识要素的积极性，打破组织惯性，将所获得知识与企业原有知识进行整合，提升企业的创新潜力。

知识转移的效果会受到知识供需双方本身的特性、相互之间的关系以及所处环境的影响，并且根据知识属性的不同，知识转移过程对应的模式及路径也不尽相同。其中，合作成员间的信任互惠关系、地理及制度距离、知识的异质性等要素将影响企业间的知识转移效率。一般而言，在生态系统视角下，如果参与者没有办法提前确定彼此之间的可靠程度，那么在后续的知识转移和创新的过程中，参与者将面临系统内多成员信念、价值观不一致的影响。也就是说，合作成员之间较低的信任互惠关系更容易发生信息的模糊性和机会主义行为（牟宇鹏等，2021），从而影响合作成员的知识转移效率。良好的知识异质性能够促进合作企业之间的知识交互，提高知识转移的效率，这种知识所与生俱来的异质性能够在企业不断的学习过程中被逐渐消除，从而逐渐转化为企业自身的知识（高长春等，2019）。另外，地理位置和制度距离的邻近性有助于合作成员之间的交流和互动，利于显隐性知识的转移。

3. 基于生态位理论的创新生态系统的知识转移对创新绩效的影响

各创新主体间的协同互动已经成为维持创新生态系统可持续发展和实现价值共创的关键（辛冲等，2022B），促进创新生态系统知识转移并协同发展，是创新生态系统建设的重要手段（郝英杰等，2020）。本研究在第四章中采用了集合视角，基于生态位理论，使用 fsQCA 方法探析了工业互联网创新生态系统的内部要素、知识转移与创新绩效之间的复杂关系，克服以往研究常常从单一维度或联合多个维度分别探析创新生态系统内部要素与企业绩效之间的复杂关系且结论不同的现象（寿柯炎等，2018），最终得到两种高绩效组态，分别是技术主导式和关系主导式。

生态位是企业技术能力和竞争能力的体现。随着生态规模的扩大，生态系统内成员能为核心企业带来新技术和新资源，通过组织间知识转移获得更多知识要素，促进创新绩效提升。对于高生态位的企业而言，由于和大量不同部门机构进行过交流合作，与外部主体建立了广泛联系，相较其他企业，往往拥有更多条件与渠道去吸收和获取知识，掌握关键资源。故而可以对企业之间的知识沟通与转移过程起到推动性作用，拥有非正式权力和更大的话语权，合作伙伴的选择范围更广，丰富了企业异质知识资源获取的来源，更容易地得到自身想要的知识与资源。这使得企业能够获得比较丰富的生态流量，从而有能力构建多样化的技术知识体系和服务体系，确保企业创新能力和经济效益提质增效。

在技术主导式组态当中，高生态规模、高生态位密度、高生态位宽度、高显性知识转移和非高隐性知识转移将共同促进高创新绩效。显性知识转移往往是通过明确清晰的协定和商议，并借助相应管理审核机制对其进行有效监督。生态成员在创新过程中能够通过对技术知识编码的规范化提升知识转移效率，从而更好地相互理解，寻求更高质量的合作。在技术主导式组态下的创新生态系统内部，健全的知识共享机制加强了企业间关于知识、信息、技术等要素的传递，为企业间显性知识转移提供了有效保障。良好的生态合作可以使主体间利用对方的知识资源进行技术研发、产品开发、平台搭建等，从而克服资源约束和信息壁垒，降低企业研发成本并拓宽知识获取渠道，从而使各方大量的异质性和互补性资源得到整合利用，提升协同参与效率，以提高创新绩效。

而在关系主导式组态当中，高生态规模、高生态位密度、高生态位宽度、高隐性知识转移和非高显性知识转移将共同促进高创新绩效。关系主导意味着以核心企业为主的创新生态系统成员间的亲密程度和信任度较高，双方联系密切，彼此信任，存在深层次的信息交流。组织间的深度信任能减弱知识源对于知识的保护和防御行为，融洽的合作氛围促使合作成员更愿意共享隐性知识和信息，增强知识接受方对学习知识的意愿，进而有助于知识自由交流与转移。而组织间的有效沟通能够增加彼此间的信任，提高知识转移意愿，并保障知识转移的有效性（谢荷锋等，2015）。在互动往来中，对不可编码、不易表达、不易传播的隐性知识进行转移更加顺畅容易。

本研究还梳理了技术主导式组态下的两个典型企业案例——重庆梅安森科技股份有限公司和深圳天源迪科信息技术股份有限公司，以及关系主导式组态下的两个典型企业案例——上海宝信软件股份有限公司和天津长荣科技集团股份有限公司。通过对该两种组态、四个典型案例的进一步分析，本研究发现，在一定条件之下，隐性知识转移和显性知识转移之间具有替代关系，而决定企业选取显性知识转移还是隐性知识转移模式的主要因素在于企业自身属性。本研究不但聚焦于创新生态系统中显性知识转移和隐性知识转移对创新绩效的作用机理与关系路径，还强调了不同的核心企业特征对于显性知识转移和隐性知识转移影响效果的差异性。当企业是技术型导向的企业时，创新是企业的主要目标，为了实现高创新绩效的目标，企业更愿意采用技术主导的模式，以期实现显性知识的快速转移；而当企业是关系导向型企业时，企业更偏向于借助他人力量来识别市场中的机会，这时企业更倾向于采取关系主导的模式，以期获取更多的资源。双方信任程度越高，越有利于创新合作的顺利进行，促进创新成果进一步转化为创新绩效。其他影响企业选取显隐性知识转移模式的因素还包括企业的知名程度、本部所在位置以及企业所处的产业链位置等。

二、对研究结果的讨论

1. 创新生态系统内企业生态位与知识转移对企业绩效的共同作用

创新作为企业不断超越自我、发展进步的一种方式，在信息技术日新月异的时期显得更加重要。但随着科技的进步，企业创新对于资源和技术的需求越来越强烈，仅仅依靠自身资源和优势往往显得捉襟见肘。这表明企业需要寻找新的方式以获取企业所需要的创新资源进而实现创新，而新型信息技术的发展和应用为众多企业的创新带来了机会。在工业互联网的作用下，企业不再是信息孤岛，企业之间的联系不再受限于地域、时间等因素，企业之间搭建起的创新生态系统逐渐改变了以往企业个体创新受限的局面。创新生态系统能够为企业提供所需要的资源和知识，主要通过企业的生态位和知识转移来实现。本研究通过对技术主导式和关系主导式两种组态的分析，发现企业生态位条件和知识转移条件在两条高创新绩效路径当中均有出现，说明二者能够共同作用于企业的高创新绩效，这同时也表明在实践中企业想要获得高创新绩效，好的生态位条件和合适的知识转移模式缺一不可。

就生态位条件而言，企业生态位是企业技术能力和竞争能力的体现，某种程度上反映了工业互联网企业在创新生态系统中的地位和话语权。生态位密度较高的企业，对资本、技术、人才、市场等流量资源的把控能力较强；生态位宽度较高的企业一般拥有其他创新组织尚未掌握的关键技术，更容易与各创新主体发生物质交互、经济交易、知识流动、信息传递等流量输入输出活动，将流量深度融合、形成蓄积池，进而更有利于新知识或新技术的碰撞和产生，以便整个系统实现价值增值乃至企业自身绩效提升。也就是说，企业在创新生态系统内具有一个好的生态位条件能够获取相对于该系统内其他企业更多的流量资源，同时好的生态位也能够使得企业与其他创新主体之间的协同、交流与合作更加便捷，因而相对于生态系统内的其余企业而言，拥有好的生态位的企业更容易实现价值创造和知识创新，更有可能实现高创新绩效。

知识是企业创新动力的源泉，因此对于企业生态系统而言，知识转移是企业克服自身知识缺乏的一个重要途径。在创新过程中，企业由于自身属性、知名程度、本部所在位置等多方面因素的差异性，对于不同类型的知识转移模式存在需求不同的情况。根据知识转移的相关文献，两种知识的类型（显性知识和隐性知识）对应着两种不同的知识转移形式，即显性知识转移与隐性知识转移。某一企业具体适用于哪一种知识转移模式，需要根据企业自身属性、知名程度等多个因素综合考虑，例如根据企业自身属性来看，对于主要以研发、创新为目标的技术导向型企业而言，显性知识转移能够帮助企业获取直接应用于研发创新的知识资源，而对于关系导向型企业而言，则更需要隐性知识转移以获取更多有关于市场、销售等方面的信息。在创新生态系统内，工业互联网企业会通过与多个异质性创新主体开展合作，以实现在生态系统内部显性或隐性的知识转移，使得企业有足够的能力构建起多样化的技术知识体系和服务体系，进而确保企业创新能力的提升和经济效益的提质增效。

总而言之，本研究发现创新生态系统内企业生态位和知识转移模式共同作用于企业的创新绩效，这一结论提醒了工业互联网创新生态系统内的企业，对于它们而言，仅拥有好的生态位特征或合适的知识转移模式不足以帮助企业实现高创新绩效目标。在实践中，企业不仅仅需要关注自身在创新生态系统内的生态位特征并扩大自身的优势，以获取更多的资源、更便捷的交流合作；同时企业还应根据自身特点确定适合的知识转移模式，更加有效地获取企业创新所需要的知识。

2. 生态位条件是企业获得高创新绩效的核心要素

本研究通过对技术主导式和关系主导式两种组态的分析，探索出有利的生态位条件和合适的知识转移模式是企业获取高创新绩效的两个重要因素。而在本研究分析的两种企业高创新绩效的组态之中，生态位条件因素中高生态位密度、高生态位宽度和高生态规模是实现高绩效的核心条件。由此可见，企业自身具有的生态位特征对于企业创新绩效的作用比较显著，生态位条件是企业获得高创新绩效的核心要素，这也表明企业想要获得高的创新绩效，就需要拥有相对于自身所在创新生态系统内其他企业更多的合作伙伴和更多的技术创新资源。

本研究得出的这一结论也再次证实了前人有关生态位与企业创新绩效的研究结果。朱正浩等（2021）指出，提升生态位宽度能使企业对技术的发展趋势保持敏锐的嗅觉，以促进企业的战略柔性和环境适应能力。而生态位密度的扩大并不能直接地和技术重叠度的提升画上等号，可以将其简单地理解为市场竞争态势，因为在生态位密度扩大的同时，整个生态圈内部成员的范围也在一起扩大，企业将拥有更加丰富的资源池，更有机会找到能资源互补的伙伴，实现合理分工、合作共赢。解学梅等（2020A）的研究发现生态位条件是创新生态系统发展和管理的重点，其中对创新生态系统内企业生态位的构建、优化和突变有时可以突破"技术制度锁定"效应，从而实现对企业创新能力的提高，如企业可以引进先进技术和知识来拓宽企业在创新生态系统内的技术生态位，从而保持企业在选择技术创新活动时的灵活性。何郁冰和伍静（2020）基于创新生态系统背景，探讨了企业生态位对外部组织技术合作的影响，发现企业生态位宽度和态势对于技术协同创新绩效有显著的正向影响。上述学者的研究成果与本研究均证明在创新生态系统中，企业的生态位优势对于企业的创新绩效具有积极影响。

本研究的结论亦表明，尽管企业提升创新能力离不开创新生态系统各要素间物质流、信息流、能量流等流量的交互作用，但在生态系统中占领好的生态位置仍然起着核心作用。如果没有一个好的生态位作为基础，企业将面临更加贫瘠的资源基础，而在贫乏的资源池中企业也很难遇见合适的合作伙伴来进行知识的转移。因此，企业要想提升自身的创新绩效，仍离不开自身做大做强的努力，积极与生态系统内部的其他成员连接，并不断挖掘技术资源。除了积极地扩充生态成员的数量之外，也需要考虑与合作伙伴交往的深度，即达成合作的次数。Bengtsson 等（2015）指出，与合作伙伴的合作深度与创新绩效正相关。本研究也认为，高生态规模与好的生态位组态配置能促进企业创新绩效的获取。例如技术主导式的典型企业天源迪科，从 2016 年起开始与阿里云实现战略合作，到 2017 年进一步深入合作，再到 2019 年成为阿里的金牌合作伙伴，多次达成的成功合作促进了天源迪科的生态规模的扩展，同样也推动了该企业获得了更高的绩效。

近年来，我国制造业虽然实现了飞速发展，但产能过剩、发展方式粗放、关键核心技术薄弱等问题依旧困扰着我国制造业企业和产业（余文涛、杜博涵，2022）。党的二十大强调"加快发展数字经济，促进数字经济与实体经济深度融合"，"加快建设制造强国"，多个官方机构发布的多项报告中也都提到我国制造业要寻求新动能以实现高质量发展。而随着信息技术的发展与应用，我国制造业的转型升级也迎来了新机遇，工业互联网作为一种新型信息技术与传统制造业融合产生的全新业态和应用生态，能够帮助多个企业、多种要素进行连接交互。然而，工业互联网作为多个产业及不同支持体系和合作组织之间相互依赖与共生演进的一种创新生态系统，处在其中的工业互联网企业如何发挥自身优势与该创新生态系统相结合来实现企业创新绩效的提高，政府和产业如何发挥协同作用，本研究将基于前文的研究结果，在下一章节中从政府、产业、企业等创新生态系统内部主体视角提出实现工业互联网创新生态系统创新绩效提升的对策及建议。

第七章 工业互联网创新生态系统创新绩效提升的策略及建议

在创新驱动战略背景下，知识转移对构筑知识主体竞争优势提供了有效的知识保障，研究创新生态系统中的知识转移作用机理能够为提升知识转移绩效提供对策启示。根据前文研究揭示的创新生态系统主体及要素的协同关系、主体间知识转移机理及促进主体间知识转移合作的相关因素，为有效促进创新生态系统内主体间的知识转移合作，提升创新绩效，本章从工业互联网创新生态系统内不同主体的视角出发，针对性地提出相关对策建议（见图7-1），以期最终形成丰富的产业生态，推动更多相关主体加入转型变革的行列中来，加快工业场景应用落地，培植壮大创新发展新动能，支撑制造业实现高质量发展。

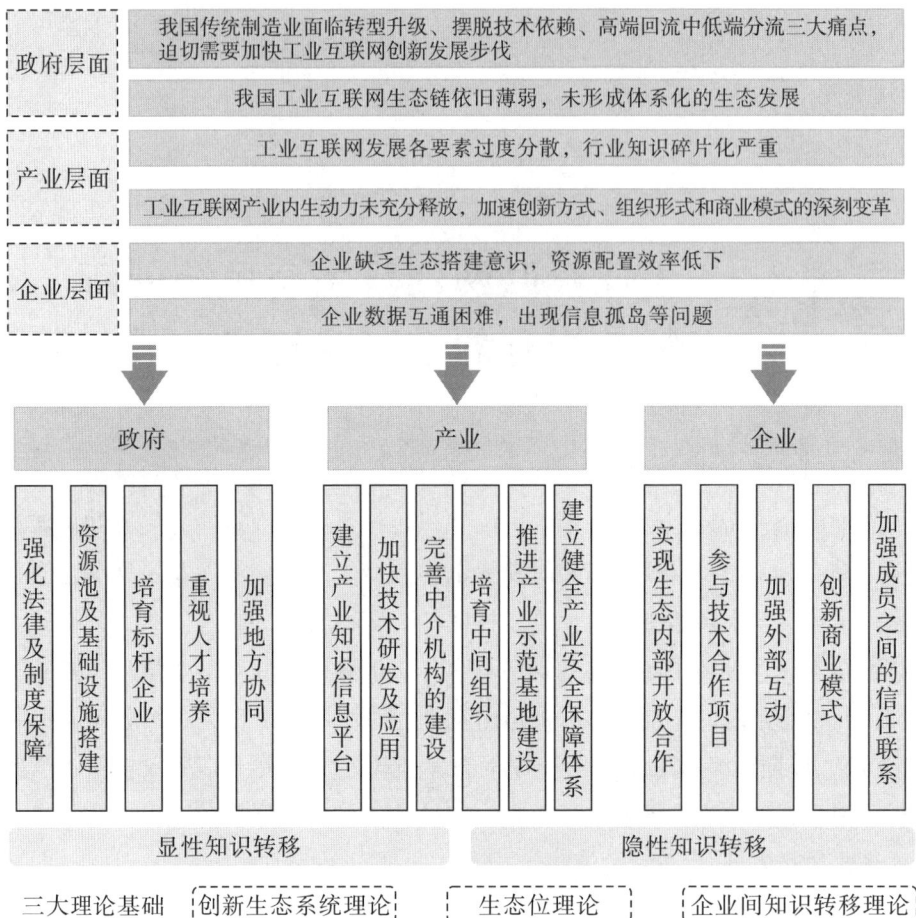

图7-1　工业互联网创新生态系统内不同主体下的策略总结

一、政府要建立健全保障机制，汇聚知识资源池

1. 强化法律及制度保障，营造良好生态氛围

工业互联网创新生态系统的形成与发展离不开制度环境的支持。我国工业互联网的政策架构基础和基本出发点皆源自政府，在我国工业互联网发展进程中，政府始终扮演着主导者角色。通过制定税收优惠、财政补贴、人才、知识产权、数据保护等相关政策和法律法规，政府可对工业互联网创新生态系统进行宏观调控，使得工业互联网规范化、合理化运行。为激励企业创新实践活动，培育或壮大相关产业，政府颁布的政策或制度应在较长的时间内

都具有有效性，以保障企业拥有稳固的创新环境。反之，如果企业面临的是发展不确定、形势不明朗的外部环境，那么企业经由物质交换、知识流动和信息传递等过程来获取资源谋求发展的难度将会变大，想要全力投入产业发展的决心和信心就会受到限制。

近年来，我国在法律法规、标准规范等多个层面对工业互联网发展做出一系列部署和要求，但仍旧存在制度法规不健全、行业运作不规范、标准不统一等问题。标准是推动工业互联网产业发展的重要保障，由于缺乏数据安全等行业标准，我国目前还尚未建立统一权威的工业互联网平台和安全评估认证体系，企业对于生态共建心存顾虑。因此，应当强化政府顶层设计作用，及时出台政策或制度规划产业未来发展方向，健全工业互联网相关法律法规，从整体兼顾转变为细节聚焦的政策导向。

具体而言，要增加工业互联网行业规范类的政策比重，出台规范性的政策意见。针对我国工业互联网网络基础建设、平台架构、互联网数据与安全保护等方面积极出台相关奖励政策，进一步健全从硬件到软件、从数据到应用的安全管理制度机制，为产业发展营造健康良好的营商环境。加强工业互联网安全管理制度建设，建立健全工业互联网企业网络安全分类分级管理机制。推动行业标准及相关技术标准的制定，构建完备的知识产权保护及知识成果转化的政策法规，加快研究成果转化应用，充分调动各创新主体的创新热情，激发创新主体自主创新动力。发挥好政府的宏观调控作用，制定并完善相关财政扶持政策，根据生态系统中各主体的需要给予针对性政策扶持。通过有针对性地研究和制定工业互联网发展的配套支持政策，建构以规划型政策、规范型政策和支持型政策为基本架构的政策体系，加强法律保护，提升企业数据安全保护层级，提高追责力度，才能更好解决影响要素自由流动的体制机制障碍，为不同的市场主体营造一个公平竞争的良好发展环境，增强中小企业的信心，为加快推进工业互联网产业发展奠定制度基础。

2. 搭建工业互联网创新生态系统所需的资源池，完善基础设施建设

2020 年 3 月，中共中央政治局常务委员会会议明确提出加快新型基础设施建设，包括 5G 基站建设、大数据中心、人工智能、工业互联网等七大领域。工业互联网是新一代信息通信技术与产业经济深度融合的新型基础设施、应用模式和产业生态，其中基础设施与基础要素是构建工业互联网生态的根本和通道。目前我国工业互联网产业基础薄弱，国内大多数企业数字化程度

较低，仍缺乏行业通用的标准化体系建设，企业与企业、设备与设备、设备与系统之间互联互通困难，打通成本高。网络协议、设备接口等不统一，行业内大数据无法统一管理和使用，导致行业内数据资源孤立、分散，数据孤岛问题严重。工业互联网企业之间的行业壁垒较高，企业间融合融通、相互促进、共生共享的产业生态尚未形成，严重制约了我国工业互联网的行业应用。作为公共服务供给方的各级政府，应加速运用数字化技术改造基础设施，建立提升工业互联网创新生态系统绩效所需的工业互联网服务资源池或者其他必要的工业互联网基础设施，为其创新生态系统主体提供创新资源保障，促进创新主体的创新行为。因此政府应从以下几个方面搭建工业互联网创新生态系统资源池。

首先，政府应大力培育工业互联网平台、建立完善的工业互联网应用服务体系。工业互联网平台不是简单的技术叠加，而是一个巨大的生态网络，包括数据采集商、软件开发商、系统集成商等组织。组织之间只有通过积极地相互协作赋能，才能聚合形成网络效应。政府可以通过选择并培育一批工业互联网平台服务商和工业互联网解决方案商，推动重点行业建设专业化服务平台，进一步构建和完善我国工业互联网供给资源池，对接当地工业互联网企业。同时，不断挖掘当地优秀的工业互联网服务商，鼓励其面向当地中小企业开放工业互联网平台接口。通过集合本地现有的技术优势和特征，共同打造面向国内外工业企业的跨行业跨领域、具有制造基因的基础性工业互联网平台，集设计、制造、销售以及全产业链解决方案于一体，提供以自动化、网络化、平台化、大数据为基础的科技服务综合解决方案。而平台与平台之间的关系是在合作基础上的竞争。合作的基础是共生，不同行业、不同类型与层次的平台，以及围绕在平台周围的服务商与合作伙伴聚合在一起，形成命运共同体，实现知识的共享、共创，在更广阔的生态系统资源池中获得增长。

其次，政府应积极牵头企业完善国家工业互联网基础设施及其要素建设，构建工业互联网供给资源池、服务资源池等，汇聚工业互联网平台运营商、产品供应商、服务提供商的优势资源。例如，加快推进5G全连接工厂建设，培育推广典型应用场景，提供5G网络化改造、应用孵化、测试验证等服务。为企业引进和运用新型网络技术和先进适用技术，搭建生态系统内部网络，促进生态内部设备系统互联互通互操作。对于外部网络而言，政府也需持续组织新型基础设施建设专项工程，建设起高性能、高可靠、高灵活、高安全的外部网络环境，提升创新生态系统接入能力和服务能力。随着生态系统内外资源要素运行配置过程，以及新的参与者加入，资源池逐渐加强，从而增强产业辐射带动作用。

最后，丰富我国工业互联网资源池，引领传统制造向智能制造的转型。政府要鼓励企业积极参与传统基础设施升级改造与技术创新，打开企业与新基建的数字化通道，高度融合产业链与数字链，为企业转型升级提供数字基础，把数字经济作为企业转型发展的最大变量和增量。分别从资源要素、互联互通、融合共享、系统集成和新兴业态多个维度搭建起智能制造体系。一方面，促使企业从传统的工业化思维向工业物联网战略思维、信息化与工业化融合思维转变，引导企业确立数字战略，主动将新一代信息技术与解决方案融入企业价值链中，增强数字化转型内生动力；另一方面，引导企业树立共生理念、系统思维和生态思维，重新审视市场、用户、产品、管理方式和商业模式，将信息化提升和数字化转型的需求嵌入工业互联网平台，以大联接、大计算、大数据、大应用、大安全的"组合拳"，发挥推动数字技术进入工厂核心环节的关键作用，有效解决组织、流程、技术和人力资源等方面的转型问题，推动技术进步，提升整体效能。

3. 培育工业互联网创新生态系统内的标杆企业，打造大中小企业融通发展生态

我国现阶段工业互联网应用主体是大型企业，中小企业发展基础较弱，应用总体水平两极分化严重，大多数企业仍处于应用初级水平。对于中小企业而言，工业互联网改造成本高，受资源条件限制实践难度大，应用普及率相对较低，故付费意愿不强。因此，政府要重视培育工业互联网产业的标杆企业，发挥好龙头企业的产业引领作用。我国拥有华为、海尔、中兴等已经在工业互联网领域取得良好成果的知名企业，它们为各细分行业的制造企业创新发展树立了标杆。可总结优秀企业示范经验，作为面向行业内或特定场景下的典型案例，推动其他创新主体的发展，逐步形成产业聚集示范效应。具体作用如下：

第一，重视标杆企业的引领作用，扶持龙头企业的创新发展。政府应积极鼓励企业学习龙头企业和行业标杆企业的应用模式，总结成功经验，打造行业示范标杆。牵头组织宣传培训、交流咨询等活动形式，推进相关技术模式的应用与推广，引导企业探索自身工业互联网应用方向。政府应加快组织

一批重点项目，聚焦打造具有影响力的工业互联网龙头企业，推动两化融合、数字孪生、知识赋能的覆盖广度和应用深度。政府可为重点项目背书以拉动资源，促进招商引资，以吸引更多资本、技术、知识要素注入。随着标杆企业的不断进步，其发挥的引领作用也将使得所属的创新生态系统持续地完善与提升，同时也为行业内其他生态系统与企业提供借鉴参考，具有先进性和针对性的指导意义。

第二，基于工业互联网生态系统引导标杆企业充分发挥自身优势，打造大中小企业融通发展的创新生态。标杆企业具备技术优势、资源优势、经验优势和规模优势，而一般大型企业资金实力雄厚，数字化转型需求强，且信息化基础较好，可依托开放的市场向中小微企业提供部分开源服务，在数据和资源分享方面持续赋能中小企业；中小企业可以源源不断为标杆企业注入快速变化的新血液，逐渐形成大中小企业发展新生态，进一步提升产业规模，促进资源与产能分配，加速各类工业互联网创新成果的研制与产出。鼓励龙头企业借助工业互联网平台，提取相关知识资源形成模型范式，以 App 或其他软件产品形式供生态系统内的其他中小企业使用。以标杆企业带动其他中小型企业，从龙头企业内部拓展到产业链上下游，推动形成大中小企业融通创新的新格局，实现龙头企业引领、中小企业协同的工业互联网生态融通发展模式。

4. 重视工业互联网人才的培养和引进

我国制造业用人结构正在从传统的劳动密集型向技术密集型升级。随着工业互联网加速发展，高技能人才、"数字工匠"面临数量短缺和结构性失衡等问题，工业互联网专业人才供给不足，工业互联网经营管理、专业技术、技能人才数量不均衡，现有人才队伍复合型能力不足。工业互联网新型基础设施建设需要大量人才支撑，而产业升级带来的人才需求变化也需要人才结构的匹配和优化，需通过"政府引导、市场主导、本地运营"的方式，建设人才培养综合服务体系，解决行业人才需求痛点，全面支撑产业数字化转型。

一方面，政府应积极开展工业互联网人才的培育工作。第一，推动各高校不断优化与调整学科专业结构，鼓励我国高水平大学、理工科大学开设物联网、云计算、移动互联网、信息安全等相关学科与专业，大力培养具备工业专业知识和信息技术应用能力的复合型人才，加强专业教育和融合型、实用型、创新型人才培养，为创新生态系统发展奠定坚实的人才基础。第二，组建人才发展平台联盟，支持国内外知名高校、科研院所合作设立研发机构，推进重点研发机构和科技成果孵化基地建设，积极推动业内人才展开合作交流，促进研发人员流动，探索产学研合作新模式，为高端人才和专业团队提供充足发展机会和孵化载体。第三，强化本地人才培养力度，各级政府部门应积极联络学界和业界，组织高校及科研院所的专家学者、行业内专业人员等共同推进开展工业互联网相关培训工作与研讨会议，面向社会各类人才队伍开展定制化培训。内容应包括从工业互联网概念的普及到具体场景的应用等多个方面，提高工业互联网人才相关培训的意识，为产业发展提供坚实的人才保障。面向政府领导干部，开展政策宣贯，着力提升数字化转型战略思维；面向企业经营管理人才，重点加强转型交流和数字素养，提升管理水平；面向专业技术技能人才，开展技术技能培训。充分调动起政产学研用各方力量，探索工业互联网人才培养机制，建立现代化、专业化、体系化的教育培训体系，全方位培养好人才。

另一方面，落实好工业互联网人才引进与对接工作，努力营造有利于吸引人才和人才成长的宽松环境。制定高端人才认定办法，加大对工业互联网领军人才、专业技术人才的激励力度，对符合要求的人才提供住房补贴、税收优惠、薪酬奖励等激励措施，并以重点行业、重点区域作为先行试点，打造试点示范标杆效应。建立规范高技能人才职级晋升制度，为人才提供更大的发展空间、更宽的上升通道。要提升对关键人才的吸引力度，创新人才引进模式，为工业互联网高端人才引进搭建绿色通道，从而加强对全球工业互联网领军人才及团队的吸引，汇集人才智慧，增强顶尖领军人才和团队的引领带动效应。并依托国家重大人才工程项目和高层次人才特殊支持计划，引进工业互联网高水平研究性科学家和高层次科技领军人才，建设工业互联网智库，为产业发展储备更多人才资源。

5. 加强国家政策与地方发展的协同作用

目前，在国家政策引导下，我国已有三十多个省（区、市）发布了地方工业互联网发展的政策文件。国家层面，国家政策主要是统筹协调全国工业互联网发展的全局性工作，确定工业互联网发展的重大规划、重大工程专项和重要工作安排；地方层面，应当以国家政策为指引，加快推进工业互联网建设，按照网络、平台、安全等细分方向因地制宜制定细化的具体政策措施，从而形成由中央部署、地方推进、企业响应的良好发展格局。

2020 年《中国"5G + 工业互联网"发展报告》指出，工业互联网发展形成以长三角地区、粤港澳地区为引领，向京津冀地区、西部地区和东北老工业基地延伸的"东中西"梯次纵深推进发展态势。各级政府需要统筹并考量本地的经济发展基础与产业需求，因地制宜开展工业互联网建设，做到"适时适地，统筹集约"，统筹做好本地区示范基地建设推进工作，强化政策引导，避免盲目跟从其他地区的发展节奏和响应力度而忽视本地的实际需要，或是未充分结合本地发展优势，盲目投入建设而为当地带来过度投资、产能过剩和结构性失衡等风险。地方政府应在坚定贯彻落实国家工业互联网创新发展计划的同时，根据当地产业基础和优势，配合国家编制地方工业互联网发展计划；围绕产业集聚区发展的共性需求，推动工业互联网平台在地方落地，带动重点行业和集聚产业整体提升；结合地方产业特色推动"区域经济 + 产业平台"协同发展等。

二、产业要不断完善服务体系，疏通知识转移渠道

1. 建立产业知识信息平台，促进资源池供需两端对接

工业互联网等新兴技术为产业链的可靠发展提供了前所未有的机遇，面对技术创新带来的机遇，产业链要积极拥抱创新，以工业互联网生态作为基石，打造自主可控的产业链发展新格局。尽管当前工业互联网生态系统的建设已取得初步成效，但产业内部的协同融合仍存在着挑战。具体而言，由于不同产业之间信息化基础不同，部分行业封闭程度较高，与外部网络的互联互通性差，致使创新生态内部的数据、信息和资源分散，难以发挥工业互联网规模效应。而创新生态系统内部的企业要想在动态的、复杂的市场和技术环境中有更充足的时间和精力根据市场和技术趋势的变化开展相应的创新活动，就离不开各类有价值资源的汇聚。

因此，产业需要搭建工业互联网内部知识信息平台，基于海量工业数据采集、汇聚并沉淀为行业内知识，建立起服务支撑体系，加强信息基础设施建设，为企业提供工业网络化设计、智能化制造、资源信息共享、网络安全保障等工业互联网应用服务，重点推动工业企业依托工业互联网平台实施数字化、网络化、智能化升级。要不断提升工业、服务业企业的信息获取能力，提升工业互联网产业内数据集成能力和上下游整合能力，深化关联产业价值网络的融合和渗透程度；推进高端要素资源充分集聚，从知识、技术、设备、

人才等方面开展创新资源池的建设，深入挖掘存量资源的潜力，紧密融合经营管理过程中的各种要素，提高资源间的协同效应，助力企业降低成本、提高效率、增加效益；促进资源池供需两端精准对接、深度合作，为工业互联网创新生态系统内部企业提供需求撮合、转型咨询、数字化转型产品、解决方案等服务，形成一批可复制、可推广的"上云、用数、赋智"模式和典型经验，推进我国工业互联网创新生态系统快速发展。搭建工业互联网信息平台，培育发展个性化定制、柔性制造等企业生产新模式，成为助力工业互联网产业迭代升级的重要保障措施，带动产业、技术、应用全面发展。

2. 充分发挥科研机构的作用，加快关键共性技术研发及应用

关键共性技术是工业互联网创新和发展的核心资源，是工业互联网生根落地的关键，这些技术知识的快速传播和复用有助于行业整体水平提升，降低创新成本和风险，提高研发、生产、服务效率。我国在工业技术方面持续快速发展，但工业自动化、信息化、智能化等核心解决方案长期依赖国外产品，技术标准多为国外企业掌控，关键技术面临"卡脖子"难题，关键流程和数据缺乏长期研发积累，一些领域呈现技术空心化的问题。在创新成果转化配套措施方面，科研机构与地方政府、企业、行业协会、高校之间在工业互联网关键技术、核心共性技术攻关方面仍存在难点，多主体之间的协同度不够，这些问题严重制约了我国工业互联网产业发展。

工业互联网是全球工业系统与高级计算、分析、感应技术、互联网连接融合的结果。我国工业互联网的发展目前仍处在初级阶段，任何短板都会限制其长远发展，解决技术"卡脖子"问题迫在眉睫。因此，工业互联网的发展离不开科研机构的学理指引。要充分发挥科研机构的作用，通过产学研用资源深度融合构建工业互联网技术生态体系，以高校科研院所、重点实验室及新型研发机构等为发力点，与产业平台紧密结合形成创新链，推动工业云操作系统、新型工业软件、大数据建模分析、微服务组件等核心技术的产业化，为重点目标提供智力支持；构建产学研用的跨平台服务体系，推进基础共性技术和通用平台商业化应用，同时强化工业互联网在高精尖领域的牵引作用，推动高端制造行业从生产自动化向智能化升级；建立和完善期权、股权、技术入股、业绩等分配制度和激励机制，鼓励科研院所制造业相关专业研究人员与应用企业实现协作共赢，积极推进科研机构与工业互联网行业领军企业精准对接、深度合作，加强重点行业领域产用对接，带动共性基础模

型库、行业专用知识库、创新应用案例库的建立和开放。加快关键共性技术的研发应用，着力补齐技术短板，打造出更加坚韧的工业互联网产业体系，全面增强工业互联网产业链核心技术环节。

3. 完善工业互联网中介机构的建设

工业互联网是一项创新性强、复杂度高、推进难度大的长期性系统性工程。除了需要生态系统内部的工业企业、基础电信企业、通信设备制造企业提升自身的创新能力以外，也需要金融企业、科研院所、高校与行业协会等主体共同参与，构建良好的生态环境。

一方面，保证创新生态系统的良性发展，促进生态系统规模的扩张，需要发挥生态系统中介机构以及一些准公共性组织，如营销协会、中小企业融资担保组织等的作用，为中小企业提供综合性服务，如战略规划服务、管理服务、法律服务、投资服务等商务服务。这能够为企业实现工业互联网转型提供知识、经验等多方面的支持，促进中小企业的新产品开发设计和工艺改造、品牌推广、公共信息资源利用。工业互联网也为商业服务提供了新的信息资源、运营视角和服务方向，二者优势互补，加速了跨行业整合。中介机构还包括技术服务中心、专利服务中心、人才中介中心、其他由行业协会授权的非政府组织、工业互联网创新生态系统学习网络平台等，这类中介机构的建设是产业生态系统发展的基础，为产业内部各企业解决生产、技术、管理、人才、信息等各方面问题提供支持，应纳入生态系统发展规划中。行业协会可整合国内外工业互联网和制造业产业链资源，促进政府、企业、服务商之间的交流和深度合作，致力解决行业共性问题及企业现实问题，推动工业互联网领域新技术、新模式、新业态的发展。

另一方面，要全面提高我国工业互联网创新生态系统的竞争力，需要工业互联网产业设立代理机构，例如行业协会、企业家协会、专业技术协会、产业俱乐部等，行使对整个生态系统的协调、监督、指导等方面功能，实现职能专业化、服务细分化、运转社会化，发挥其自我组织、自我服务、自我约束的作用，更好地实现生态经营。鼓励行业协会积极开展行业调研、人员培训、市场开拓、交流协作等工作，以法律、法规和政策为依据，制定科技中介服务标准、行业规范、执业操守等行业制度，引导科技中介机构和从业人员自觉遵守、共同维护。并由行业协会牵头组织建立工业互联网基础共性技术和应用服务的标准体系，积极推动研发机构突破关键技术并参与国内、国际标准制定，增加标准有效供给，强化标准应用实施，加快构建统一、融合、开放的工业互联网标准体系，发挥好标准对推动工业互联网高质量发展的支撑和引领作用。中介机构将在提高工业互联网应用的质量和水平等多个方面发力，助力中小微企业提质增效，支持行业生态体系发展，为建设工业互联网创新生态系统发展体系提供专业性支撑。

4. 培育具备市场敏锐度、整体服务意识和公共管理能力的中间组织

我国工业门类众多，流程型行业、离散型行业涉及的工业专业知识范围广、壁垒高，企业间融合融通、相互促进、共生共享的产业生态尚未形成。这间接在信息沟通、知识交换等方面对想加入工业互联网创新生态系统的企业造成了阻碍，尤其是中小型企业。因此，在建设工业互联网创新生态系统的过程中，必须推进企业间的协调沟通，才能更好地实现工业互联网创新生态系统内部大中小企业协同发展、产业链上中下游平台与合作伙伴之间共生共赢。培育具备市场敏锐度、整体服务意识和公共管理能力的中间组织正是促进多行业沟通的润滑剂。

具体而言，工业互联网创新生态系统需要建立包括政府的派出机构、大企业联盟、标准化组织、中小企业协会、行业管理和服务组织等各类性质的盈利和非盈利组织机构，中间管理组织的形式应当以松散型联盟为主，设立小规模的常设办公室，对内负责沟通和联系各参与主体，推动产业标准建设、组织正式和非正式的交流、协调各主体之间的小摩擦纠纷、扶助和保护中小企业权益；对外加强工业互联网创新生态系统的品牌宣传，开展产业和市场发展形势评估、创新生态系统产品的市场竞争力研究并发布其研究结论，同时，中间管理组织还应负责建设创新生态系统产业内外部风险预警机制，在发现预警信号时提前向创新生态系统主体发出预警并制订联合应对方案。

5. 推进工业互联网产业示范基地建设

工业互联网是新一代信息技术和实体经济深度融合的新型基础设施，是全球主要国家塑造未来产业竞争优势的共同选择。北京、深圳等地已成为全国工业互联网发展高地，下一步将推进周边城市和地区的国家新型工业化产业示范基地建设，打造辐射周边、服务全国的工业互联网产业集群。推动有条件的企业集团打造工业互联网园区，建设工业互联网产业示范基地，建设开放型数字化转型促进中心。产业基地的制造业大数据存储中心和分析中心等基础建设将支持工业企业开展设备、产品以及生产过程中的数据自动采集

和分析；面向产业集群培育和引进一批工业互联网服务商，推动企业管理上云、业务上云、设备上云，从供需两端发力营造融通发展生态。

产业示范基地将在国家和省级层面的重点支持下，从产业规划布局、重大专项、技术改造、公共服务平台建设、培育先进制造业集群等方面，面向产业链上下游和中小企业提供需求撮合、转型咨询、解决方案等服务，提高工业互联网产业集约集聚集群发展水平，扩充工业互联网生态供给资源池，提升产业链供应链的稳定性和竞争力。可在产业基地开展试点示范，待取得经验后再向全省乃至全国范围推广实施。

6. 建立健全产业安全保障体系，强化网络安全技术保障能力

技术安全是工业互联网长效发展的重要保障。工业互联网涉及的产业主体十分广泛，产业链较长，通过智能设备实现工业大数据的收集，再通过工业互联网平台进行数据处理，才能应用于各领域的单个企业中。从实现层面看，工业互联网的快速发展意味着工业控制系统复杂化、IT 化和通用化。不同工业系统互联互通，内部将会越来越多采用通用软件、通用硬件和通用协议，一系列的应用实现都将增加信息安全隐患。从技术应用层面看，工业互联网在应用过程中，控制系统需要存储和分析的数据将会海量增长，由此产生数据保护问题，以及云端数据信息安全保障问题，而大数据、云端计算技术的应用将带来更为复杂的安全问题。其中工业互联网平台及网站安全、数据安全、网络安全、域名安全、联网智能设备安全等问题越发突出，这就导致了工业互联网发展在安全方面面临着重大挑战，需要逐一去攻克这些难关。

当前工业互联网基础设施、中介平台建设加快，人工智能、5G、大数据等新技术广泛应用，在为产业带来变革的同时也使得工业企业面临更多的安全风险。如何构建可信赖的工业互联网生态系统安全网，是工业互联网融合发展需要考虑的问题。除了政府部门要继续完善工业互联网安全政策法规和相关标准外，产业也应提升设备、网络、数据、应用安全防护水平，建立健全安全保障体系，加强安全生态合作，构建工业互联网安全屏障。第一，建成工业互联网安全监测与态势感知平台，构建基于工业互联网的安全感知、监测、预警、处置及评估体系，提升工业企业安全生产数字化、网络化、智能化水平，不断丰富平台功能，健全协同联动的通报处置机制。第二，要提升安全防范、漏洞评估等自主创新能力，鼓励探索新技术的研发，加快安全领域的关键核心技术创新突破，建设信息物理安全系统，通过构建持续性威

胁响应体系，以及智能化、协同化安全防护体系，提升安全技术能力。第三，做好网络安全产业政策文件宣贯落实，培育壮大工业互联网安全供给能力，全面强化设备、网络、控制、应用和数据的安全保障能力。

三、企业要积极参与生态建设，强化知识转移互动

1. 企业应树立系统思维，有效实现生态内部开放合作

工业互联网的目标之一是实现全流程、全要素、全价值链的互联互通，通过工业互联网整合全产业生态的供应资源是互联网时代的必然趋势。然而在工业互联网的建设和推进中，数据存在结构多源、种类多样、异地分散存储等特征，导致企业数据互通困难，出现信息孤岛问题，数据价值没有得到有效应用。企业间协作融合存在一定困难，核心企业的信用难以多级传递至上下游端口，产业发展生态有待改善。

随着工业互联网建设和应用的深入，企业生产经营、财务金融等相关的数据逐渐由分散存储向工业互联网平台集中汇聚，原本分散的资源在工业互联网的带领下共同发挥作用，打破了上下游企业之间、需求与供给之间在时间和空间上的枷锁，形成以核心企业带动全产业链共同提升的完整体系。这便需要企业树立工业互联网系统思维，注重多种知识和要素相互协调关联，通过"赋能"和"使能"利益相关者，提高工业互联网系统整体竞争力和价值创造能力。尤其对于核心大企业而言，需要树立系统思维，吸收中小微企业加速向生态"核心平台"靠拢，让外围参与者的资源投入也能在领导企业的带动下不断增加，并重新探讨价值创造逻辑、知识转移路径、价值衡量标准和分配方式，充分发挥生态系统的开放性优势，以提升整个生态系统的竞争力和创新能力。

通过工业互联网创新生态系统，整合业态，将供应模式服务化，供应链"云"化，为创新要素的进入打开"绿色通道"，积极推动以企业为主的知识主体的自由迁移，推动数据、信息、知识、数字服务等创新要素合理流动，形成供给资源池和需求资源池，提高创新生态系统高端创新资源集聚能力，优化创新生态。此外，坚持开放合作，积极将企业的网络、平台、应用等自身资源向生态系统内成员倾斜，实现知识和能力相互转换，助力合作效率的提升。中小企业应在不断提升吸收能力的同时，努力优化企业间生态位关系，减少因生态位重叠导致的同质性竞争。从实践出发，以企业间生态位关系质

量为标杆，建立创新生态系统的生态联系，以合作共赢为宗旨处理生态系统关系。

同时，由于参与知识转移的安全知识与私有知识具有密切的相关性，知识泄露的发生极有可能危及主体核心知识的安全。相比之下，企业在知识泄漏风险面前是更为敏感的一方。因此，在创新生态系统企业间知识转移合作过程中，各方知识主体都应当加强对其核心知识的保护，特别是掌握先进技术的企业，应当重点设置核心知识保护壁垒，建立相应的风险评估制度和预防机制，维护知识转移过程的稳定性，促进知识主体间长期有效的合作，为有效实现协同合作提供保障。

2. 积极参与技术合作项目，充分拓展合作广度和密度

当前工业互联网对技术应用的创新探索与场景挖掘深度不够，未形成全面化的解决方案，在制造领域尚未进行全面应用。工业互联网时代，许多突破性创新往往需要多项技术的融合，生态系统内技术的快速转移、集成和融合将推动生态价值更快增长，而对于技术应用的要求也远超传统生产研发体系的承载能力；在竞争激烈的外部环境下，工业互联网企业技术创新水平不能仅依靠强化内部业务匹配来提升技术能力。因此，除了推动新的技术成果转化和改进，还要懂得借助合作伙伴的力量，从而满足数量更庞大、应用更丰富、场景更开放的需求环境。

我国创新生态系统参与者在选择是否参与创新生态系统合作时，创新生态系统参与者自身资源禀赋、技术水平、合作认可、技术研发的产品类型等是影响创新生态系统参与者选择是否加入的重要因素，而在创新生态系统价值共创过程中，创新生态系统参与者大都缺乏扩大技术合作项目、积极参与创新生态系统合作以及共性技术研发投入的意愿，创新生态系统技术合作的内在机制尚未形成，这将不利于生态系统总体创新绩效的提升。

促成创新生态系统的技术合作研发与稳定发展需要各参与主体共同努力，与其他企业充分拓展有广度、有深度的合作。一方面，企业应充分拓展标准合作的广度和密度，争占标准领先地位。企业应积极地以直接和间接的方式建立广泛的合作关系，扩大生态系统边界，集成更多优质的知识资源以提高其创新能力，争取更多的产业主体支持其技术主张，从而在技术攻关、联合研发等方面开展合作。例如，推动各行业龙头企业、科研院所与工业互联网企业一起，提出具有行业共性的工业互联网技术路线和解决方案，拓展创新

生态系统主体合作广度。另一方面，应建立比较完善的沟通机制，打通知识流动渠道，积极参与技术合作研发，创新合作模式，共同承担研发风险与成本，推动我国工业互联网企业在关键协议、标准方面的合作，形成合作方之间可识别、可交互的技术体系，加强彼此间信息交流，能够更好地克服信息不对称与环境不确定的影响，促进资源要素流动，从而拓展创新生态系统主体合作深度，提升企业创新成功率。高校与科研院所是知识创造和成果研发的重要载体，企业与高校、科研院所的正式与非正式交流，有助于实现知识的跨组织转移和学习，加速隐性知识与显性知识的溢出，丰富企业的知识来源，进而提升企业创新绩效（邱洋冬，2022）。

3. 加强外部互动，提高企业获取和配置知识资源的灵活性

创新生态系统中每个要素既是独立的，又相互作用、相互联系，并且会随着外部环境、系统内部要素的变化而发生改变，在物质循环、能量传递、信息交流的过程中共同进步和发展，实现系统内部与外部环境的动态平衡。工业互联网企业在资源获取方面为避免出现孤立、分散、封闭等问题，需发挥工业互联网企业的主观能动性，提高企业对环境的认知和判断能力，对外部环境变化保持较高的敏锐度，使得工业互联网生态体系与生态系统外部环境实现良性互动，促进和优化主体间的资源配置效率。一方面，企业需要建立完善的外部环境预警机制，准确预见行业发展趋势、技术演进态势、市场需求变化、行业竞争情况等，以此作为企业研发和发展方向的依据。嵌入工业互联网创新生态系统的企业可以基于价值网络与外部环境进行深度联结，发现跨界融合的机会，联合产学研用等各方力量与产业链各方资源，整合外部资源，引导各方面力量参与到工业互联网核心技术的研发中，在一定程度上为资源吸收和获取提供支撑。

另一方面，积极响应各级政府合作组织要求，获得来自外界的政策、资金、信息等扶持，从而扩大自身发展机遇。主动培育和提升动态调整能力并适应环境的变化，捕捉环境变化下蕴藏的发展机会，灵活、创造性地打造适合企业自身发展和对应具体环境的不同组合，重视对外部优势资源的吸收，促进异质分布数据资源的深度整合、优化与重构，激发各类企业的创新创造活力，从而提高企业创新绩效和经济效益，实现开放共享、互联互动。在企业对外互动的过程中，能够反馈给工业互联网产业环境的知识也会增加，最终实现企业自身与工业互联网发展的协同共生。

4. 创新商业模式，推进新模式新业态发展

目前我国工业互联网商业模式仍不够成熟，企业盈利和合作手段较为单一，总体处于起步探索阶段。由于工业互联网生态搭建具有知识难度大、技术专业性要求高等特征，因此，必须加快构建深度关联、跨界融合、开放创新、合作共赢的工业互联网产业生态的体系模式。工业互联网创新生态系统要实现良好运转，必须确立一个能够使各方满意的盈利模式，实现投入产出的良性循环，方能彰显规模效应。然而，我国工业互联网产业目前尚未出现清晰的商业模式，各个产业链上下游的价值传递机制、产业链上的各个环节如何创造价值，创新生态系统内主体如何协作并体现出其市场价值等一系列问题，未能得到很好地解决。外部环境因素与企业内部因素的共同作用决定了商业模式的创新路径，如何通过数字化技术与传统产业深度融合重塑客户的价值主张，将工业互联网为企业带来的价值主张、价值创造与价值获取的改变纳入生态系统参与主体的商业模式创新，促进多方参与主体在互动过程更加顺利地协调配合，促使系统内关键资源更加高效稳定地流动，仍是需要被工业互联网企业重视和解决的问题。

工业互联网打通了用户需求、研发、生产、物流、服务整个环节，借助工业互联网优势，企业能够打造个性化的产品制造和服务，并且在时间、成本、质量、可靠性等方面优化生产系统，实现资源的最优化匹配。引导企业树立共生理念、系统思维和生态思维，重新审视市场、用户、产品、管理方式和商业模式，创建新技术发展背景下的新商业模式。在价值主张、价值创造、价值获取的不同层面，强调更加紧密的供应链网络和合作伙伴关系，进而促使资源共享，缩短技术创新与产品研发周期，提高生产效率，弥合产品服务、解决方案与行业实际场景需求痛点之间的鸿沟。对于中小企业而言，在平台化工具的协助下不断加强工业互联网应用模式和商业模式创新，顺利进入大企业已经建立的生态系统，实现自驱动、自循环。大企业可通过开放学习进行创业导向建设，推动企业商业模式创新，从而改变其收入模式和价值配置，增强合作伙伴网络和供应商网络关系，拓宽分销渠道。总而言之，结合自身知识资源与生态位情况探索出更加系统的解决方案，重塑和创新工业互联网企业商业模式，工业制造由传统模式向服务制造转型，提升全业态、全生态系统竞争能力，共同探索工业互联网发展的新业态、新模式和新机制。

5. 加强成员之间的信任联系，促进创新生态系统健康发展

工业互联网创新生态系统的建立与维护需要以成员间的信任契约为基础。有些中小企业之间的合作由于缺乏信任基础，对数据安全、技术交互、资源访问、成果享用等环节产生疑虑，不愿意进行更深入更系统的生态运作。良好的情感关系和互动模式尚未成熟，这种不充分的合作互动将造成资源配置效率低下，协调成本过高，并随着工业互联网创新生态系统的发展，成员之间的社会关系瓶颈难以衍生更多新资源与新成果，长此以往不利于发挥出工业互联网生态优势。

当企业想要获得更高创新绩效时，自身原有的生态位特征作用显著。即在一定程度上拥有更多的合作伙伴对其很重要，社会关系的地位能够反映出与多少合作伙伴建立综合互动关系，这是提升企业创新水平的关键。创新生态系统参与者选择是否参与创新生态系统合作，其主观规范、行为态度都将会受到社会关系的影响，进而影响其参与行为与参与程度。通过加强成员之间的共享交流，依托政府相关部门建立的规范化利益分配机制，通过利益分配、相互合作、共同成长的机制，以诚信为联结纽带，共享知识、信息、技术、渠道等，采取相应的措施维护共同利益，以获得创新生态系统中其他合作伙伴的信任等，充分调动各方合作积极性，有助于创新生态系统合作伙伴积累社会资本并形成相互依赖、相互信任的社会关系，进而培养系统成员间的信任、信息共享及协作程度。核心企业要充分重视成员间的关系维护，培养出系统内部的信任基础与认同感。只有合作伙伴对其产生强烈认同，对方案及其配套资源的分配表现出充分认可和信任，双方才有可能在后续的交往中更开放地分享彼此的知识资源，提高创新合作水平。

具体来说，要使生态系统内成员之间、共事成员之间进行广泛接触，在方式上可以选择在创新生态系统内部与合作伙伴定期开展交流会，促进相互学习，提高合作伙伴之间的信任感和认同感；可通过高层互访、定期研讨、技术交流等多层次的互动形式与生态系统参与者建立强连接关系，培育更多共有知识、共同价值观和行为准则等，并将这种关系状态从标准研制延伸至生产、市场等领域的全方位合作，拓展出更广泛的社会关系连接；供应商和客户之间可以采取更直接的互动和协商使其关系得到改善，以培养更长期和更紧密的客户关系，增加主体间交易信任，消除联络壁垒；触发创新生态系

统中老成员和新成员的交流互动，建立起完善的身份信任体系，提升各成员对创新生态系统的信任。此外，也需重视契约的作用，在分工模式、技术专利、知识保密与共享等方面，建立完善的知识产权契约，加速知识转移转化过程，促进生态的有序发展。

附　　录

Stock code	NB	ND	SIZE	EKT	TKT	IP
000063	0.77	11	9	0	2	5574.4
000100	0.81	20	16	6	9	96.2
000157	0.95	10	7	1	4	487.2
000158	0.81	7	6	1	4	6.2
000425	0.94	14	5	3	2	391.4
000521	0.57	4	3	2	1	269
000530	0.00	9	4	1	3	0.4
000584	0.82	6	4	0	4	5.2
000636	0.85	6	4	1	3	96
000807	0.89	10	6	4	2	10.8
000837	0.88	14	6	1	5	11.4
000901	0.95	8	4	1	3	74
000925	0.84	21	10	3	7	50
002009	0.79	5	2	0	2	145.2
002010	0.86	70	53	33	20	15.6
002042	0.56	9	5	0	5	1
002056	0.93	2	2	0	2	260.6
002063	0.63	7	4	2	2	81.6
002065	0.78	20	22	2	20	3.8
002097	0.91	15	10	2	8	67
002126	0.92	13	8	5	3	69
002139	0.97	11	5	0	5	120.4
002158	0.62	8	4	1	3	12.4

（续上表）

Stock code	NB	ND	SIZE	EKT	TKT	IP
002169	0.79	27	15	3	12	17
002184	0.81	5	3	2	1	7.4
002230	0.80	17	7	0	7	285.6
002241	1.00	8	8	1	7	1236.2
002261	0.67	13	9	3	6	2.8
002296	0.89	7	3	2	1	27.2
002334	0.90	11	5	3	2	110
002364	0.76	11	9	0	9	13.4
002367	0.28	7	4	1	3	95.6
002368	0.78	6	2	0	2	6.4
002380	0.91	11	8	1	7	8.8
002405	0.74	24	19	1	18	92
002439	0.41	11	8	1	7	24.2
002441	0.50	8	7	5	2	0.4
002442	0.88	4	3	2	1	3.6
002506	0.79	24	15	3	12	65
002523	0.82	8	7	2	5	19
002538	0.92	8	5	0	5	14
002559	0.81	9	5	3	2	47.4
002579	0.60	6	3	1	2	3
002642	0.30	19	11	2	9	2.2
002657	0.63	9	5	2	3	0.8
002747	0.92	20	10	5	5	32.8
002757	0.82	7	3	0	3	34.8
002771	0.66	7	4	2	2	2
002877	0.08	4	4	0	4	28.4
002929	0.78	8	3	1	2	4.8
002937	0.70	7	3	0	5	6.6
002943	0.36	4	2	0	2	24

（续上表）

Stock code	NB	ND	SIZE	EKT	TKT	IP
002957	0.96	7	2	0	2	26.8
300001	0.81	38	22	5	17	119.4
300002	0.00	19	6	6	0	0.2
300007	0.75	18	8	4	4	28.4
300024	0.93	12	6	1	5	233.4
300031	0.82	4	3	1	2	14.6
300047	0.74	13	6	1	6	5.8
300050	0.52	10	6	1	5	11.4
300068	0.63	15	9	4	5	37.6
300077	0.90	10	6	3	3	119
300098	0.88	15	8	2	6	73.6
300112	0.87	6	4	0	4	8.2
300124	0.94	8	5	1	4	67
300161	0.86	6	2	0	2	47.6
300166	0.61	15	7	3	4	9.2
300170	0.59	9	8	7	1	1.6
300180	0.59	4	2	0	2	1.6
300195	0.85	20	19	6	13	26.6
300213	0.89	21	5	1	4	38.6
300222	0.94	19	7	2	5	23.2
300226	0.28	18	14	5	9	1.2
300245	0.56	7	5	2	3	6.4
300275	0.91	13	9	4	5	17.2
300276	0.00	5	4	1	3	0.2
300307	0.44	11	3	1	2	36.6
300310	0.71	23	12	4	8	7.8
300311	0.62	7	6	3	3	42.4
300324	0.85	28	10	4	6	34.2
300349	0.75	17	12	1	11	78.8

（续上表）

Stock code	NB	ND	SIZE	EKT	TKT	IP
300352	0.56	17	14	4	10	92
300353	0.65	21	11	3	8	91
300369	0.56	7	5	0	5	9.6
300378	0.33	16	9	5	4	6.2
300379	0.50	5	3	1	2	26.6
300384	0.73	9	4	1	3	4.4
300433	0.90	12	8	2	6	62.8
300472	0.91	3	2	0	3	12
300486	0.72	6	6	2	5	3
300532	0.83	2	2	0	1	12.2
300607	0.90	4	4	3	1	98.2
300670	0.82	2	2	0	2	8.2
300687	0.74	4	3	0	4	6.2
600031	0.95	10	8	1	6	29.2
600089	0.59	15	10	1	8	41.2
600166	0.97	5	4	1	3	959.2
600170	0.89	25	18	0	6	268.6
600172	0.96	11	4	3	0	36.8
600282	0.90	3	2	0	1	327
600400	0.75	3	3	0	3	30.2
600410	0.59	11	12	0	11	20
600418	0.97	11	10	2	8	2242.4
600477	0.79	111	103	0	107	33.8
600481	0.50	9	5	0	3	68
600522	0.92	6	6	1	3	148
600580	0.55	2	5	0	2	47.2
600588	0.49	6	2	0	1	113.6
600690	0.81	7	8	1	5	582.2
600718	0.76	25	26	1	18	559.8

（续上表）

Stock code	NB	ND	SIZE	EKT	TKT	IP
600756	0.62	2	2	0	2	89.4
600845	0.90	4	2	0	1	66.6
601567	0.79	10	8	5	1	162.6
603083	0.92	2	2	0	1	54.4
603859	0.72	5	2	1	0	1.6

附录2　工业互联网创新生态系统条件变量与结果变量校准后的集合隶属度分数

Stock code	NB	ND	SIZE	EKT	TKT	IP
000063	0.43	0.68	0.9	0.05	0.05	1
000100	0.63	0.98	1	1	0.99	0.95
000157	0.99	0.59	0.68	0.501	0.501	1
000158	0.58	0.18	0.501	0.501	0.501	0.05
000425	0.98	0.87	0.27	0.95	0.05	1
000521	0.03	0.02	0.05	0.82	0.01	1
000530	0	0.501	0.12	0.501	0.18	0.02
000584	0.69	0.1	0.12	0.05	0.501	0.04
000636	0.81	0.1	0.12	0.501	0.18	0.95
000807	0.94	0.59	0.501	0.99	0.05	0.08
000837	0.91	0.87	0.501	0.501	0.73	0.09
000901	0.99	0.32	0.12	0.501	0.18	0.88
000925	0.8	0.99	0.95	0.95	0.95	0.72
002009	0.47	0.05	0.02	0.05	0.05	0.99
002010	0.86	1	1	1	1	0.15
002042	0.03	0.501	0.27	0.05	0.73	0.02
002056	0.97	0.01	0.02	0.05	0.05	1
002063	0.08	0.18	0.12	0.82	0.05	0.91
002065	0.43	0.98	1	0.82	1	0.04
002097	0.96	0.9	0.95	0.82	0.98	0.84
002126	0.97	0.82	0.82	1	0.18	0.85

（续上表）

Stock code	NB	ND	SIZE	EKT	TKT	IP
002139	0.99	0.68	0.27	0.05	0.73	0.98
002158	0.07	0.32	0.12	0.501	0.18	0.1
002169	0.501	1	1	0.95	1	0.17
002184	0.63	0.05	0.05	0.82	0.01	0.06
002230	0.52	0.95	0.68	0.05	0.95	1
002241	1	0.32	0.82	0.501	0.95	1
002261	0.14	0.82	0.9	0.95	0.88	0.03
002296	0.93	0.18	0.05	0.82	0.01	0.44
002334	0.95	0.68	0.27	0.95	0.05	0.97
002364	0.36	0.68	0.9	0.05	0.99	0.11
002367	0	0.18	0.12	0.501	0.18	0.95
002368	0.45	0.1	0.02	0.05	0.05	0.05
002380	0.96	0.68	0.82	0.501	0.95	0.07
002405	0.32	1	1	0.501	1	0.94
002439	0	0.68	0.82	0.501	0.95	0.34
002441	0.01	0.32	0.68	1	0.05	0.02
002442	0.9	0.02	0.05	0.82	0.01	0.03
002506	0.51	1	1	0.95	1	0.83
002523	0.65	0.32	0.68	0.82	0.73	0.21
002538	0.97	0.32	0.27	0.05	0.73	0.12
002559	0.58	0.501	0.27	0.95	0.05	0.69
002579	0.06	0.1	0.05	0.501	0.05	0.03
002642	0	0.98	0.98	0.82	0.99	0.03
002657	0.07	0.501	0.27	0.82	0.18	0.02
002747	0.97	0.98	0.95	1	0.73	0.54
002757	0.68	0.18	0.05	0.05	0.18	0.56
002771	0.12	0.18	0.12	0.82	0.05	0.03
002877	0	0.02	0.12	0.05	0.501	0.47
002929	0.44	0.32	0.05	0.501	0.05	0.04

（续上表）

Stock code	NB	ND	SIZE	EKT	TKT	IP
002937	0.2	0.18	0.05	0.05	0.73	0.05
002943	0	0.02	0.02	0.05	0.05	0.34
002957	0.99	0.18	0.02	0.05	0.05	0.42
300001	0.62	1	1	1	1	0.98
300002	0	0.98	0.501	1	0	0.02
300007	0.34	0.97	0.82	0.99	0.501	0.47
300024	0.98	0.75	0.501	0.501	0.73	1
300031	0.68	0.02	0.05	0.501	0.05	0.13
300047	0.32	0.82	0.501	0.501	0.88	0.05
300050	0.02	0.59	0.501	0.501	0.73	0.09
300068	0.08	0.9	0.9	0.99	0.73	0.59
300077	0.95	0.59	0.501	0.95	0.18	0.98
300098	0.9	0.9	0.82	0.82	0.88	0.88
300112	0.89	0.1	0.12	0.05	0.501	0.06
300124	0.98	0.32	0.27	0.501	0.501	0.84
300161	0.86	0.1	0.02	0.05	0.05	0.69
300166	0.06	0.9	0.68	0.95	0.501	0.07
300170	0.05	0.501	0.82	1	0.01	0.03
300180	0.05	0.02	0.02	0.05	0.05	0.03
300195	0.83	0.98	1	1	1	0.42
300213	0.93	0.99	0.27	0.501	0.501	0.6
300222	0.98	0.98	0.68	0.82	0.73	0.31
300226	0	0.97	1	1	0.99	0.03
300245	0.03	0.18	0.27	0.82	0.18	0.05
300275	0.96	0.82	0.9	0.99	0.73	0.17
300276	0	0.05	0.12	0.501	0.18	0.02
300307	0.01	0.68	0.05	0.501	0.05	0.58
300310	0.22	0.99	0.99	0.99	0.98	0.06
300311	0.07	0.18	0.501	0.95	0.18	0.64

（续上表）

Stock code	NB	ND	SIZE	EKT	TKT	IP
300324	0.84	1	0.95	0.99	0.88	0.56
300349	0.35	0.95	0.99	0.501	1	0.9
300352	0.03	0.95	1	0.99	1	0.94
300353	0.1	0.99	0.98	0.95	0.98	0.94
300369	0.03	0.18	0.27	0.05	0.73	0.07
300378	0	0.93	0.9	1	0.501	0.05
300379	0.01	0.05	0.05	0.501	0.05	0.42
300384	0.28	0.501	0.12	0.501	0.18	0.04
300433	0.95	0.75	0.82	0.82	0.88	0.82
300472	0.96	0.01	0.02	0.05	0.18	0.1
300486	0.25	0.1	0.501	0.82	0.73	0.03
300532	0.74	0.01	0.02	0.05	0.01	0.1
300607	0.95	0.02	0.12	0.95	0.01	0.96
300670	0.66	0.01	0.02	0.05	0.05	0.06
300687	0.3	0.02	0.05	0.05	0.501	0.05
600031	0.98	0.59	0.82	0.501	0.88	0.501
600089	0.05	0.9	0.95	0.501	0.98	0.63
600166	0.99	0.05	0.12	0.501	0.18	1
600170	0.93	1	1	0.05	0.88	1
600172	0.99	0.68	0.12	0.95	0	0.58
600282	0.95	0.01	0.02	0.05	0.01	1
600400	0.34	0.01	0.05	0.05	0.18	0.51
600410	0.05	0.68	0.99	0.05	1	0.23
600418	0.99	0.68	0.95	0.82	0.98	1
600477	0.48	1	1	0.05	1	0.55
600481	0.01	0.501	0.27	0.05	0.18	0.85
600522	0.97	0.1	0.501	0.501	0.18	0.99
600580	0.03	0.01	0.27	0.05	0.05	0.69
600588	0.01	0.1	0.02	0.05	0.01	0.98

（续上表）

Stock code	NB	ND	SIZE	EKT	TKT	IP
600690	0. 6	0. 18	0. 82	0. 501	0. 73	1
600718	0. 37	1	1	0. 501	1	1
600756	0. 07	0. 01	0. 02	0. 05	0. 05	0. 94
600845	0. 95	0. 02	0. 02	0. 05	0. 01	0. 84
601567	0. 49	0. 59	0. 82	1	0. 01	1
603083	0. 97	0. 01	0. 02	0. 05	0. 01	0. 75
603859	0. 25	0. 05	0. 02	0. 501	0	0. 03

参考文献

一、中文参考文献

[1] 毕静煜，谢恩. 研发联盟组合伙伴多样性与企业创新：研发联盟组合特征的调节作用. 科学学与科学技术管理. 2020，41（12）：35－51.

[2] 曹磊. 全球工业大数据解析［J］. 竞争情报，2020，16（3）：57－63.

[3] 曹薇，董瑶，苗建军. 区域知识产权保护网络演化机制研究［J］. 科技进步与对策，2020，37（10）：45－52.

[4] 曹智，闵庆文，刘某承，等. 基于生态系统服务的生态承载力：概念、内涵与评估模型及应用［J］. 自然资源学报，2015，30（1）：1－11.

[5] 长荣股份. 关于长荣［EB/OL］. http://www.mkmchina.com/blank0.html.

[6] 陈劲，阳银娟. 协同创新的理论基础与内涵［J］. 科学学研究，2012，30（2）：161－164.

[7] 陈劲. 智慧聚展：企业基于商业和创新生态体系的战略［M］. 杭州：浙江大学出版社，2015：3－39.

[8] 陈立敏，王璇. 2000—2007年知识转移理论研究综述［J］. 情报科学，2009，27（1）：137－144.

[9] 陈楠，谢翊馨. 工业互联网视域下构建区域再制造产业生态研究［J］. 当代经济，2022，39（6）：28－35.

[10] 陈菁菁，张卓，王文华. 企业创新团队隐性知识转移模式分析及选择：基于知识生态系统的视角［J］. 管理现代化，2019，39（1）：96－99.

[11] 陈斯琴，顾力刚. 企业技术创新生态系统分析［J］. 科技管理研究，2008，28（7）：453－454，447.

［12］陈武，陈建安，李燕萍. 工业互联网平台：内涵、演化与赋能［J］.
经济管理，2022，44（5）：189－208.

［13］陈艺灵，陈关聚. 高新技术企业认定对技术生态位的动态政策效应研
究：来自高端装备制造业 A 股上市公司的经验证据［J］. 科技进步与
对策，2021，38（5）：105－114.

［14］程建青，罗瑾琏，杜运周，等. 制度环境与心理认知何时激活创业？：
一个基于 QCA 方法的研究［J］. 科学学与科学技术管理，2019，40
（2）：114－131.

［15］程建青，罗瑾琏，杜运周，等. 何种创业生态系统产生女性高创业活
跃度？［J］. 科学学研究，2021，39（4）：695－702.

［16］储节旺，吴蓉，李振延. 数智赋能的创新生态系统构成及运行机制研
究［J］. 情报理论与实践，2023，46（3）：1－8.

［14］阮平南，栾梦雪，刘晓燕，等. 创新网络组织间知识转移影响因素元
分析［J］. 科学进步与对策，2019，36（18）：7－14.

［17］崔严方，张卓. 结构、关系与技术生态位：基于合作与知识双网络的
视角［J］. 科技管理研究，2019，39（11）：159－167.

［18］戴亦舒，叶丽莎，董小英. 创新生态系统的价值共创机制：基于腾讯
众创空间的案例研究［J］. 研究与发展管理，2018，30（4）：24－36.

［19］邓春平，毛基业. 控制，吸收能力与知识转移：基于离岸 IT 服务外包
业的实证研究［J］. 管理评论，2012，24（2）：131－139＋176.

［20］邓晓辉，张航语，王惠. 实现高绿色创新绩效的多元组态研究：基于
五螺旋绿色创新生态系统理论的定性比较分析（QCA）［J］. 工业技术
经济，2022，41（6）：62－70.

［21］董洁，张素娟，孟潇. 我国医疗器械产业创新生态系统演化研究［J］.
中国卫生事业管理，2020，37（11）：876－880.

［22］董睿，张海涛. 复杂网络视角下创新生态系统知识转移建模及仿真研
究［J］. 软科学，2022，36（6）：122－129.

［23］董小英. 知识优势的理论基础与战略选择［J］. 北京大学学报（哲学
社会科学版），2004（4）：37－45.

［24］杜传忠，金文翰. 美国工业互联网发展经验及其对中国的借鉴［J］.
太平洋学报，2020，28（7）：80－93.

［25］杜俊义，崔海龙. 基于生态位理论的企业动态能力研究［J］. 现代商
贸工业，2016，37（3）：63－65.

［26］杜运周，贾良定. 组态视角与定性比较分析（QCA）：管理学研究的一条新道路［J］. 管理世界，2017（6）：155－167.

［27］房银海，谭清美. 协同创新网络研究回顾与展望：以复杂网络为主的多学科交叉视角［J］. 科学学与科学技术管理，2021，42（8）：24.

［28］高长春，刘诗雨，黄昕蕾. 创意产业集群知识网络知识转移行为仿真分析：基于知识刚性及知识异质性视角［J］. 科学管理研究，2019，37（4）：79－86.

［29］高月姣，吴和成. 创新主体及其交互作用对区域创新能力的影响研究［J］. 科研管理，2015，36（10）：51－57.

［30］高照军，张宏如，蒋耘莛. 制度合法性距离、二次创新与开放式创新绩效的关系研究［J］. 管理评论，2018，30（3）：47－59.

［31］工业互联网产业联盟. 工业互联网平台白皮书（讨论稿）［R/OL］. https：//max. book118. com/html/2019/0410/7110011050002020. shtm.

［32］工业互联网大会. 中国工业互联网发展成效评估报告［R/OL］. https：//www. baogaoting. com/info/9358.

［33］郭朝晖. 工业互联网技术发展现状及趋势分析［J］. 自动化仪表，2020，41（5）：1－4，8.

［34］郭妍，徐向艺. 企业生态位研究综述：概念、测度及战略运用［J］. 产业经济评论，2009，8（2）：105－119.

［35］郭燕青，何地，姚远. 创新生态系统演进中的 NMSI 模型与案例［J］. 中国科技论坛，2017（12）：25－31.

［36］国务院. 中国制造 2025. ［EB/OL］. http：//www. gov. cn/zhengce/content/2015－05/19/content_9784. htm.

［37］国务院. 关于深化"互联网＋先进制造业"发展工业互联网的指导意见［EB/OL］. http：//www. gov. cn/zhengce/content/2017－11/27/content_5242582. htm.

［38］海尔卡奥斯物联生态科技有限公司. 平台简介［EB/OL］. https：//www. cosmoplat. com/platform/company.

［39］韩珂. 产学研协同创新生态系统影响因素研究［J］. 郑州轻工业大学学报（社会科学版），2021，22（5）：82－89.

［40］韩炜，邓渝. 商业生态系统研究述评与展望［J］. 南开管理评论，2020，23（3）：14－27.

［41］航天云网科技发展有限责任公司. 公司概况［EB/OL］. http://www.casicloud. cn/profile. html.

［42］郝英杰，潘杰义，龙昀光. 区域创新生态系统知识能力要素协同性评价：以深圳市为例［J］. 科技进步与对策，2020，37（7）：130 – 137.

［43］何郁冰，伍静. 企业生态位对跨组织技术协同创新的影响研究［J］. 科学学研究，2020，38（6）：1108 – 1120.

［44］华为技术有限公司官网：关于华为，公司简介［EB/OL］. https://www. huawei. com/cn/corporate-information.

［45］华为云. 华为云工业赋能云解决方案［EB/OL］. https://www. huaweicloud. com/solution/fusionplant/.

［46］黄微，尹爽，徐瑶，等. 基于专利分析的竞争企业间知识转移模式研究［J］. 图书情报工作，2011，55（22）：78 – 82.

［47］黄艳，陶秋燕，朱福林. 关系强度、知识转移与科技型中小企业创新绩效［J］. 企业经济，2017，36（12）：88 – 94.

［48］IDC，卡奥斯 COSMOPlat. 工业互联网生态 2.0 白皮书［R/OL］. 2022. https://www. waitang. com/report/394100. html.

［49］IDC. 华为工业互联网白皮书［R/OL］. https://www. baogaoting. com/info/20841.

［50］江飞涛. 技术革命浪潮下创新组织演变的历史脉络与未来展望：数字经济时代下的新思考［J］. 学术月刊，2022，54（4）：50 – 62.

［51］江积海. 企业网络中知识传导绩效的影响因素及其机理：TD – SCDMA产业联盟的案例研究［J］. 科学学研究，2010，28（9）：1375 – 1382.

［52］蒋天颖，王峥燕，张一青. 网络强度、知识转移对集群企业创新绩效的影响［J］. 科研管理，2013，34（8）：27 – 34.

［53］蒋振宇，王宗军，潘文砚. 开放度对创新能力作用的新路径：一个有调节的中介模型［J］. 管理评论，2019，31（10）：14.

［54］雷雨嫣，陈关聚，徐国东，等. 技术变迁视角下企业技术生态位对创新能力的影响［J］. 科技进步与对策，2019，36（17）：72 – 80.

［55］李纲，刘益. 国内外企业知识转移的研究现状分析［J］. 情报杂志，2007（9）：10 – 13.

［56］马克·道奇森，大卫·甘恩，尼尔森·菲利普斯. 牛津创新管理手册［M］. 李纪珍，陈劲，译. 北京：清华大学出版社，2019.

［57］李腾. 创新生态系统对非核心企业反向知识溢出的影响研究［D］. 沈阳：辽宁大学，2020.

［58］李腾，张钟元，郑飞. 创新生态系统：知识集成能力与反向知识溢出效应：基于 295 家高新技术企业的调查［J］. 企业经济，2022，41（7）：42 - 55.

［59］李万，常静，王敏杰，等. 创新 3.0 与创新生态系统［J］. 科学学研究，2014，32（12）：1761 - 1770.

［60］李小妹. 主要发达国家工业互联网政策的演变与启示［J］. 区域经济评论，2022（4）：32 - 44.

［61］李小情. 企业社会资本、知识转移及创新绩效［D］. 温州：温州大学，2018.

［62］李煜华，武晓锋，胡瑶瑛. 共生视角下战略性新兴产业创新生态系统协同创新策略分析［J］. 科技进步与对策，2014，31（2）：47 - 50.

［63］李子彪，刘爽，李喆. 产业聚集对技术创新能力的阈值效应及区域比较：以生物制造业为例［J］. 技术经济，2016，35（8）：67 - 73.

［64］林浩，陈春晓，秦永彬. 工业互联网：我国实体经济与数字经济融合发展的路径选择［J］. 贵州大学学报（社会科学版），2020，38（5）：85 - 94.

［65］林筠，杨雪，李随成. 隐性知识交流和转移与企业技术创新关系的实证研究［J］. 科研管理，2008（5）：16 - 23 + 34.

［66］刘春艳，王伟. 国内外知识转移影响因素研究综述［J］. 图书馆学研究，2014（8）：2 - 6.

［67］刘健. "种群—流量"组态对数字创新生态系统核心企业绩效的影响：以人工智能企业为例［D］. 杭州：杭州电子科技大学，2020.

［68］刘静，解茹玉. 创新生态系统：概念差异、根源与再探讨［J］. 科技管理研究，2020，40（20）：8 - 14.

［69］刘丽杭，唐丽萍. 产学研合作中信任对知识转移影响的仿真研究［J/OL］. 电子科技大学学报（社科版），2022,24(4):1 - 9.

［70］刘巧英. 用户参与式图书馆"双创"服务模式研究［J/OL］. 图书馆工作与研究，2022（2）：15 - 21.

［71］刘运国，郑明晖. 物联网生态时代的精准激励机制研究：基于海尔的案例［J］. 财会通讯，2022，（2）：3 - 11.

［72］刘志彪，吴福象.“一带一路”倡议下全球价值链的双重嵌入［J］. 中国社会科学，2018（8）：17 - 32.

［73］柳晓玲. 基于生态理论的产业集群发展研究［D］. 锦州：辽宁工业大学，2015.

［74］龙跃，顾新，张莉. 基于知识转移生态演化的产业技术创新协调研究［J］. 科学学与科学技术管理，2016，37（12）：62 - 72.

［75］卢兵，岳亮，廖貅武. 企业通过联盟进行隐性知识转移的三阶段模型［J］. 管理工程学报，2008，22（1）：16 - 23.

［76］吕铁. 我国工业互联网产业的变革路径探究：从平台系统架构视角出发［J］. 人民论坛·学术前沿，2020，（13）：14 - 22.

［77］吕一博，韩少杰，苏敬勤，等. 大学驱动型开放式创新生态系统的构建研究［J］. 管理评论，2017，29（4）：15.

［78］吕玉辉. 企业技术创新生态系统探析［J］. 科技管理研究，2011，31（16）：15 - 17 + 48.

［79］马费成，王晓光. 知识转移的社会网络模型研究［J］. 江西社会科学，2006（7）：38 - 44.

［80］马鸿佳，宋春华，毕强. 基于创业生态系统的多层级知识转移模型研究［J］. 图书情报工作，2016，60（14）：16 - 23.

［81］马世骏. 中国生态环境问题分析及治理策略：以区域生态工程为主体的生态建设［J］. 管理世界，1990（3）：172 - 176，225 - 226.

［82］毛湛文. 定性比较分析（QCA）与新闻传播学研究［J］. 国际新闻界，2016，38（4）：6 - 25.

［83］梅亮，陈劲，刘洋. 创新生态系统：源起、知识演进和理论框架［J］. 科学学研究，2014，32（12）：1771 - 1780.

［84］美国通用电气公司. 工业互联网：打破智慧与机器的边界［M］. 北京：机械工业出版社，2015.

［85］牟宇鹏，郭旻瑞，张辉，等. 平台生态系统的开放性陷阱：系统信任缺失与信任治理［J］. 科学学与科学技术管理，2021，42（10）：56 - 70.

［86］潘威. 工业互联网平台的综合竞争力评价研究［D］. 杭州：杭州电子科技大学，2021.

［87］彭灿. 虚拟企业中的组织间知识转移与学习［J］. 科技进步与对策，2005（3）：10 - 12.

[88] 彭文俊，王晓鸣. 生态位概念和内涵的发展及其在生态学中的定位 [J]. 应用生态学报，2016，27（1）：327-334.

[89] 彭晓芳，吴洁，盛永祥，等. 创新生态系统中多主体知识转移生态关系的建模与实证分析 [J]. 情报理论与实践，2019，42（9）：111-116.

[90] 齐廉文，吴洁，庄蕾，等. 生态视域下创业生态系统异质企业间知识转移机理研究 [J]. 复杂系统与复杂性科学，2021，18（4）：74-83.

[91] 邱洋冬. 数字化变革与企业创新：知识来源视角 [J]. 兰州学刊，2022（7）：58-79.

[92] 单蒙蒙，尤建新，邵鲁宁. 产业创新生态系统的协同演化与优化模式：基于张江生物医药产业的案例研究 [J]. 上海管理科学，2017，39（3）：1-7.

[93] 单汨源，李果，陈丹. 基于生态位理论的企业竞争战略研究 [J]. 科学学与科学技术管理，2006，27（3）：159-163.

[94] 深圳市工业和信息化局. 深圳市工业和信息化局工业互联网发展扶持计划操作规程 [EB/OL]. http://gxj. sz. gov. cn/gkmlpt/content/9/9535/post_9535188. html#25192.

[95] 深圳市工业和信息化局. 深圳市人民政府办公厅关于印发深圳市工业互联网发展行动计划（2018—2020 年）及配套政策措施的通知 [EB/OL]. http://www. sz. gov. cn/zwgk/zfxxgk/zfwj/szfbgtwj/content/post_6576125. html.

[96] 深圳市工业和信息化局. 市工业和信息化局关于发布《深圳市工业互联网发展白皮书（2019）》的函 [EB/OL]. http://www. sz. gov. cn/szzt2010/wgkzl/jcgk/jcygk/zdzcjc/content/mpost_6601351. html.

[97] 盛朝迅. 从产业政策到产业链政策："链时代"产业发展的战略选择 [J]. 改革，2022（2）：22-35.

[98] 寿柯炎，魏江，刘洋. 后发企业联盟组合多样性架构：定性比较分析 [J]. 科学学研究，2018，36（7）：1254-1263.

[99] 司凡，鹿颖，宋立丰. 新型举国体制下新基建推动创新生态系统演化的路径 [J]. 财会月刊，2022，917（1）：154-160.

[100] 孙冰，徐晓菲，姚洪涛. 基于 MLP 框架的创新生态系统演化研究 [J]. 科学学研究，2016，34（8）：11.

[101] 孙聪，魏江. 企业层创新生态系统结构与协同机制研究 [J]. 科学学

研究, 2019, 37 (7)：1316 – 1325.

[102] 孙海波, 刘忠璐. 环境规制、清洁技术创新与中国工业绿色转型 [J]. 科研管理, 2021, 42 (11)：54 – 61.

[103] 孙新波, 张明超, 王永霞. 工业互联网平台赋能促进数据化商业生态 系统构建机理案例研究 [J]. 管理评论, 2022, 34 (1)：322 – 337.

[104] 孙艳艳, 张红, 张敏. 日本筑波科学城创新生态系统构建模式研究 [J]. 现代日本经济, 2020, 39 (3)：65 – 80.

[105] 孙耀吾, 贺石中. 高技术服务创新网络开放式集成模式及演化：研究综 述与科学问题 [J]. 科学学与科学技术管理, 2013, 34 (1)：48 – 55.

[106] 谭大鹏, 霍国庆, 王能元, 等. 知识转移及其相关概念辨析 [J]. 图 书情报工作, 2005, 49 (2)：7 – 10 + 143.

[107] 汤临佳, 郑伟伟, 池仁勇. 创新生态系统的理论演进与热点前沿：一 项文献计量分析研究 [J]. 技术经济, 2020, 39 (7)：1 – 9, 26.

[108] 唐国锋, 李丹. 工业互联网背景下制造业服务化价值创造体系重构研 究 [J]. 经济纵横, 2020 (8)：61 – 68.

[109] 唐开翼, 欧阳娟, 甄杰, 等. 区域创新生态系统如何驱动创新绩效?： 基于 31 个省市的模糊集定性比较分析 [J]. 科学学与科学技术管理, 2021, 42 (7)：53 – 72.

[110] 唐雯. 科技型中小企业创新生态系统构建机制研究 [J]. 技术经济与 管理研究, 2021 (3)：35 – 39.

[111] 唐炎华, 石金涛. 国外知识转移研究综述 [J]. 情报科学, 2006 (1)：153 – 160.

[112] 陶海青, 薛澜. 社会网络中的知识传递 [J]. 经济管理, 2004 (6)： 77 – 84.

[113] 天源迪科. 集团简介 [EB/OL]. https://www. tydic. com/aboutus-about-jtjj/.

[114] 王斌, 郭清琳. 焦点企业知识存量对联盟组合分裂断层的影响：知识转 移效率的中介作用 [J]. 科技进步与对策, 2020, 37 (5)：151 – 160.

[115] 王纯旭. 产业技术创新生态系统运行存在的问题及其对策研究 [J]. 经济研究导刊, 2020 (17)：38 – 39.

[116] 王飞航, 本连昌. 创新生态系统视角下区域创新绩效提升路径研究 [J]. 中国科技论坛, 2021 (3)：154 – 163.

[117] 王俊鹏, 石秀. 我国汽车产业创新生态系统演进的影响因素研究 [J]. 技术经济, 2019, 38 (12): 97 – 104.

[118] 王雎, 曾涛. 开放式创新: 基于价值创新的认知性框架 [J]. 南开管理评论, 2011, 14 (2): 114 – 125.

[119] 王凯. 区域创新生态系统情景下产学知识协同创新机制研究 [D]. 杭州: 浙江大学, 2016.

[120] 王莉, 游竹君. 基于知识流动的创新生态系统价值演化仿真研究 [J]. 中国科技论坛, 2019 (6): 48 – 55.

[121] 王秋华, 吴国华, 魏东晓, 等. 工业互联网安全产业发展态势及路径研究 [J]. 中国工程科学, 2021, 23 (2): 46 – 55.

[122] 王如玉, 梁琦, 李广乾. 虚拟集聚: 新一代信息技术与实体经济深度融合的空间组织新形态 [J]. 管理世界, 2018, 34 (2): 13 – 21.

[123] 王玮, 杜书升, 曹溪. 工业互联网引发的 "颠覆式" 管理变革 [J]. 清华管理评论, 2019 (3): 62 – 72.

[124] 王伟光, 冯荣凯, 尹博. 产业创新网络中核心企业控制力能够促进知识溢出吗? [J]. 管理世界, 2015 (6): 99 – 109.

[125] 王欣欣. 创新网络与知识转移对创新绩效的影响 [D]. 金华: 浙江师范大学, 2021.

[126] 王兴伟, 信俊昌, 邵安林, 等. 企业内部工业互联网现状与发展对策研究 [J]. 计算机科学, 2022, 49 (7): 1 – 9.

[127] 邬贺铨. 工业互联网发展的背景、内涵及技术应用分析 [C]. 2020 工业互联网大会, 2019.

[128] 吴绍波, 顾新. 战略性新兴产业创新生态系统协同创新的治理模式选择研究 [J]. 研究与发展管理, 2014, 26 (1): 13 – 21.

[129] 吴晓波, 高忠仕, 胡伊苹. 组织学习与知识转移效用的实证研究 [J]. 科学学研究, 2009, 27 (1): 101 – 110.

[130] 武翠, 谭清美. 长三角一体化区域创新生态系统动态演化研究: 基于创新种群异质性与共生性视角 [J]. 科技进步与对策, 2021, 38 (5): 38 – 47.

[131] 武学超. 五重螺旋创新生态系统要素构成及运行机理 [J]. 自然辩证法研究, 2015, 31 (6): 50 – 53.

[132] 武玉青, 李海波, 陈娜, 等. 我国多螺旋创新生态载体的内涵特征、

理论框架与实践模式研究：基于山东省创新创业共同体实证研究 [J]. 科学学与科学技术管理，2022，43（3）：75 – 95.

[133] 奚雷，彭灿. 战略联盟中组织间知识转移的影响因素与对策建议 [J]. 科技管理研究，2006（3）：166 – 169.

[134] 肖红军. 共享价值、商业生态圈与企业竞争范式转变 [J]. 改革，2015（7）：129 – 141.

[135] 肖小勇，文亚青. 组织间知识转移的主要影响因素 [J]. 情报理论与实践，2005（4）：355 – 358.

[136] 谢荷锋，娄芳芳，彭华训. 领导风格、沟通能力与管理知识资源跨企业转移 [J]. 商业研究，2015（1）：132 – 143.

[137] 解学梅，左蕾蕾，刘丝雨. 中小企业协同创新模式对协同创新效应的影响：协同机制和协同环境的双调节效应模型 [J]. 科学学与科学技术管理，2014，35（5）：72 – 81.

[138] 解学梅，王宏伟，唐海燕. 创新生态战略与创新效率关系：基于创新生态网络视角 [J]. 系统管理学报，2020A，29（6）：1065 – 1077.

[139] 解学梅，余生辉，吴永慧. 国外创新生态系统研究热点与演进脉络：基于科学知识图谱视角 [J]. 科学学与科学技术管理，2020B，41（10）：20 – 42.

[140] 解学梅，余佳惠，唐海燕. 创新生态系统种群丰富度对创新生态效应影响机理研究 [J]. 科研管理，2022，43（6）：9 – 21.

[141] 辛冲，李明洋，吴怡雯. 企业知识基础与创新生态系统价值共创 [J]. 研究与发展管理，2022A，34（2）：79 – 90.

[142] 辛冲，徐杨，吴怡雯. 创新生态系统合作模式对知识转移绩效的影响研究 [J]. 研究与发展管理，2022B，34（3）：54 – 65.

[143] 许冠南，王秀芹，潘美娟，等. 战略性新兴产业国外经典政策工具分析：政府采购与补贴政策 [J]. 中国工程科学，2016，18（4）：8.

[144] 许照成，侯经川. 知识与企业竞争力的定量关系研究 [J]. 工业技术经济，2020，39（12）：110 – 120.

[145] 杨明海，魏玉婷，庄玉梅. 企业技术创新范式演化及中国情境下研究展望 [J]. 山东财经大学学报，2021，33（6）：77 – 85.

[146] 杨伟，周青，郑登攀. "互联网 +"创新生态系统：内涵特征与形成机理 [J]. 技术经济，2018，37（7）：10 – 15.

[147] 杨伟, 刘健, 武健. "种群—流量" 组态对核心企业绩效的影响: 人工智能数字创新生态系统的实证研究 [J]. 科学学研究, 2020, 38 (11): 2077 – 2086.

[148] 颜永才. 新常态下企业创新生态系统与自主创新战略研究 [J]. 科学管理研究, 2015, 33 (5): 74 – 77.

[149] 姚艳虹, 陈彦文, 周惠平. 技术创新网络中企业生态位对二元式创新的影响 [J]. 科技进步与对策, 2017, 34 (19): 1 – 7.

[150] 姚艳虹, 高晗, 昝傲. 创新生态系统健康度评价指标体系及应用研究 [J]. 科学学研究, 2019, 37 (10): 1892 – 1901.

[151] 用友精智工业互联网平台. 关于精智 [EB/OL]. https://jingzhi. yonyoucloud. com/#/aboutUs.

[152] 用友网络科技股份有限公司. 公司介绍 [EB/OL]. http://www. yonyou. com/yy/guanyu. html?id = 0.

[153] 于尔东, 王典典, 刘志峰. 品牌生态位概念、特征和类型研究 [J]. 企业经济, 2014 (7): 9 – 12.

[154] 于贵瑞, 王秋凤, 杨萌, 等. 生态学的科学概念及其演变与当代生态学学科体系之商榷 [J]. 应用生态学报, 2021, 32 (1): 15.

[155] 于海斌. 工业互联网: 互联网 + 制造业的一种范式 [J]. 机器人技术与应用, 2019, 4: 24 – 25, 28.

[156] 余文涛, 杜博涵. 平台经济生态下制造业企业的生存之道: 规模扩张抑或技术创新 [J]. 产业经济评论, 2022 (6): 19 – 36.

[157] 余晓辉. 工业互联网内涵、应用状况及趋势 [R]. 无锡: 全球工业互联网发展高峰论坛, 2019.

[158] 余晓晖. 工业互联网到底是怎样一张网 [J]. 中国中小企业, 2019 (5): 16 – 22.

[159] 俞兆渊, 鞠晓伟, 余海晴. 企业社会网络影响创新绩效的内在机理研究: 打开知识管理能力的黑箱 [J]. 科研管理, 2020, 41 (12): 149 – 159.

[160] 张长征, 王硕. 基于组织冗余视角的合作创新企业间知识转移研究综述 [J]. 研究与发展管理, 2012, 24 (6): 34 – 45.

[161] 张朝宾, 吴洁, 黄伟, 等. 网络结构与组织间知识转移绩效关系的实证研究 [J]. 科技进步与对策, 2011, 28 (19): 112 – 116.

[162] 张道潘, 沈佳. 组织邻近、知识转移、大数据采纳与产学研合作创新

绩效：基于被调节的中介模型检验［J］. 上海对外经贸大学学报，
2019，26（6）：49-58.

［163］张光宇，欧春尧，刘贻新，等. 人工智能企业何以实现颠覆性创新?：
基于扎根理论的探索［J］. 科学学研究，2021，39（4）：738-
748+757.

［164］张贵，李佳钰，郭婷婷. 创新生态系统、高技术产业与京津冀协同发
展新动能：基于我国三大区域行业数据的比较分析［J］. 河北工业大
学学报（社会科学版），2017，9（2）：1-7.

［165］张红辉，卢丽娜. 优化宁波科技创新生态的建议对策［J］. 宁波经济
（三江论坛），2016，（12）：10-12.

［166］张可云，杨丹辉，赵红军，等. 数字经济是推动区域经济发展的新动
力［J］. 区域经济评论，2022（3）：8-19.

［167］张丽萍. 从生态位到技术生态位［J］. 科学学与科学技术管理，2002
（3）：23-25.

［168］张利飞. 创新生态系统技术种群非对称耦合机制研究［J］. 科学学研
究，2015，33（7）：1100-1108.

［169］张明，杜运周. 组织与管理研究中QCA方法的应用：定位、策略和方
向［J］. 管理学报，2019，16（9）：1312-1323.

［170］张琦，刘人境，杨晶玉. 知识转移绩效影响因素分析［J］. 科学学研
究，2019，37（2）：311-319.

［171］张睿，姬长旭. 民族地区乡村旅游职业农民知识转移演进过程研究：
基于广西龙脊梯田景区的纵向单案例研究［J］. 旅游科学，2022，36
（1）：50-72.

［172］赵健宇，王铁男. 基于"刺激—反应"原理的战略联盟知识空间适应
性演化［J］. 系统管理学报，2019，28（1）：10-21，30.

［173］赵岩. 企业创新生态系统下双元创新对价值共创的影响研究［J］. 当
代财经，2020（5）：87-99.

［174］赵彦飞，李雨晨，陈凯华. 国家创新环境评价指标体系研究：创新系
统视角［J］. 科研管理，2020，41（11）：66-74.

［175］赵耀. 科技型企业知识联盟隐性知识转移的演化博弈研究［D］. 湘
潭：湘潭大学，2021.

［176］郑文全. 知识管理和知识管理系统：概念基础和研究课题［J］. 管理世界，2012（5）：157－69.

［177］中国工业互联网研究院. 中国工业互联网产业经济发展白皮书（2021年）［R/OL］. http：//zrghj. lf. gov. cn/lfsgt/zt/wlaq/106590224722243736576. html.

［178］中华人民共和国中央人民政府. 国务院关于印发《中国制造2025》的通知［EB/OL］. https：//www. gov. cn/zhengce/content/2015－05/19/content_9784. htm.

［179］周建，周蕊. 论战略联盟中的知识转移［J］. 科学学与科学技术管理，2006，27（5）：84－89.

［180］周杰. 知识转移视角的市场营销专业教学质量提升研究［J］. 重庆与世界（学术版），2015，32（3）：61－63，83.

［181］周小平. 生态是什么：对生态的实质及其表现形式的初步思索［J］. 生态学杂志，1991（5）：64－66.

［182］朱春全. 生态位态势理论与扩充假说［J］. 生态学报，1997（3）：324－332.

［183］朱春全，雷静品. 人类生态位的扩充与可持续发展［J］. 生态学杂志，1997（3）：51－55.

［184］朱瑞博，刘志阳，刘芸. 架构创新、生态位优化与后发企业的跨越式赶超：基于比亚迪、联发科、华为、振华重工创新实践的理论探索［J］. 管理世界，2011（7）：69－97，188.

［185］朱亚丽，徐青，吴旭辉. 网络密度对企业间知识转移效果的影响：以转移双方企业转移意愿为中介变量的实证研究［J］. 科学学研究，2011，29（3）：427－431.

［186］朱正浩，戚聿东，赵志栋. 技术生态位对企业绩效的影响研究：技术宽度和技术重叠度整合视角［J］. 南方经济，2021（4）：86－105.

［187］左美云. 企业信息化主体间的六类知识转移［J］. 计算机系统应用，2004（8）：72－74.

［188］左文明，丘心心. 工业互联网产业集群生态系统构建：基于文本挖掘的质性研究［J］. 科技进步与对策，2022，39（5）：83－93.

二、外文参考文献

[1] ADNER R, KAPOOR R. Value creation in innovation ecosystems: how the structure of technological interdependence affects firm performance in new technology generations [J]. Strategic management journal, 2010, 31 (3): 306 – 333.

[2] ADNER R. Match your innovation strategy to your innovation ecosystem [J]. Harvard business review, 2006, 84 (4): 98 – 107.

[3] AGNOLUCCI P, MCDOWALL W. Technological change in niches: auxiliary power units and the hydrogen economy [J]. Technological forecasting and social change, 2007, 74 (8): 1394 – 1410.

[4] AHAMMAD M F, TARBA S, LIU Y P, et al. Knowledge transfer and cross-border acquisition performance: the impact of cultural distance and employee retention [J]. International business review, 2016, 25 (1): 66 – 75.

[5] ALBINO V, GARAVELLI A C, SCHIUMA G. Knowledge transfer and inter-firm relationships in industrial districts: the role of the leader firm [J]. Technovation, 1998, 19 (1): 53 – 63.

[6] AHAMMAD M F, TARBA S Y, LIU Y, et al. Knowledge transfer and cross – border acquisition performance: the impact of cultural distance and employee retention [J]. International business review, 2016, 25 (1): 66 – 75.

[7] ARGOTE L, INGRAM P, LEVINE J M, et al. Knowledge transfer in organizations: learning from the experience of others [J]. Organizational behavior and human decision processes, 2000, 82 (1).

[8] AUTIO E, THOMAS L D W. Innovation ecosystems: implications for innovation management [M] //DODGSON M, GANN D M, PHILLIPS N. The Oxford Handbook of Innovation Management. Oxford University Press, 2014: 204.

[9] BAUM J, SINGH J V. Organizational hierarchies and evolutionary processes: some reflections on a theory of organizational evolution [M] //BAUM J A C, SINGH J V. Evolutionary dynamics of organizations. Oxford University Press, 1994.

[10] BECERRA M, LUNNAN R, HUEMER L. Trustworthiness, risk, and the transfer of tacit and explicit knowledge between alliance partners [J]. Journal of management studies, 2008, 45 (4): 691 –713.

[11] BENGTSSON L, LAKEMOND N, LAZZAROTTI V, et al. Open to a select few? Matching partners and knowledge content for open innovation performance [J]. Creativity and innovation management, 2015, 24 (1): 72 –86.

[12] BLOOM P N, DEES J G. Cultivate your ecosystem [J]. Stanford social innovation review, 2008, 6 (1): 47 –53.

[13] CARAYANNIS E G, CAMPBELL D F J. Triple Helix, Quadruple Helix and Quintuple Helix and how do knowledge, innovation and the environment relate to each other? A proposed framework for a trans-disciplinary analysis of sustainable development and social ecology [J]. International journal of social ecology and sustainable development, 2010, 1 (1): 45.

[14] CENNAMO C, SANTALO J. Platform competition: strategic trade-offs in platform markets [J]. Strategic management journal, 2013, 34 (11): 1331 –1350.

[15] CAVUSGIL S T, CALANTONE R J, ZHAO Y S. Tacit knowledge transfer and firm innovation capability [J]. The journal of business & industrial marketing, 2003, 18 (1): 6 –19.

[16] CHAE B K. A general framework for studying the evolution of the digital innovation ecosystem: The case of big data [J]. International journal of information management, 2019 (45): 83 –94.

[17] CHESBROUGH H W. The era of open innovation [J]. MIT sloan management review, 2003, 44 (3): 35 –41.

[18] CHIESA V, MANZINI R. Towards a framework for dynamic technology strategy [J]. Technology analysis & strategic management, 1998, 10 (1): 111 –129.

[19] COLIN C J, et al. When is open innovation beneficial? The role of strategic orientation [J]. Journal of product innovation management, 2014, 31 (6): 1235 –1253.

[20] COWAN R, JONARD N, ZIMMERMANN J B. Bilateral collaboration and

the emergence of innovation networks ［C］//Computer science & information systems. IEEE, 2012.

［21］ CROSS S E. Strategic considerations in leading an innovation ecosystem ［J］. GSTF journal on business review (GBR), 2013, 2 (3): 104 – 109.

［22］ CUI A S, O'CONNOR G. Alliance portfolio resource diversity and firm innovation ［J］. Journal of marketing, 2012, 76 (4): 24 – 43.

［23］ CUMMINGS J L, TENG B S. Transferring R&D knowledge: the key factors affecting knowledge transfer success ［J］. Journal of engineering and technology management, 2003, 20 (1).

［24］ DOBREV S D, KIM T Y, HANNAN M T. Dynamics of niche width and resource partitioning ［J］. American journal of sociology, 2001, 106 (5): 1299 – 1337.

［25］ DOBREV S D, KIM T Y. Positioning among organizations in a population: moves between market segments and the evolution of industry structure ［J］. Administrative science quarterly, 2006, 51 (2): 230 – 261.

［26］ DYER J H, HATCH N W. Relation-specific capabilities and barriers to knowledge transfers: creating advantage through network relationships ［J］. Strategic management journal, 2006, 27 (8): 701 – 719.

［27］ EHRENFELD J. Putting a spotlight on metaphors and analogies in industrial ecology ［J］. Journal of industrial ecology, 2003, 7 (1): 1 – 4.

［28］ ELTON C S. Animal Ecology ［J］. Nature, 1927, 119 (2988): 193.

［29］ ERKKO A, et al. Digital affordances, spatial affordances, and the genesis of entrepreneurial ecosystems ［J］. Strategic entrepreneurship journal, 2018, 12 (1): 72 – 95.

［30］ ESTRIN J. Closing the innovation gap: reigniting the spark of creativity in a global economy ［J］. Industry week, 2008, 257 (11): 62.

［31］ FERNANDES C, et al. Regional innovation systems: what can we learn from 25 years of scientific achievements? ［J］. Regional studies, 2020, 55 (3): 1 – 13.

［32］ FISS P C. Building better causal theories: a fuzzy set approach to typologies in organization research ［J］. Academy of management journal, 2011, 54 (2): 393 – 420.

［33］ FLEMING L, SORENSON O. Technology as a complex adaptive system： evidence from patent data ［J］. Research policy, 2001, 30 （7）： 1019 – 1039.

［34］ FREEMAN J, HANNAN M T. Niche width and the dynamics of organizational populations ［J］. The American journal of sociology, 1983, 88 （6）： 1116 – 1145.

［35］ FRENZ M, LETTO – GILLIES G. The impact on innovation performance of different sources of knowledge： evidence from the UK Community Innovation Survey ［J］. Research policy, 2009, 38 （7）： 1125 – 1135.

［36］ FRIESL M. Knowledge acquisition strategies and company performance in young high technology companies ［J］. British journal of management, 2012, 23 （3）： 325 – 343.

［37］ GAZIANO E. Ecological metaphors as scientific boundary work： innovation and authority in interwar sociology and biology ［J］. American journal of sociology, 1996, 101 （4）： 874 – 907.

［38］ GILBERT M, CORDEY – HAYES M. Understanding the process of knowledge transfer to achieve successful technological innovation ［J］. Technovation, 1996, 16 （6）.

［39］ GÖK A, WATERWORTH A, SHAPIRA P. Use of web mining in studying innovation ［J］. Scientometrics, 2015, 102 （1）： 653 – 671.

［40］ GRECO M, GRIMALDI M, CRICELLI L. Hitting the nail on the head： exploring the relationship between public subsidies and open innovation efficiency ［J］. Technological forecasting and social change, 2017, 118： 213 – 225.

［41］ GREVE H R. Marketing niche entry decisions： competition, learning, and strategy in Tokyo banking, 1894 – 1936 ［J］. Academy of management journal, 2000, 43 （5）： 816 – 836.

［42］ GRIMPE C, SOFKA W. Search patterns and absorptive capacity： low-and high-technology sectors in European countries ［J］. Research Policy, 2009, 38 （3）： 495 – 506.

［43］ GRINNELL J. Field tests of theories concerning distributional control ［J］. The american naturalist, 1917, 51 （602）： 115 – 128.

[44] GROTH O J, ESPOSITO M, TSE T. What Europe needs is an innovation-driven entrepreneurship ecosystem: introducing EDIE [J]. Thunderbird international business review, 2015, 57 (4): 263 – 269.

[45] GUAN J C, MOK C K, YAM R C M, et al. Technology transfer and innovation performance: evidence from Chinese firms [J]. Technological forecasting and social change, 2006, 73 (6): 666 – 678.

[46] HAMEL G. Competition for competence and inter-partner learning within international strategic alliances [J]. Strategic management journal, 1991, 12 (S1): 83 – 103.

[47] HANNAN M T, FREEMAN J. Organizational ecology [M]. Harvard university press, 1989.

[48] HANNAN M T, FREEMAN J. The population ecology of organizations [J]. The American journal of sociology, 1977, 82 (5): 929 – 964.

[49] HANNAN M T. Inertia, density and the structure of organizational populations: entries in European automobile industries, 1886 – 1981 [J]. Organization studies, 1997, 18 (2): 193 – 228.

[50] HANSEN M T. The search – transfer problem: the role of weak ties in sharing knowledge across organization subunits [J]. Administrative science quarterly, 1999, 44 (1): 82 – 111.

[51] HELMSING B. Externalities, learning and governance: new perspectives on local economic development [J]. Development and change, 2001, 32 (2): 277 – 308.

[52] HERSTAD S J, ASLESEN H W, EBERSBERGER B. On industrial knowledge bases, commercial opportunities and global innovation network linkages [J]. Research policy, 2014, 43 (3): 495 – 504.

[53] HINES P, RICH N. Outsourcing competitive advantage: the use of supplier associations [J]. International journal of physical distribution & logistics management, 1998, 28 (7): 524 – 546.

[54] HUTCHINSON G E. Concluding remarks [J]. Cold Spring Harbor symposia on Quantitative biology. 1957 (22): 415 – 427.

[55] IANSITI M, LEVIEN R. Strategy as ecology [J]. Harvard Business Review, 2004, 82 (3): 68 – 78, 126.

［56］ INKPEN A C, TSANG E W K. Social capital, networks and knowledge transfer ［J］. Academy of management review. 2005, 30 (1): 146 – 165.

［57］ JACKSON D J. What is an innovation ecosystem? ［J］. National science foundation, 2011, 1 (2): 1 – 13.

［58］ JACOBIDES G M , CENNAMO C , GAWER A . Towards a theory of ecosystems ［J］. Strategic management journal, 2018, 39 (8).

［59］ KANG H S, LEE J Y, CHOI S S, et al. Smart manufacturing: past research, present findings, and future directions ［J］. International journal of precision engineering and manufacturing-green technology, 2016, 3 (1): 111 – 128.

［60］ KASIMOGLU M, HAMARAT B. Niche overlap-competition and homogeneity in the organizational clusters of hotel population ［ J ］. Management research news, 2003, 26 (8): 60 – 77.

［61］ KATILA R, CHEN E L, PIEZUNKA H. All the right moves: how entrepreneurial firms compete effectively ［J］. Strategic entrepreneurship journal, 2012, 6 (2): 116 – 132.

［62］ KEUPP M M, GASSMANN O. International innovation and strategic initiatives: a research agenda ［J］. Research in international business and finance, 2009, 23 (2): 193 – 205.

［63］ KIEL D, ARNOLD C, VOIGT K – I. The influence of the Industrial Internet of Things on business models of established manufacturing companies: a business level perspective ［J］. Technovation, 2017, 68.

［64］ KOGUT B. Joint ventures: Theoretical and empirical perspectives ［J］. Strategic management journal, 1988, 9 (4): 319 – 332.

［65］ LANSITI M, LEVIEN R. Strategy as ecology ［J］. Harvard business review, 2004, 82 (3): 68 – 81

［66］ LECHOWSKI G, KRZYWDZINSKI M. Emerging positions of German firms in the industrial internet of things: a global technological ecosystem perspective ［J］. Global networks, 2022, 22 (4): 1.

［67］ LEE S M, OLSON D L, TRIMI S. Innovative collaboration for value creation ［J］. Organizational dynamics, 2012, 41 (1): 7 – 12.

［68］ LEMINEN S, RAJAHONKA M, WESTERLUND M, et al. The future of the

Internet of Things: toward heterarchical ecosystems and service business models [J]. The journal of business & industrial marketing, 2018, 33 (6).

[69] LEMINEN S, RAJAHONKA M, WENDELIN R, et al. Industrial internet of things business models in the machine-to-machine context [J]. Industrial marketing management, 2020 (84): 298 – 311.

[70] LING LI. China's manufacturing locus in 2025: with a comparison of "Made-in-China 2025" and "Industry 4. 0" [J]. Technological forecasting & social change, 2017 (135): 66 – 74.

[71] LIU Y. Internet of everything for new industrial revolution [M]. Beijing: Tsinghua University Press, 2016: 96 – 98.

[72] LUNDVALL B Å. The origins of the national innovation system concept and its usefulness in the era of the globalizing economy [C] //13th Globelics Conference, Havana, Cuba. 2015: 23 – 26.

[73] LÖSCHELA. Technological change in economic models of environmental policy: a survey [J]. Ecological economics, 2002, 43 (2 – 3): 105 – 126.

[74] MATTHYSSENS P. Reconceptualizing value innovation for Industry 4. 0 and the Industrial Internet of Things [J]. Journal of business & industrial marketing, 2019, 34 (6): 1203 – 1209.

[75] MAZZOLENI R, NELSON R. An interpretive history of challenges to neoclassical microeconomics and how they have fared [J]. Industrial and corporate change, 2013, 22 (6): 1409 – 1451.

[76] MELE C, POLESE F. Key dimensions of service systems in value-creating Networks [M] // The Science of service systems. Springer US, 2011.

[77] MERCAN B, GOKTAS D. Components of innovation ecosystems: a cross – countrystudy [J]. International research journal of finance and economics, 2011, 76 (16): 102 – 112.

[78] MILLER D. Configurations revisited [J]. Strategic management journal, 1996, 17 (7): 505 – 512.

[79] MOORE J F. Predators and prey: a new ecology of competition [J]. Harvard business review, 1993, 71 (3): 75 – 86.

[80] PEER C F. Building better causal theories: a fuzzy set approach to typologies in organization research [J]. Academy of management journal, 2011, 54 (2): 393 – 420.

[81] PIERCE L. Big losses in ecosystem niches: how core firm decisions drive complementary product shakeouts [J]. Strategic management journal, 2009, 30 (3): 323 –347.

[82] RAGIN C C. Fuzzy – set social science [M]. University of Chicago Press Economics Books, 2000.

[83] RAGIN C C. Redesigning Social Inquiry: Fuzzy Sets and Beyond [M]. University of Chicago Press, 2008.

[84] RASS M, DUMBACH M, DANZINGER F, et al. Open innovation and firm performance: the mediating role of social capital [J]. Creativity and innovation management, 2013, 22 (2): 177 –194.

[85] RHODES J, LOK P, YU - YUAN HUNG R, et al. An integrative model of organizational learning and social capital on effective knowledge transfer and perceived organizational performance [J]. Journal of workplace learning, 2008, 20 (4): 245 –258.

[86] RIHOUX B, RAGIN C C. Configurational comparative methods: qualitative comparative analysis (QCA) and related techniques [M]. SAGE publications, 2009.

[87] ROHRBECK A, BORLAK J. Cancer genomics identifies regulatory gene networks associated with the transition from dysplasia to advanced lung adenocarcinomas induced by c-Raf-1 [J]. Plos one, 2009, 4 (10): e7315.

[88] SAMPSON R C. R&D alliances and firm performance: the impact of technological diversity and allianceorganization on innovation [J]. Academy of management journal, 2007, 50 (2): 364 –386.

[89] SECUNDO G, TOMA A, SCHIUMA G, et al. Knowledge transfer in open innovation: a classification framework for healthcare ecosystems [J]. Business process management journal, 2019, 25 (1): 144 –163.

[90] SEOK B I, HAN M S. Effects of network utilization for enterprise technology trading activities on technology commercialization capacity and innovation performance [J/OL]. The academic society of global business administration, 2018. DOI: 10. 38115/asgba. 2018. 15. 6. 69.

[91] SHIPILOV A. Network strategies and performance of canadian investment banks [J]. The academy of management journal, 2006, 49 (3): 590 –604.

[92] SIMONIN B L. Transfer of Marketing Know – How in International Strategic Alliances: an Empirical Investigation of the Role and Antecedents of Knowledge Ambiguity [J]. Journal of international business studies, 1999, 30 (3): 463 – 490.

[93] SPENA T R, TREQUA M, BIFULCO F. Knowledge practices for an emerging innovation ecosystem [J]. International journal of innovation & technology management, 2016, 13 (5): 1640013.

[94] STONE M, WOODCOCK N. Social intelligence in customer engagement [J]. Journal of strategic marketing, 2013, 21 (5): 394 – 401.

[95] TEECE D J. Technology transfer by multinational firms: the resource cost of transferring technological know – how [J]. The economic journal, 1977, 87 (346): 242 – 261.

[96] TEECE D J. Explicating dynamic capabilities: the nature and microfoundations of (sustainable) enterprise performance [J]. Strategic management journal, 2010, 28 (13): 1319 – 1350.

[97] THOMAS A, PAUL J. Knowledge transfer and innovation through university-industry partnership: an integrated theoretical view [J]. Knowledge management research & practice, 2019, 17 (4): 436 – 448.

[98] TSAI W. Knowledge transfer in intraorganizational networks: effects of network position and absorptive capacity on business unit innovation and performance [J]. Academy of management journal, 2001, 44 (5): 996 – 1004.

[99] TZABBAR D, AHARONSON B S, AMBURGEY T L. When does tapping external sources of knowledge result in knowledge integration [J]. Research policy, 2013, 42 (2): 481 – 494.

[100] WAGEMANN C, SCHNEIDER C. Set – theoretic methods for the social sciences [M]. Cambridge University Press Textbooks, 2012.

[101] WANG C, LIANG Z. Android – based vehicular distributed intelligent video collection system [J]. Journal of networks, 2014, 9 (10): 2615.

[102] van WIJK R, JANSEN J J P, LYLES M A. Inter-and intra-organizational knowledge transfer: a meta-analytic review and assessment of its antecedents and consequences [J]. Journal of management studies, 2008, 45 (4): 830 – 853.

［103］ XIE X M, WANG H W. How to bridge the gap between innovation niches and exploratory and exploitative innovations in open innovation ecosystems ［J］. Journal of business research, 2021 (124): 299 – 311.

［104］ ZAHRA S A, NIELSEN A P. Sources of capabilities, integration and technology commercialization ［J］. Strategic management journal, 2002, 23 (5): 377 – 398.

［105］ ZAHRA S A, NAMBISAN S. Entrepreneurship in global innovation ecosystems ［J］. Academy of marketing science review, 2011, 1 (1): 4 – 17.